IDEEN die die Welt veränderten

IDEEN die die Welt veränderten

Impressum

Konzeption, Layout und Produktion:
Berthold Budde Mediendienstleistungen, Dortmund

ISBN 978-3-03793-309-1

Zu diesem Buch

Ideen, die die Welt veränderten. Das sind Erfindungen, Erkenntnisse und Entdeckungen aus rund 5000 Jahren Technikgeschichte – von Ackerbau bis Zelle, von Automobil bis Telefon. Es sind 100 ausgewählte Meilensteine des menschlichen Schöpfergeistes, die in vielen Bereichen bis heute nachwirken.

Dazu gehört die Erfindung des Mikroskops (1590) durch den Niederländer Hans Janssen, das Einblicke in eine bis dahin verborgene Welt lieferte. Dazu gehört auch die Weiterentwicklung der Dampfmaschine (1765) durch den Briten James Watt, mit der er die Industrialisierung einleitete. Der Deutsche Carl Benz begründete 1886 mit seinem Motorwagen das automobile Zeitalter. Mit der Entdeckung der bakterientötenden Wirkung des Penicillins (1928) rettete der Brite Alexander Fleming Tausenden von Verwundeten das Leben und mit dem ersten Chip (1971) schuf der Amerikaner Jack Kilby die technische Grundlage für die moderne Informationsgesellschaft.

Unser Alltag wurde durch viele praktische Erfindungen bereichert. Dazu zählen u. a. das Telefon (1861) von Johann Philipp Reis, der Kühlschrank (1876) von Carl Linde und die Glühlampe (1879) von Thomas Alva Edison.

Der nach Themen alphabetisch aufgebaute Band liefert zu jedem Begriff die wichtigsten Daten und Fakten. Kompakte Übersichten und Erläuterungen geben nützliche Hintergrundinformationen sowie einen Ausblick auf Auswirkungen und Folgen bis in die Gegenwart. Im Register finden sich alle wichtigen Erfinder und ihre Leistungen zum zielgenauen Nachschlagen.

Dieses Buch ist eine spannende und informative Reise durch alle Epochen in Technik, Wissenschaft und Alltag – mit zahlreichen farbigen Abbildungen, Illustrationen und Dokumenten.

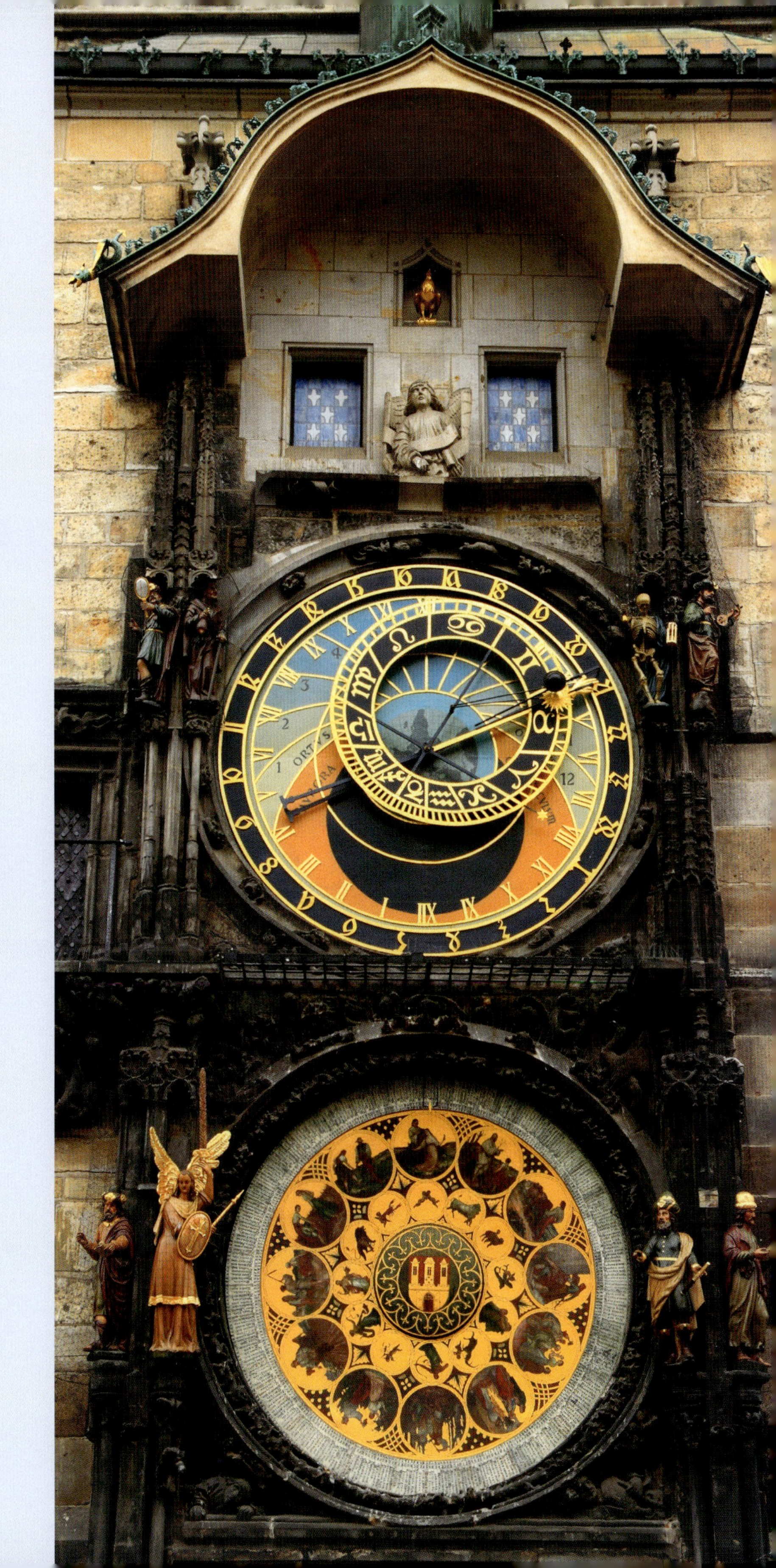

Inhalt

Der Mensch wird sesshaft

Der Anbau von Nutzpflanzen und die Haltung von Nutztieren markiert den Beginn der Sesshaftwerdung des Menschen.

Ackerbau wie vor Jahrhunderten: Pferde als Zugtiere

Vom Jäger und Sammler zum Bauern

Schon um 10 000 v. Chr. hielten Wanderhirten in Palästina sowie im heutigen Iran und Irak kleine Ziegenherden, um Milch, Butter und Fleisch zu gewinnen. Etwa zwei Jahrtausende später wurden Mischherden aus Ziegen und Schafen gebildet, noch etwas später kamen Rinder und Schweine hinzu. Mit der Zucht von Nutztieren wurde die Lebensweise des Menschen auf eine neue Grundlage gestellt. Die bisherigen Jäger und Sammler wandelten sich zu Halbnomaden und danach zu sesshaften Ackerbauern und Viehzüchtern. Nutztiere zu halten bedeutete, jahreszeitliche Quartiere einzurichten und immer wieder in dieselben Regionen zurückzukehren. Durch Rodungen, Aussaat von Samen und Unkrautbeseitigung verbesserte der Mensch das Wachstum der Pflanzen. Um 5000 v. Chr. bildete in Südwestasien vor allem der Anbau von Weizen und Gerste eine feste Lebensgrundlage. Auch in Mittelamerika wurden bereits Nutzpflanzen gezogen.

Eine neue Knollenfrucht aus Amerika

Nach der Zeitenwende brachten Reisende aus allen Teilen der Welt bis dahin unbekannte Pflanzen ins Abendland, ohne dass sie sich durchsetzten. Eine der wenigen Ausnahmen bildet die von den spanischen Eroberern aus Süd- und Mittelamerika Mitte des 16. Jahrhunderts in Europa eingeführte Kartoffel. Ab etwa 1600 war sie auch auf den Britischen Inseln und in Irland bekannt. Preußenkönig Friedrich der Große (1712–1786) ließ sie in seinem Reich ab 1756 per „Kartoffelbefehl" großflächig anbauen. Wie wichtig die Kartoffel zur Sicherstellung der Ernährung der breiten Bevölkerungsschichten geworden war, zeigten die verheerenden Hungersnöte in Irland Mitte des 19. Jahrhunderts aufgrund von Kartoffelfäule.

Die Industrialisierung der Landwirtschaft

Die Feld-Gras-Wirtschaft des frühen Mittelalters wurde im 12. Jahrhundert durch die Dreifelderwirtschaft (Winter-, Sommergetreide, Brache) ersetzt. Im 18. Jahrhundert entstand der kontinuierliche Fruchtwechsel, Pferde ersetzten als Zugtiere die Ochsen. Gezielte Auswahl von Saatgut und Zuchttieren führten zu großen Ertragssteigerungen, neue Feldfrüchte wie Rüben, Klee und Raps kamen hinzu. Für eine Revolution sorgte die Erfindung des Mineraldüngers durch Justus von Liebig (1803–1873), der ab Ende des 19. Jahrhunderts künstlich hergestellt werden konnte. Heute wird die Landwirtschaft meist großtechnisch betrieben. Die durch enorme Ertragssteigerung in der Europäischen Union entstandene Überproduktion führt dazu, dass die Preise nur noch durch Subventionierung stabil gehalten werden können.

> ***„Der Pflug nährt einen Menschen. Handel nährt tausend Menschen."***
> Chinesisches Sprichwort

Eckdaten zur Entwicklung der Landwirtschaft

3000 v. Chr.	Die Sumerer im Irak verwenden den hölzernen Hakenpflug
500 n. Chr.	In Europa ist der von Ochsen gezogene Eisenpflug verbreitet
Um 800	Europäische Bauern bearbeiten die Erde auch mit Eggen
1553	Der Spanier Pedro Cieza de Léon berichtet in seiner „Chronik von Peru" erstmals über den Kartoffelanbau in Südamerika
1805	Der Brite Thomas Plucknett baut die erste Mähmaschine
1840	Justus von Liebig beschreibt die Wirkung des Mineraldüngers
Ab 1939	Das Gift DDT revolutioniert fortan die Schädlingsbekämpfung
1944	Massey-Harris (USA) baut einen Mähdrescher mit Eigenantrieb

Oben: Moderner Mähdreschereinsatz auf einem Getreidefeld in den USA, unten: Reisterrassen auf der indonesischen Insel Bali

Kinder nur auf Wunsch

Mit der Antibabypille kam Ende der 1950er-Jahre eine wirksame Verhütungsmethode auf den Markt, die zur sexuellen Befreiung der Frauen entscheidend beitrug.

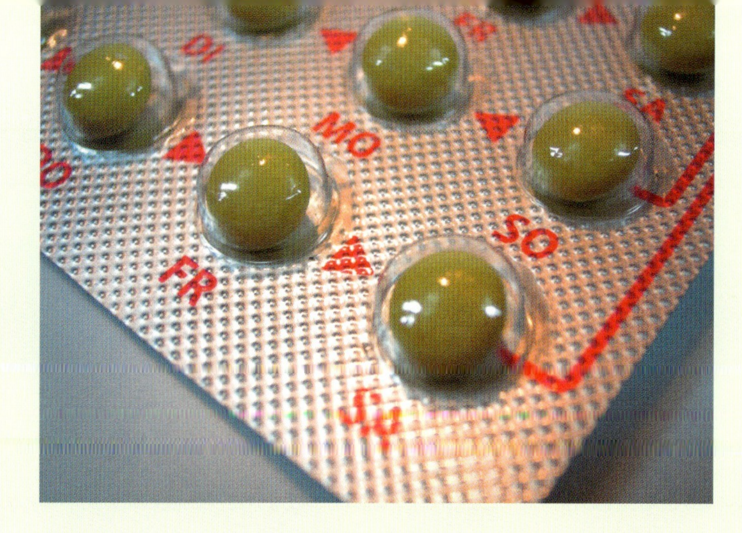

Hormonelles Präparat zur Empfängnisverhütung

Die Väter der hormonellen Verhütung

Die amerikanischen Biologen Gregory Pincus (1903–1967) und John Rock (1890–1984) gelten als Erfinder der hormonellen Empfängnisverhütung. Sie bauten auf den Erkenntnissen des aus Österreich emigrierten Chemikers Carl Djerassi (* 1923) und des Mexikaners Luis Miramontes (1925–2004) auf, die 1951 das Sexualhormon Norethisteron erstmals künstlich hergestellt hatten. Die Idee der Antibabypille basierte auf der Erkenntnis, dass Hormone den weiblichen Menstruationszyklus steuern. Pincus und Miramontes entdeckten ein Hormon, dass im Körper die Befruchtung der Eizellen verhindert. Allerdings wird es schnell abgebaut, sodass es regelmäßig eingenommen werden muss.

„Teenager sind Mädchen, die mehr über die Pille wissen als ihre Mütter über die Geburt.“
Dustin Hoffman, Schauspieler

Die sexuelle Befreiung der Frau

Die bisherigen Verhütungsmethoden wie Knaus-Ogino, die den Geschlechtsverkehr auf die unfruchtbaren Tage des Menstruationszyklus beschränkt, das Messen der sog. Basaltemperatur sowie die Verwendung von Kondomen waren ziemlich unsicher oder wurden teilweise nicht angenommen. Die Pille entwickelte sich dagegen in den frühen 1960er-Jahren zum Verkaufsschlager. Das hormonelle Verhütungsmittel liberalisierte das Sexualverhalten in den Industrienationen und trug zur sexuellen Emanzipation der Frauen bei. Die katholische Kirche lehnte die Pille aus moralischer Sicht ab, da der Mensch nicht in die Schöpfung neuen Lebens eingreifen dürfe. Die Pille wurde auch als wirksames Mittel gegen die Bevölkerungsexplosion angesehen, wenngleich ihre Verbreitung in den Ländern der Dritten Welt auf kulturelle und finanzielle Hindernisse stieß. Aus medizinischer Sicht kann ein langjähriger Gebrauch der Antibabypille Nebenwirkungen wie Störungen des weiblichen Hormonhaushalts und Fettstoffwechselprobleme bewirken. Manche Studien gehen von einem gewissen Krebsrisiko aus.

Ein Kind nur auf Wunsch – junge Mutter mit ihrem Baby

Pilz gegen Bakterien

Die Entdeckung des Penicillins durch den Schotten Alexander Fleming rettete Hunderttausenden von Menschen das Leben.

Der lange Kampf gegen Infektionen

Schon die alten Ägypter erkannten, dass manche Pilze eine bakterienhemmende Wirkung hatten, und legten verschimmeltes Brot auf offene Wunden. Doch viele Jahrhunderte kämpften die Mediziner vergebens gegen die Invasionen der Mikroorganismen. Der französische Mikrobiologe Louis Pasteur (1822–1895) entdeckte 1871, dass manche Bakterien Stoffe erzeugen, die andere Bakterien abtöten. Der deutsche Mediziner Paul Ehrlich (1854–1915) entwickelte nach 1900 verschiedene Präparate, mit denen u. a. die Erreger der Schlafkrankheit und der Syphilis vernichtet werden konnten. Eher durch Zufall gelang dem Schotten Alexander Fleming (1881–1955), der zuvor bereits aus der Tränenflüssigkeit eine antibakterielle Substanz isoliert hatte, im Jahr 1928 eine epochemachende Entdeckung, das Penicillin.

„Wenn Penicillin Kranke heilen kann, dann kann spanischer Sherry Tote ins Leben zurückbringen.“
Alexander Fleming

Petrischalen im Labor mit Schimmelpilzkulturen

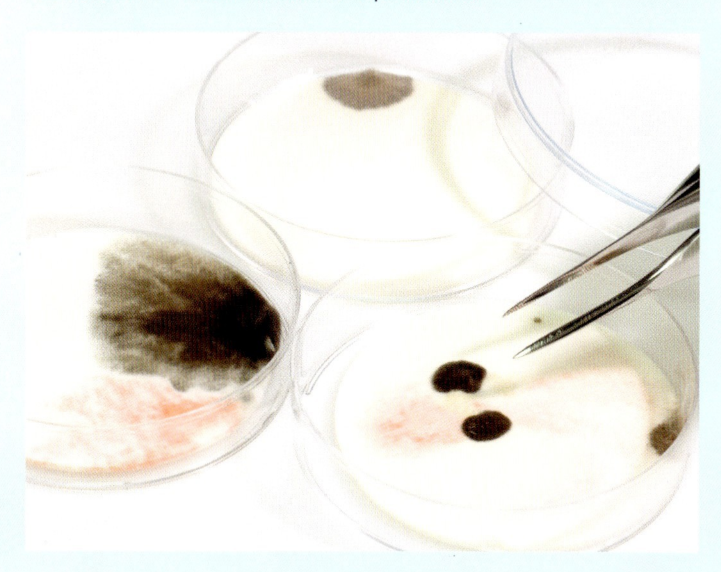

Penicillin und seine Nachfolger

Fleming ließ aus Versehen in seinem Labor eine Kultur mit Staphylokokken unbedeckt stehen, die von Schimmelpilzen befallen wurde. Schnell erkannte der Forscher, dass der Pilz nicht nur Bakterien abtötet, sondern an den Stellen auch keine neuen nachwachsen. Die von ihm isolierte Pilzart war Penicillium notatum, der dem Brotpilz ähnelt. Das Penicillin brachte Fleming nicht selbst zur großtechnischen Herstellung. Unter dem Eindruck von Millionen Soldaten und Zivilisten mit infektiösen Wunden im Zweiten Weltkrieg entwickelten der Deutschbrite Ernst Boris Chain (1906–1979) und der Australier Howard Florey (1898–1968) im Jahr 1941 den Wirkstoff synthetisch. Alle drei Wissenschaftler erhielten 1945 den Medizinnobelpreis. Die Erforschung der Antibiotika ging weiter. Den Begriff prägte der Amerikaner Selman Waksman (1888–1973) im selben Jahr für Stoffe, die Bakterien töten, ohne andere Lebensformen zu schädigen. Heute sind Dutzende von Präparaten auf dem Markt, allerdings gibt es auch immer mehr Bakterien, die resistent sind.

Penicillin als Rettung – Verwundeter im Zweiten Weltkrieg

Spuren der Vergangenheit

Die Erforschung der Geschichte von Menschen aus früheren Zeiten wurde im 18. Jahrhundert als Wissenschaft begründet und entwickelte sich danach in zahlreichen Zweigen weiter.

Ein Deutscher auf den Spuren der Antike

Als Vater der klassischen Archäologie gilt ein Deutscher: Der Theologe und Kunstgelehrte Johann Joachim Winckelmann (1717 bis 1768) hatte als Bibliothekar und Kustos der Antikensammlung des Kardinals Albani Zugang zu den Kunstschätzen des alten Griechenlands und Roms. Er bereiste die klassischen Stätten Neapel, Pompeji und Herculaneum und beaufsichtigte die Zeugnisse des Altertums in und um Rom. 1764 erschien sein Hauptwerk „Geschichte der Kunst des Altertums", mit dem er die Archäologie begründete. In der antiken Kunst sah er das Ideal der Menschenwürde verkörpert. Daraus entstand die Idee, dass der heutige Mensch aus den Zeugnissen der Vergangenheit tiefe Einsichten über sein Wesen und seine Prägungen erfahren könne.

„Scherben bringen Glück – aber nur dem Archäologen."
Agatha Christie, Krimiautorin

Von Pompeji und Troja bis heute

Die im Jahr 79 bei einem Ausbruch des Vulkans Vesuv am Golf von Neapel weitgehend zerstörte und verschüttete Stadt Pompeji wurde 1592 nach 1500 Jahren bei Arbeiten an einer Wasserleitung zufällig wiederentdeckt. Zum ersten Mal blickten die Menschen in eine lange vergangene Welt zurück. Mehr als 100 Jahre später, 1711, wurde die ebenfalls zerstörte Schwesterstadt Herculaneum freigelegt. Dem ursprünglichen Hobbyarchäologen Heinrich Schliemann gelang 1870 mit der Entdeckung des sagenhaften Troja in der heutigen Türkei ein Sensationsfund. Zu den spektakulärsten archäologischen Meilensteinen gehört die Öffnung der Grabkammer des altägyptischen Pharaos Tutanchamun 1922 im Tal der Könige durch den Briten Howard Carter. Die Forscher fanden unermessliche Kunstschätze, darunter viele Gegenstände aus massivem Gold wie die Totenmaske des Herrschers. 1974 wurden die 6000 lebensgroßen Figuren der Terrakotta-Armee des altchinesischen Kaisers Quin Shi Huangdi freigelegt. Im Jahr 1991 entdeckten Bergsteiger im Gletschereis in Tirol in über 3000 Metern Höhe den mumifizierten Leichnam eines vor etwa 5000 Jahren gestorbenen Mannes. Nach dem Fundort in den Ötztaler Alpen wurde er „Ötzi" genannt.

Maske des ägyptischen Pharaos Tutanchamun

Statue des griechischen Helden Achill in Troja

Eckdaten zur Geschichte der Archäologie

1592	Das 79 verschüttete Pompeji wird wiederentdeckt (1711 Herculaneum)
1764	Johann Joachim Winckelmann begründet die klassische Archäologie
1802	Georg Friedrich Grotefend entschlüsselt die altpersische Keilschrift
1822	Jean François Champollion enträtselt die altägyptischen Hieroglyphen
1870	Heinrich Schliemann entdeckt Troja und legt 1884/85 Mykene frei
1900	Arthur Evans findet auf Kreta die Reste des Palastes von Knossos
1911	Hiram Bingham entdeckt im Peru die Inkasiedlung Machu Picchu
1922	Howard Carter öffnet die Grabkammer des Pharaos Tutanchamun
1940	In Lascaux, Frankreich, finden Forscher steinzeitliche Höhlenbilder
1947	Zwei Jungen entdecken am Toten Meer die Qumran-Schriftrollen
1974	In Westchina wird die 2000 Jahre alte Terrakotta-Armee freigelegt
1991	Im Ötztal finden Bergsteiger im Eis einen 5000 Jahre alten Mann

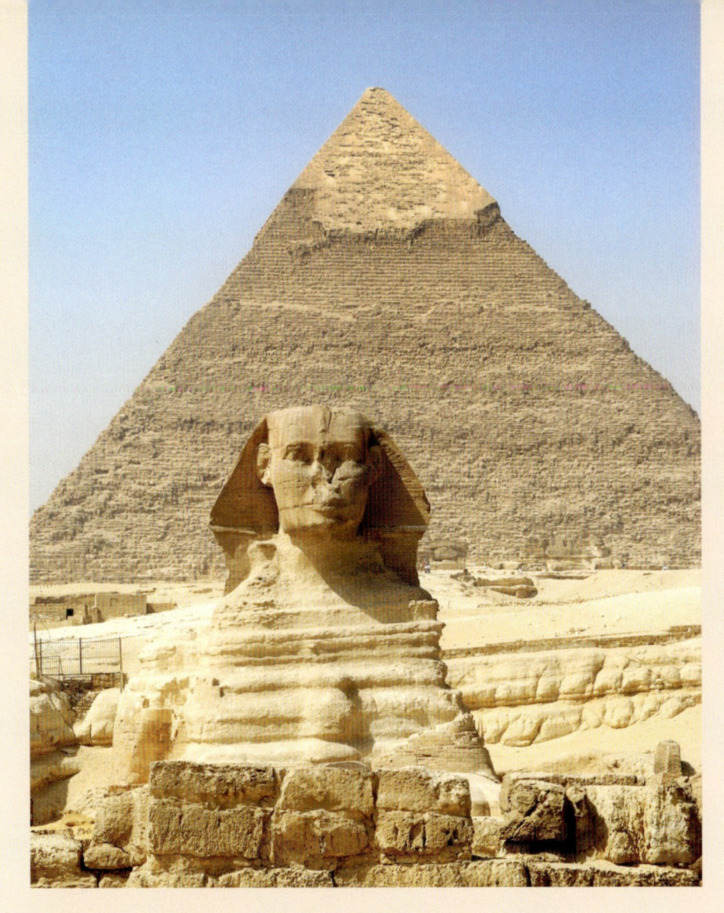

Cheopspyramide im Tal der Könige bei Gizeh in Ägypten

Antiker Tempel von Knossos auf der griechischen Insel Kreta

Alte Inkastadt Machu Picchu in den peruanischen Anden

Ausgrabungen aus der Römerzeit in der Martinstraße in Köln

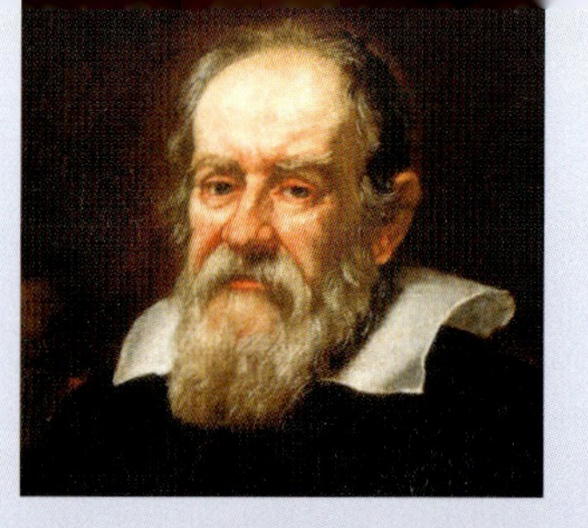

Naturforscher (von links): Nikolaus Kopernikus, Galileo Galilei und Johannes Kepler

Galaxie Andromeda, rund 2,5 Mio. Lichtjahre von der Erde entfernt

Beobachtung des Himmels

Die Wurzeln der Stern- und Himmelskunde reichen 5000 Jahre zurück. In jüngerer Zeit rückte die Erforschung von Räumen außerhalb unseres Milchstraßensystems in den Blickpunkt.

Vom Altertum bis in die Neuzeit

Schon die alten Chinesen, Ägypter, Babylonier und Inder untersuchten vor 3000 Jahren den Himmel systematisch. Sie entdeckten u. a. Kometen, Supernovae und Sonnenflecken. Bereits seit dem 6. Jahrhundert v. Chr. fanden die Griechen theoretische Erklärungen für astronomische Realitäten wie die Kugelgestalt der Erde – Ideen, die Jahrhunderte später arabische Gelehrte aufnahmen. Das von ihnen im Mittelalter entwickelte Astrolabium (um 1050) war eine frühe Form einer drehbaren Sternkarte. Nach der Erfindung des Fernrohrs um 1608 waren im Abendland die ersten exakten Himmelsbeobachtungen möglich.

„Die Geschichte der Astronomie ist die Geschichte von den sich weitenden Horizonten."
Edwin Hubble, Astronom

Die Revolution des Kopernikus

Jahrhundertelang glaubten die Menschen, dass sich die Sonne um die Erde als Mittelpunkt des Kosmos drehe. Deshalb gab es stets Schwierigkeiten bei der Berechnung der vermeintlichen Bahnen der Planeten und der Sonne um die Erde. Mit dieser falschen Vorstellung räumte der aus Thorn stammende Nikolaus Kopernikus (1473–1543) auf, indem er ihr sein heliozentrisches Weltbild entgegensetzte. Danach ist die Sonne das Zentrum des Universums und die anderen Himmelskörper rotieren um sie. Aus Angst vor der Inquisition veröffentlichte Kopernikus seine Erkenntnisse lange Zeit nicht. Erst kurz vor seinem Tod erschien die Schrift „Über die Kreisbewegungen der Weltkörper" (1543). In Forscherkreisen wurde das heliozentrische Weltbild anerkannt, nachdem der Engländer Isaac Newton (1643–1727) im Jahr 1666 als Ursache für die elliptischen Planetenbahnen die von ihm entdeckte Gravitation bestimmt hatte. Kopernikus' Buch stand fast 300 Jahre auf dem katholischen Index. Dennoch veränderte seine Idee grundlegend die Weltsicht und das Selbstverständnis des neuzeitlichen Menschen.

Die Planeten unseres Sonnensystems (Computergrafik)

Blick in die Weiten des Universums

Moderne Technik erlaubt seit den 1990er-Jahren neue Einblicke in die Tiefen des Kosmos. Das nach dem US-Astronomen Edwin Hubble (1889–1953) benannte Weltraumteleskop erbrachte den Beweis, dass das Universum viel größer ist als die bekannte Milchstraße. Ihm verdanken wir Aufnahmen zum Studium der Entwicklung von Galaxien, von fernen Sternexplosionen und Schwarzen Löchern. Frühestens 2014 soll das James Webb Space Telescope das Hubble Weltraumteleskop ablösen und u. a. nach Licht von den ersten Sternen und Galaxien nach dem Urknall suchen. Wie sein Vorgänger ist es das schärfste Auge ins Universum.

Eckdaten zur Geschichte der Astronomie

350 v. Chr.	Aristoteles leitet aus Beobachtungen die Kugelform der Erde ab
150 n. Chr.	Nach der Lehre des Ptolemäus ist die Erde Zentrum des Kosmos
1543	Nikolaus Kopernikus entwickelt sein heliozentrisches Weltbild
1627	Johannes Kepler bestimmt die Planetenbahnen als elliptisch
1687	Isaac Newton veröffentlicht seine Erkenntnisse über Gravitation
1705	Edmond Halley beginnt mit der Berechnung von Kometenbahnen
1781	Friedrich Wilhelm Herrschel entdeckt den Planeten Uranus
1851	Der Pendelversuch Léon Foucaults illustriert die Erdrotation
1929	Edwin Hubble bestimmt erstmals die Entfernung einer Galaxie
1930	Das Lowell-Observatorium (USA) entdeckt den Planeten Pluto
1948	Nach George Gamow entstand der Kosmos durch einen Urknall
1967	Anthony Hewish und Jocelyn Bell entdecken die Pulsare
1990	Das Hubble-Weltraumteleskop wird ins All befördert

Der junge Niels Bohr (links) und Lord Kelvin

Der Aufbau der Atome

Anfang des 20. Jahrhunderts entwickelten verschiedene Forscher Ideen vom Aufbau der Atome. Sie beeinflussten wesentlich das moderne Verständnis der Materie.

Die kleinsten Teilchen der Natur

Schon der griechische Philosoph Demokrit hatte im 5. Jahrhundert v. Chr. die Idee, dass sich die Natur aus Atomen zusammensetzen müsse. Seit Ende des 19. Jahrhunderts war bekannt, dass sich die kleinsten Teilchen der Materie bei Abgabe radioaktiver Strahlung in Atome anderer Elemente verwandeln können. Damit war erwiesen, dass sie eine innere Struktur besitzen. Der britische Physiker William Thomson, der spätere Lord Kelvin (1824–1907), stellte sich 1902 das Atom als „flüssige Kugel" vor, die mit negativ geladenen Elektronen gespickt sei. Ein Jahr später führte sein Landsmann Joseph John Thomson (1856–1940) den Gedanken in die Physik ein, dass die Elektronen im Atomkern auf Ringen um den Mittelpunkt kreisen.

„Es ist schwieriger, eine vorgefasste Meinung zu zertrümmern als ein Atom."
Albert Einstein, Physiker

Weiterentwicklung der ersten Denkmodelle

Nach zahlreichen Experimenten veröffentlichte der britisch-neuseeländische Physiker Ernest Rutherford (1871–1937) im Jahr 1911 sein bahnbrechendes Atommodell. Es geht von einem winzigen, kompakten Kern aus, der fast die gesamte Atommasse in sich vereint. Ihn umkreisen in großem Abstand Elektronen mit sehr geringer Masse. Sein dänischer Kollege Niels Bohr (1885–1962) ging zwei Jahre später nicht wie Rutherford davon aus, dass die Elektronen ständig Energie in Form von elektromagnetischer Strahlung abgeben, sondern in Sprüngen auf niedrigere Umlaufbahnen um den Kern fallen, bis sie eine stabile Bahn erreicht haben. Später entdeckten die Physiker, dass Atome aus einem Kern mit positiv geladenen Protonen sowie elektrisch neutralen Neutronen bestehen und die Hülle Elektronen aufweist. In der Folgezeit wurden zahlreiche Elementarteilchen ermittelt, die noch kleiner sind als die Atome, z. B. die Quarks. Zusammen mit den Leptonen und den Eichbosonen gelten sie als die fundamentalen Bausteine der Materie. Doch ist die zukünftige Entdeckung noch kleinerer Teilchen möglich.

Räumliche Darstellung des Atomkerns mit den Elektronenbahnen

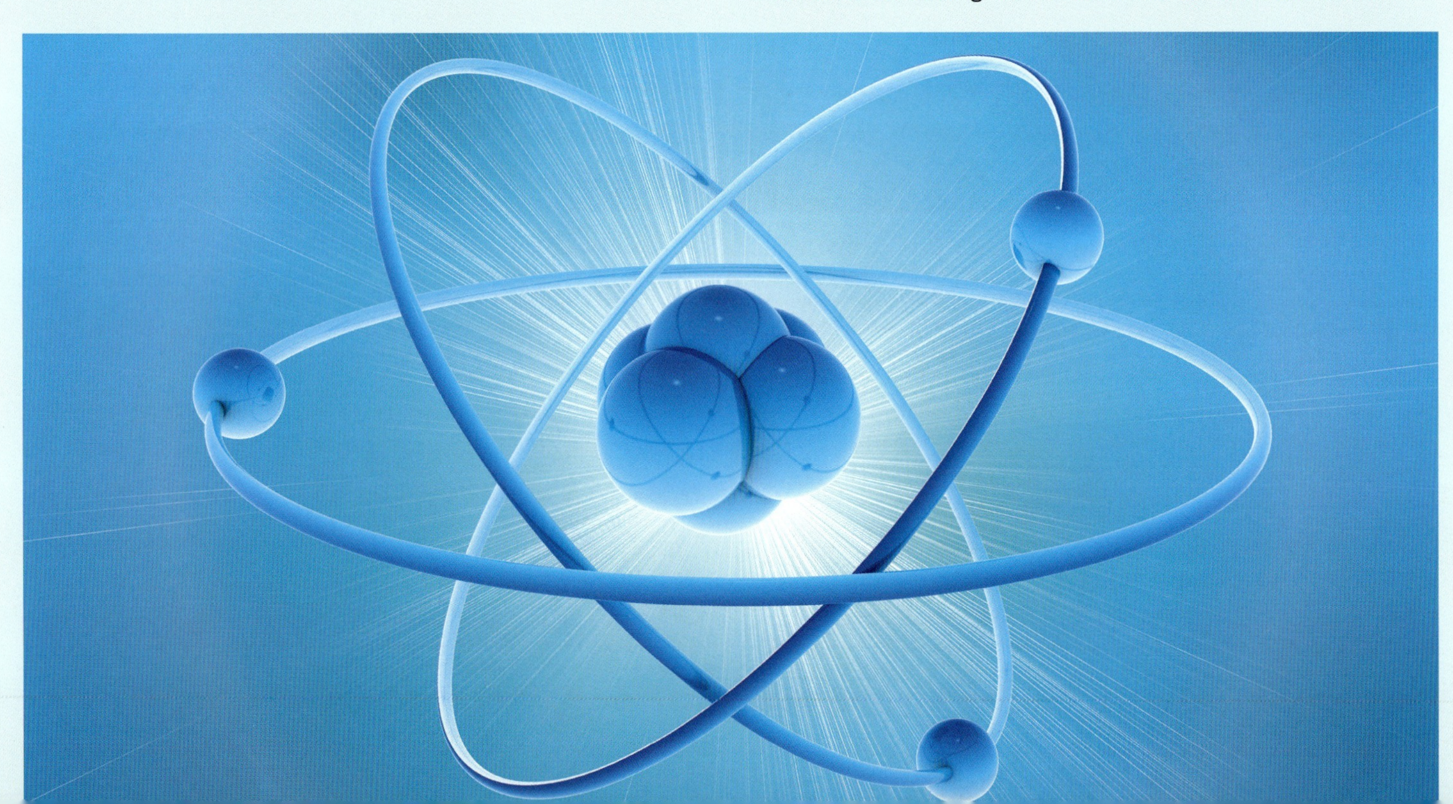

Maschinen und Menschen

Seit Beginn der Industrialisierung hat der technische Fortschritt immer mehr Menschen durch Maschinen ersetzt, ihnen zugleich aber das Leben erheblich erleichtert.

Vom Webstuhl zum Fließband

Windmühlen übernahmen schon im Altertum die körperliche Arbeit von Mensch und Tier. Einen frühen Meilenstein der Automatisierung stellte der Rechenautomat von Wilhelm Schickard (1592–1635) aus dem Jahr 1623 dar; er konnte bereits sechsstellige Zahlen addieren und subtrahieren. Der von Edmond Cartwright (1743 bis 1823) im Jahr 1787 vorgestellte mechanische Webstuhl „Power Loom" löste unter den Webern Aufstände aus, weil er ihren Arbeitsplatz zu vernichten drohte. Ein Pionier der Prozesssteuerung war der Amerikaner Frederick Taylor (1856–1915). Sein Scientific Management (Taylorismus) zerlegte die Gesamtaufgabe in kleinste Arbeitsschritte und führte leistungsorientierte Löhne ein. Der Automobilunternehmer Henry Ford (1863–1947) legte 1913 mit der Einführung des Fließbandes die Grundlagen für eine effizientere Produktion. Kräfteraubende Bewegungen der Arbeiter wurden vermieden, Autos wurden preiswerter und für Mitarbeiter, die zugleich höhere Löhne bekamen, erschwinglicher.

„Wenn die Automatisierung anhält, wird der Mensch all seine Gliedmaßen verkümmern lassen – bis auf den Finger zum Knopfdrücken."
Frank Lloyd Wright, Architekt

Spinnen und Weben am häuslichen Arbeitsplatz im 19. Jahrhundert

Von der Werkzeugmaschine zum Roboter

In den 1930er-Jahren kamen automatisch gesteuerte Werkzeugmaschinen zum Fräsen und Drehen auf den Markt. Die Entwicklung von Transistoren in der Elektronik führte zu viel kleineren elektrischen Schaltungen. 1954 ließ sich der amerikanische Ingenieur George Devol (* 1912) einen von ihm entwickelten Industrieroboter für einfache Arbeiten patentieren. Ab Mitte der 1970er-Jahre schweißten und lackierten Roboter in der Automobilindustrie komplette Karosserien. 1980 folgten Roboter mit Sensoren, die „sehen" konnten, sowie Geräte, die montieren und z. B. Schraubenmuttern festziehen. In Japan, wo die Alterung der Bevölkerung weit fortgeschritten ist, entstand die Idee, Roboter künftig als Haushaltshilfen einzusetzen. Die Robotertechnik steht erst am Anfang ihrer Entwicklung, weitere technologische Sprünge sind denkbar.

Robotereinsatz am Fließband in der modernen Automobilproduktion

Lust und Frust am Fahren

Keine andere technische Erfindung kam der modernen Idee der individuellen Mobilität besser entgegen als das Auto. Doch sind mit dem baldigen Ende fossiler Brennstoffe und dem Massenverkehr neue Herausforderungen zu bewältigen.

Von der Motorkutsche zum Massenfahrzeug

Bereits 1876 entwickelte der deutsche Ingenieur Nicolaus Otto (1832–1891) einen viertaktigen Verbrennungsmotor. Als Geburtstag des Automobils gilt der 29. Januar 1886, als Carl Benz (1844–1929) sein Patent auf den dreirädrigen Motorwagen anmeldete. Zunächst nur in Lokomotiven, Bussen und Lkw wurde der von Rudolf Diesel (1858–1913) im Jahr 1897 vorgestellte Motor mit Selbstzündung eingesetzt. Mit dem von 1908 bis 1927 gebauten Ford-Modell T („Tin Lizzy") wurde das Automobil zum Massenfahrzeug. Einen ähnlichen Verkaufserfolg erzielte der von Ferdinand Porsche (1875–1951) bis 1938 im Auftrag der Nationalsozialisten entwickelte Volkswagen. 1978 lief der letzte VW Käfer in Deutschland vom Band, in Mexiko 2003.

Die ökologische Herausforderung der Zukunft

Das Auto der Zukunft muss sowohl den hohen technischen Erwartungen des Kunden entsprechen als auch die Umweltbelastung minimieren. Letzteres wird seit Jahren durch Senkung von Schadstoffausstoß und Kraftstoffverbrauch sowie Recycling fast aller Teile vorangetrieben. Als mögliche neue Antriebsquellen werden Techniken mit Gas, Strom und Brennstoffzellen erforscht.

Moderne Informationstechnik ermöglicht die Steuerung vieler Fahrzeugfunktionen über Bordcomputer, den Einbau von Navigationssystemen und Unterhaltungselektronik. Um die wachsende Verkehrsdichte in Ballungsräumen bewältigen zu können, werden u. a. ausgefeilte Verkehrsleitsysteme entwickelt – damit die Lust am Fahren nicht zum Frust im endlosen Stau wird.

PATENT-URKUNDE

№ 67207

an Rudolf Diesel, Ingenieur, in Berlin

GEGENSTAND DES PATENTES IST:

Arbeitsverfahren und Ausführungsart für Verbrennungskraftmaschinen.

ANFANG DES PATENTES: 28. Februar 1892.

Berlin, den 23. Februar 1893.

KAISERLICHES PATENTAMT.

Patenturkunde für Rudolf Diesel über seinen gleichnamigen Motor

„Ein vernünftiges Auto soll seinen Besitzer überallhin transportieren – außer auf den Jahrmarkt der Eitelkeiten."
Henry Ford

Carl Benz (rechts) und Friedrich Fischer im Motorwagen, 1886

Eckdaten zur Geschichte der Automobiltechnik

1886	Unabhängig voneinander bauen Carl Benz in Mannheim sowie Wilhelm Maybach und Gottlieb Daimler in Canstatt die ersten Benzinfahrzeuge
1897	Robert Bosch erhält ein Patent auf die neuartige Magnetzündung, Rudolf Diesel präsentiert den Verbrennungsmotor mit Selbstzündung
1900	Als erster Hersteller produziert Panhard ein Auto mit Lenkrad
1908	In den USA fahren die ersten privaten Pkw mit Innenraumheizung
1911	Charles Kettering erfindet in den USA den elektrischen Anlasser
1913	Der US-Unternehmer Henry Ford führt die Fließbandproduktion ein
1928	Fritz von Opel entwickelt ein Raketenauto für Geschwindigkeitsrekorde
1938	Der von Ferdinand Porsche gebaute Volkswagen kommt auf den Markt
1939	Chrysler (USA) führt das automatische Getriebe im Automobilbau ein
1955	Der Citroën DS ist das erste Serienfahrzeug mit Scheibenbremsen
1974	Daimler-Benz und andere Firmen produzieren die ersten Elektroautos
1981	Das aufblasbare Sicherheitskissen (Airbag) wird in den USA angeboten
1984	Das elektronisch geregelte Antiblockiersystem (ABS) wird eingeführt
1997	Toyota baut in Japan die ersten Serienfahrzeuge mit Hybridantrieb

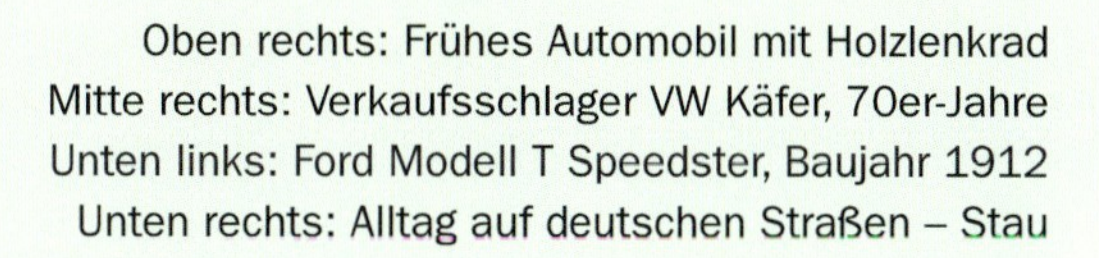

Oben rechts: Frühes Automobil mit Holzlenkrad
Mitte rechts: Verkaufsschlager VW Käfer, 70er-Jahre
Unten links: Ford Modell T Speedster, Baujahr 1912
Unten rechts: Alltag auf deutschen Straßen – Stau

Die tragbare Energiequelle

Die Idee, elektrische Energie zu speichern und unabhängig von einem Ort zu nutzen, geht auf Alessandro Volta zurück.

Kleine Schachteln als Stromspeicher

Volta (1745–1827) studierte die Versuche seines Landsmannes Luigi Galvani (1737–1798), wonach Froschbeine anfingen zu zucken, wenn sie mit zwei verschiedenen Metallen verbunden wurden. Diese Berührungselektrizität erkannte er als Möglichkeit, Strom zu speichern. Jahrelang experimentierte er mit Metallen, bevor er im Jahr 1800 seine „voltasche Säule" vorstellen konnte. Es war die erste elektrische Batterie, die aus kleinen runden Kupfer- und Zinkplatten sowie in Salzlösung getränkten Pappscheibchen bestand. Zwischen der oberen Zinkscheibe und der Kupferplatte am Boden floss durch einen Verbindungsdraht elektrischer Strom. Im Jahr 1859 baute der Franzose Gaston Planté (1834–1889) die ersten wiederaufladbaren Batterien (Akkumulatoren), im Jahr 1901 kamen die von dem Jahrhunderttüftler Thomas Alva Edison (1847–1931) entwickelten Nickel-Cadmium-Batterien auf den Markt.

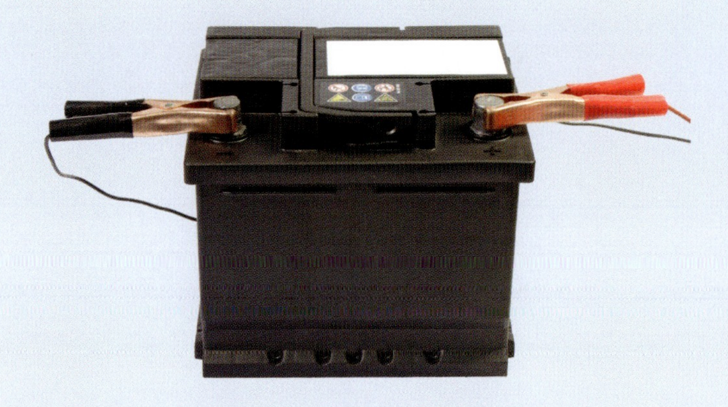

Autobatterie mit Starterkabel am Plus- und Minuspol

„Die Energie kann als Ursache für alle Veränderungen in der Welt angesehen werden."
Werner Heisenberg, Physiker

Von der Batterie zur Brennstoffzelle

Das deutsche Unternehmen Varta produzierte ab 1938 Akkumulatoren mit Platten, die durch Erhitzen zusammengebacken (gesintert) werden. Seit Mitte der 1980er-Jahre wurden in Israel und in der Bundesrepublik Deutschland Methoden erforscht, um Zink-Luft-Batterien für Elektroautos zu nutzen; allerdings war ihre Leistungsdauer noch stark begrenzt. Um das giftige Cadmium zu vermeiden, kamen 1992 die ersten Nickel-Metallhybrid-Batterien auf den Markt. Als Energiequelle der Zukunft wird vielfach die Brennstoffzelle diskutiert, z. B. deren Einsatz in Elektroautos, für deren Antrieb Batterien nicht leistungsfähig genug sind. Ihr technisches Prinzip – Stromgewinnung aus Wasserstoff und Sauerstoff, später Methan oder Kohlenstaub – wurde bereits 1839 von dem Briten William Grove (1811–1896) entwickelt. Die Beförworter der Technik sehen weniger Probleme beim Durchbruch des Brennstoffzellenantriebs in der Fahrzeugtechnik als vielmehr in der kostengünstigen und umweltschonenden Gewinnung von Wasserstoff. Während einige Hersteller wie Ford sich aus der Brennstoffzellentechnik verabschiedet haben, planen andere Automobilkonzerne wie Toyota einen größeren Einsatz ab etwa dem Jahr 2015. Neben dem Autoverkehr werden Brennstoffzellen auch in der Luft- und Raumfahrt sowie in der Schifffahrt eingesetzt.

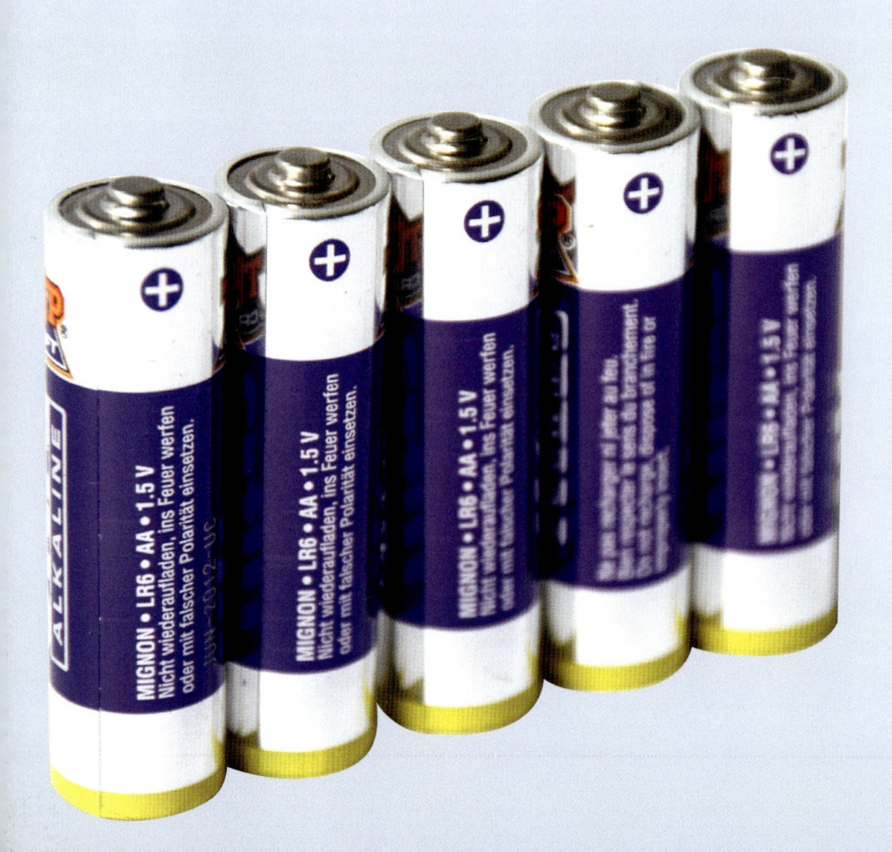

1,5-Volt-Alkali-Batterien

Es hält alles zusammen

Die Idee, Objekte mit einfachen Mitteln zu befestigen oder miteinander zu verbinden, ist so alt wie die Menschheit.

Von der Jungsteinzeit bis zur Antike

Schon vor rund 12 000 Jahren knüpften die Steinzeitmenschen aus Lederstreifen und Pflanzenfasern Seile und Schnüre. Die ersten starken Taue aus Lederriemen und Papyrusstreifen sind für das alte Ägypten vor 3000 Jahren nachgewiesen. Damit schleppten sie z. B. Lasten beim Tempelbau. Um 2500 v. Chr. knüpften die Chinesen erstmals Seile aus Hanffasern. Das Löten mit Bronze und der Gebrauch von Nägeln waren schon vor mehr als 5000 Jahren im Mittleren Osten bekannt. Etwa um 1500 v. Chr. wurde in Kleinasien das Schweißen durch Hitzeerzeugung mit einem schweren Hammer entwickelt. Römische Handwerker verwendeten um die Zeitenwende einen mit Wasser abbindenden Mörtel aus Vulkanerde. Er ist die erste überlieferte Art von Zement in der Bauwirtschaft.

„Wer etwas allen vorgedacht,
wird jahrelang erst ausgelacht.
Begreift man die Entdeckung endlich,
so nennt sie jeder selbstverständlich."
Wilhelm Jensen, Dichter

Immer festen Halt: Reißverschluss, Büroklammern, Sicherheitsnadel, Heftzwecken, Heftpflaster und Gürtel

Vom Mittelalter bis in die Gegenwart

Im Mittelalter wurden Objekte meist mit Seilen, Tauen und Bolzen mehr oder weniger fest verbunden. Mitte des 16. Jahrhunderts kamen in Europa Holzschrauben auf. Die heute bekannten Eisennägel wurden um 1840 in England erstmals industriell hergestellt. Etwa um diese Zeit (1846) konstruierte der Amerikaner Elias Howe (1819–1867) die erste Nähmaschine mit Zweifadensystem. Ein anderer Pionier der Befestigungstechnik, sein Landsmann Elihu Tomson (1853–1937), erfand um 1877 das elektrische Widerstandsschweißen. Zu den bedeutenden Erfindungen für den Alltag gehören die Büroklammer (um 1890) in England, der Reißverschluss (1893) des Amerikaners Withcomb Judson, der Klebestreifen (1930) seines Landsmannes Richard Drew, der Zweikomponentenkleber (1946) der Schweizer Firma Ciba, der Klettverschluss (1948) des Schweizers George de Mestral und der „Sekundenkleber" (1984). Hosenträger aus Gummi wurden nach 1830, Sicherheitsnadeln ab 1849, Nieten für Jeans 1872 und Reißzwecken ab 1903 produziert.

Klettverschluss und Knöpfe

Die Schätze des Bodens

Der Abbau von Bodenschätzen unter Tage oder über der Erde hat die Menschheitsentwicklung geprägt. Bei einigen Stoffen reichen die sicheren Reserven noch für wenige Jahrzehnte.

Die frühen Formen des Bergbaus

In Nubien (heute Sudan), benannt nach dem ägyptischen Wort „nub“ (Gold), gewannen Sklaven um 3000 v. Chr. erstmals bergmännisch Kupfer und Gold; das Kupfer wurde mit Metallen zu Bronze legiert. Die Verhüttung, das Ausschmelzen von Metallen aus Erzen, ist etwa genauso alt. Um 2500 v. Chr. gewannen die Iberer in ihren Bergwerken reines Silber und Zinn. Die ersten bekannten Salzbergwerke unter Tage aus dem 9. Jahrhundert v. Chr. wurden im heutigen Österreich entdeckt, um 400 v. Chr. erwähnte der Grieche Ktesias den Gebrauch von Erdgas als Brennstoff. Die Römer gewannen aus Solequellen Kochsalz und im Bergbau Steinsalz. In den kriegerischen Konflikten des Mittelalters erlebte die Gewinnung von Erzen zur Herstellung verschiedenster Waffen einen Höhepunkt. Auf dem europäischen Kontinent förderten die Mönche des Klosters Kosterroda im Herzogtum Limburg wohl um das Jahr 1113 erstmals Steinkohle zutage. Nach der Erfindung des Schwarzpulvers (um 1360) dauerte es noch mehrere Jahrhunderte, bis im frühen 17. Jahrhundert für den Bergbau erstmals Felsgestein gesprengt wurde.

Bergbauzeichen mit Schlägel und Hammer

„Was die Erde gibt, das nimmt sie wieder.“
Deutsches Sprichwort

Die Erschöpfung der natürlichen Quellen

Zahlreiche Bodenschätze, die seit Beginn der Industrialisierung systematisch erschlossen wurden, könnten in einigen Jahrzehnten oder Jahrhunderten zur Neige gehen. Den Schätzungen über die Reichweite z. B. der fossilen Energieträger liegen heutige Verbrauchswerte und steigende Nutzungsraten in Wachstumsregionen wie Asien zugrunde. Danach reichen u. a. die Erdölreserven nach Berechnungen des Bundesministeriums für Forschung und Technologie noch gut 40 Jahre, die von Erdgas noch etwa 60 Jahre. Bei Steinkohle (130 Jahre) und Braunkohle (290 Jahre) sind die Reserven deutlich höher. Nicht eingerechnet sind dabei die vermuteten, noch nicht erschlossenen Ressourcen in der Welt sowie Maßnahmen zur Steigerung der Verbrauchseffizienz oder die Nutzung alternativer Energie, sodass sich deutlich längere Zeiträume ergeben. Bei Gold, Kupfer, Eisenerz, Uran und ähnlichen Rohstoffen reichen die gesicherten Reserven noch einige Jahrzehnte. Ungeachtet der Reservenberechnungen bleibt jedoch eines gewiss: diese Ressoucen sind endlich und Alternativen sind auf Dauer nötig.

Alte Grubenlampe

Bergmannsdenkmal im Haarmannsbrunnen in Osnabrück

Eckdaten zur Geschichte des Bergbaus in der Neuzeit

1546 Der Renaissance-Gelehrte Georg Agricola, der als Vater der Mineralogie gilt, veröffentlicht sein grundlegendes Buch „De re metallica“ über die Methoden des Bergbaus und des Hüttenwesens seiner Zeit

1783 Henry Cort erfindet das Puddelverfahren für die Stahlgewinnung. Damit lässt sich aus Roheisen Stahl und Schmiedeeisen herstellen

1799 Erstmals werden die neuen Dampfmaschinen im Bergbau eingesetzt

1811 Friedrich Krupp stellt erstmals größere Blöcke aus Gussstahl her

1815 Humphry Davy erfindet die Sicherheitsgrubenlampe für Bergleute

1856 Henry Bessemer entwickelt einen Konverter für die Stahlproduktion

1920 Der 1901 erfundene Rotary-Bohrmeißel wird für Tiefbohrungen im Bergbau erstmals mit Hartmetallzähnen ausgestattet.

1959 Der Antarktisvertrag verbietet den Abbau von Rohstoffen jeglicher Art

1975 Die Industrieländer beginnen mit der Rohstoffsuche auf Meeresböden

1978 Für den Tagebau im Rheinischen Braunkohlerevier wird eine riesige Schaufelradbaggeranlage in Betrieb genommen

Oben: Schacht im Schaubergwerk in Schmiedefeld in Thüringen, unten: Braunkohletagebau Hambach mit Riesenbagger im Rhein-Erft-Kreis

Wasser für die Felder

Die Versorgung des Bodens mit Wasser ist eine der frühen Kulturleistungen der Menschheit. Sie machte Regionen fruchtbar und gab Millionen eine Lebensgrundlage.

Die Anfänge in den alten Hochkulturen

Regen ist in vielen heißen Regionen der Erde eine höchst unzuverlässige Bewässerungsquelle für die Landwirtschaft. Deshalb suchten die frühen Ackerbauern oft die Nähe von Flüssen. Zur Bewässerung der Felder hoben die Sumerer im heutigen Irak und die Ägypter schon 5000 v. Chr. einfache Gräben aus. Später schufen sie in den Tälern von Euphrat, Tigris und Nil Rückhaltebecken und legten Kanäle aus Steinplatten an, um das Wasser auf ihre Felder zu befördern. Um 3000 v. Chr. wurden in den Hochebenen Persiens und Armeniens die Quanate angelegt. Diese vertikalen Brunnensysteme tief unter dem Erdboden versorgten von den Bergen aus die Siedlungen in der Nähe mit Wasser. Griechen und Römer transportierten in der Antike Wasser über bogenförmige Aquädukte kilometerweit.

„Alles ist aus dem Wasser entsprungen! Alles wird durch das Wasser erhalten!"
Johann W. von Goethe, „Faust II"

Moderne Bewässerungsanlage in der Landwirtschaft

Das Lebenselixier der Landwirtschaft

Heute wird ein Fünftel der weltweit genutzten landwirtschaftlichen Fläche künstlich bewässert. 40 Prozent der Nahrungsmittelerzeugung erfolgen auf bewässertem Land. Fast zwei Drittel der zur Bewässerung genutzten Fläche entfällt auf die Länder China, Indien, Pakistan, USA und die zentralasiatischen Staaten der früheren Sowjetunion. Bewässerung beflügelt die ländliche Entwicklung u. a. durch dichtere Besiedlung sowie einen leichteren Zugang zur Bildungs- und Gesundheitsinfrastruktur. Durch Bewässerung erzielen die Menschen auch in Dürrezeiten eine relativ gesicherte Einnahmequelle, das Einkommensgefälle zwischen Stadt und Land verringert sich. Wegen der Folgen der Klimaerwärmung und dem mit der Bevölkerungsexplosion steigenden Nahrungsverbrauch erhöht sich in den nächsten Jahrzehnten der Bedarf an landwirtschaftlich genutzter und künstlich bewässerter Fläche erheblich.

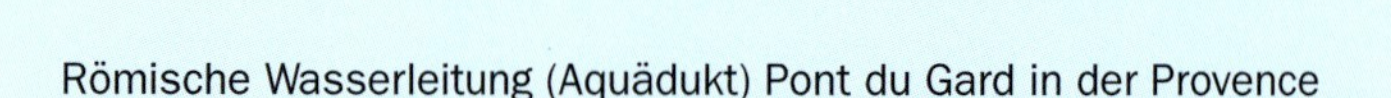

Römische Wasserleitung (Aquädukt) Pont du Gard in der Provence

Der Saft des Lebens

Mit der Entdeckung der Blutgruppen gab Karl Landsteiner die Erklärung für die Unverträglichkeit fremden Blutes. Damit wurde vielen Menschen das Leben gerettet.

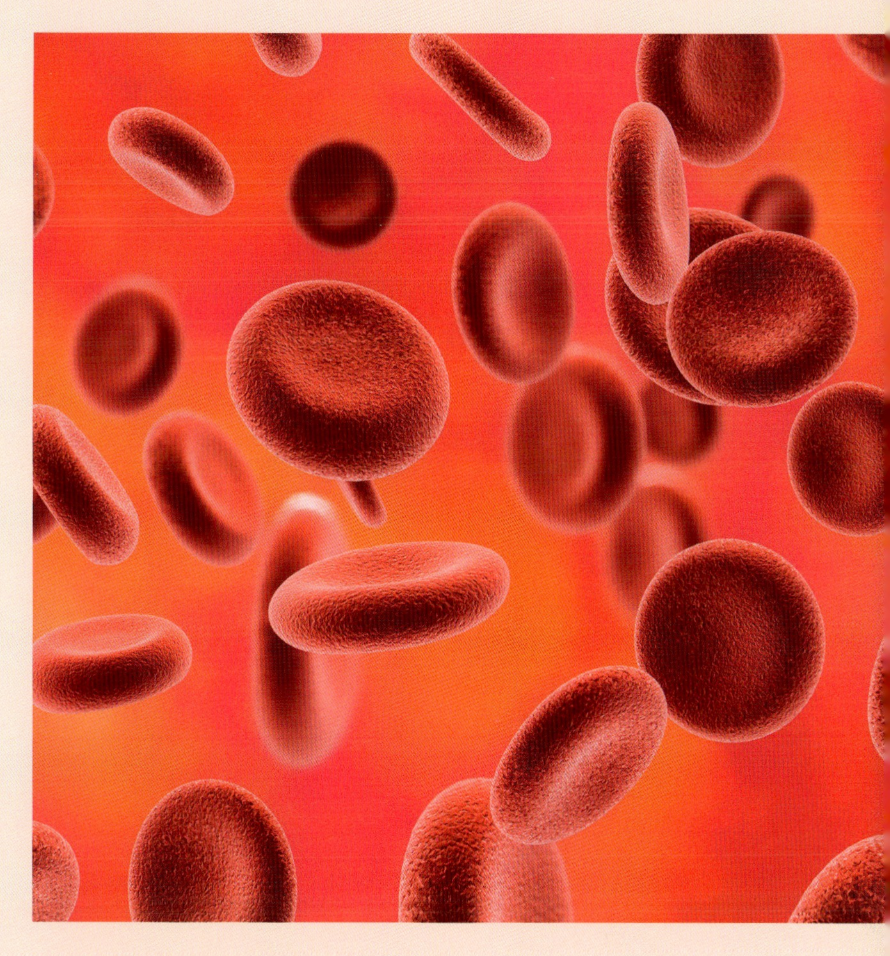

Rote Blutkörperchen in starker Vergrößerung

Erkenntnisse über Spender und Empfänger

Der österreichische Arzt Landsteiner (1868–1943) untersuchte schon seit langem die Eigenschaften des menschlichen Blutes. Wenn Spender und Empfänger des Blutes derselben Gruppe angehören, gibt es keine Komplikationen wie im 18. und 19. Jahrhundert. Nachdem viele Patienten nach Transfusionen gestorben waren, wurden die Blutübertragungen verboten. Landsteiner erkannte, dass der Körper bei anderen Kombinationen mit Gerinnung reagiert. 1900/01 entdeckte er die drei häufigsten menschlichen Blutgruppen A, B und 0. Im Jahr 1910 wurde als vierte Gruppe AB benannt; sie war 1902 von Kollegen Landsteiners identifiziert worden.

„Blut ist doch was ganz Merkwürdiges. Man mag es ungern fließen sehen, und dabei ist es schuld an allen Dummheiten auf der Welt."
Martin Andersen Nexø, Schriftsteller

Sicherer Schutz vor Abwehrreaktionen

Landsteiner war von 1922 bis 1939 Professor am renommierten Rockefeller-Institut für medizinische Forschung in New York. 1930 erhielt er für seine bahnbrechenden Erkenntnisse den Medizinnobelpreis. Zehn Jahre später fand er zusammen mit Alexander Wiener (1907–1976) das auf der Entdeckung des Rhesusfaktors, eines Proteins auf der Zellmembran der roten Blutkörperchen, beruhende Blutgruppensystem. Aufgrund seiner Forschungen konnten die Risiken von Bluttransfusionen erheblich gesenkt werden. Darüber hinaus ermöglichte die Blutgruppenanalyse auch den Nachweis von Vaterschaften. Inzwischen ist bekannt, dass Menschen mit der Blutgruppe AB alle anderen Blutgruppen akzeptieren und sog. Universalempfänger sind. Die Blutgruppe 0 kann von allen Gruppen empfangen werden, weshalb sie Universalspender genannt wird. Die Blutgruppe 0 besitzt nicht die Merkmale A und B, so dass nach der Übertragung beim Empfänger gegen sie keine Antikörper gebildet werden können.

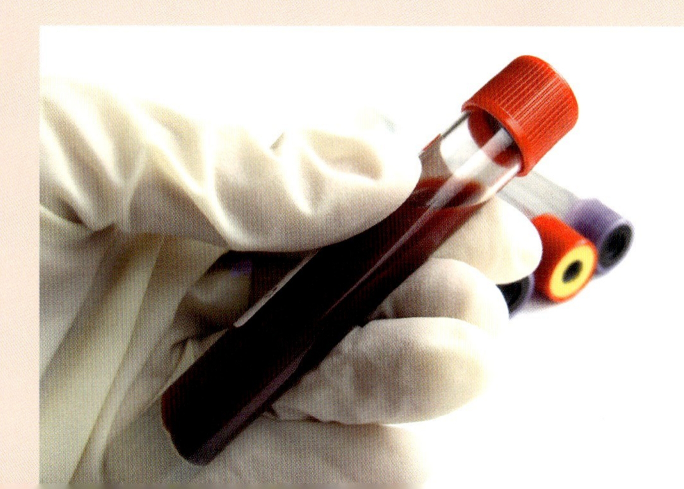

Röhrchen mit einer Blutprobe

Alte Römerbrücke bei Fertilia auf der Insel Sardinien

Über Täler und Flüsse

Die Überbrückung von Gewässern, Tälern oder Wegen geht bis in die Steinzeit zurück. Der Bau moderner Eisen- und Stahlkonstruktionen ab dem 19. Jahrhundert ermöglichte den Transport schwerer Lasten uber große Entfernungen.

Hänge-, Balken- und Bogenbauten

Die ersten Brücken vor mindestens 12 000 Jahren waren einfache, meist mit Brettern oder Baumstämmen über einen Wasserlauf gelegte Konstruktionen. Der griechische Historiker Herodot beschrieb im 5. Jahrhundert v. Chr. eine Balkenbrücke in Babylon über den Euphrat mit Holzbalken auf rund 100 Steinpfeilern. Die erste bekannte Bogenbrücke wurde um 800 v. Chr. bei Smyrna (heute Izmir, Türkei) errichtet. Die Römer bauten die ersten großen Bogenbrücken, z. B. den 179 v. Chr. fertiggestellten Ponte Rotto in Rom. Seine Rundbögen stehen auf massiven Pfeilern. Diese Technik hatten die Römer bei den Etruskern kennengelernt. Ab dem 2. Jahrhundert v. Chr. entwickelten die Römer ihre ersten Äquadukte, oft mehrstöckige Brückenbauten aus Stein mit Wasserkanälen. Eine der berühmtesten Konstruktionen dieser Art ist der Pont du Gard bei Nimes in Südfrankreich, welche die Hafenstadt in römischer Zeit täglich mit schätzungsweise 20 Mio. Litern Wasser versorgte. Die Aqua Marcia nach Rom war über 50 km lang, davon waren rund 11 km Brückenkonstruktionen.

> ***„Ein guter Mensch ist zuverlässiger als eine steinerne Brücke."***
> **Marc Aurel, römischer Kaiser**

Die Bewältigung des Massenverkehrs

Spätestens mit der Eisenbahn und dem infolge der Industrialisierung wachsenden Verkehr entstand die Notwendigkeit, Brücken zu bauen, die viele Tonnen schwere Lasten aushalten. War schon die Brücke aus Gusseisen über den englischen Fluss Severn (1779) ein Meilenstein moderner Ingenieurskunst, gilt dies umso mehr für die Göltzschtalbrücke der Sächsisch-Bayrischen Eisenbahn (1846–61), die größte Ziegelbrücke der Welt. Die 3 km lange Firth-of-Tay-Brücke in Schottland (1879) führt die Eisenbahnstrecke über die Nordseemündung des Flusses Tay. Die Brooklyn Bridge (1883) mit ihren galvanisierten Stahldrahtseilen verband über den East River

Eckdaten zur Geschichte des Brückenbaus seit der Neuzeit

1569	Andrea Palladio baut in Vicenza die erste massive Fachwerkbrücke
1779	Die Bogenbrücke über den Severn ist die erste Eisenkonstruktion
1847	Squir Whipple baut in den USA die erste Fachwerkbrücke aus Eisen
1874	In St. Louis wird die erste bedeutende Stahlbrücke eingeweiht
1901	Robert Maillart (Schweiz) baut die erste große Eisenbetonbrücke
1937	In der Bucht von San Francisco wird die Golden Gate Bridge eingeweiht
1948	In Frankreich entstehen bis 1950 die ersten fünf Spannbetonbrücken
1963	Die Bahn- und Straßenbrücke über den Fehmarnsund wird freigegeben
1995	Auf der Insel Usedom wird die Heringsdorfer Seebrücke eröffnet
1997	Die längste Hängebrücke Europas überspannt den Tejo in Lissabon

erstmals die New Yorker Stadtbezirke Brooklyn und Manhattan. Einer der Meilensteine im 20. Jahrhundert ist die heute 2,7 km lange Golden Gate Bridge in der Bucht von San Francisco (1937). Zu den jüngsten Meisterwerken des Brückenbaus zählt das mit insgesamt 17 km längste Hängebrückensystem Europas über den Tejo in Lissabon (1997).

Oben: Kapellbrücke, Luzern, Mitte: Golden Gate, San Francisco

1963 fertiggestellte Europabrücke der Brennerautobahn bei Innsbruck auf der Route nach Italien

Die Welt des Lesens

Mit dem Buchdruck eröffnete sich breiten Leserschichten die Welt der Wissenschaft und der Kultur. Auch im digitalen Zeitalter kann sich das Buch als eines von mehreren Bildungs- und Unterhaltungsmedien behaupten.

Büste Johannes Gutenbergs in Mainz

Von Gutenbergs Idee zum Massenmedium

Um 600 v. Chr. druckten die Chinesen erstmals komplette Textseiten auf Papier. Die Herstellung ganzer Bücher auf den damals üblichen Holzplatten im Blockdruck war sehr aufwendig, sodass die Auflagen winzig blieben. Meist wurden Manuskripte nicht gedruckt, sondern zur Vervielfältigung von Fachkräften abgeschrieben. Die Wende kam im 15. Jahrhundert durch den in Mainz tätigen Johannes Gutenberg (um 1400–1468), der bewegliche Druckbuchstaben aus Metall herstellte. Um 1445 hatte er ein Handgießinstrument mit etwa 100 verschiedenen Lettern zur Verfügung. Er fügte sie zu Worten und

Bücherregal mit alten, in Leder gebundenen Nachschlagewerken

Alter Setzkasten mit Druckbuchstaben

Eckdaten zur Geschichte der Drucktechnik

1450	Johannes Gutenberg beginnt in Mainz den Druck der ersten Bücher
1461	Albrecht Pfister aus Bamberg druckt das erste illustrierte Buch
1477	Das erste Buch im Tiefdruck ist Claudius Ptolemäus' „Cosmographica"
1501	Francisco Griffo aus Bologna stellt die erste Kursivschrift her
1710	Der Deutsche Jakob Le Blon entwickelt Vierfarbdruckverfahren
1798	Der Österreicher Alois Senefelder erfindet die Lithografie (Steindruck)
1814	Die Londoner „Times" wird erstmals im Bogenschnelldruck hergestellt
1845	Richard Hoe (USA) erhält ein Patent auf die erste Rotationspresse
1884	Ottmar Mergenthaler erfindet das automatische Setzverfahren Linotype
1904	Caspar Hermann und Ira W. Rubel führen den Offsetdruck ein
1935	Penguin in London druckt die ersten preiswerten Taschenbücher
1965	Rudolf Hell erfindet den computergesteuerten Lichtsatz (Digiset)

Zeilen zusammen, hintergoss sie mit Blei und montierte sie in einem Holzrahmen zu Druckseiten. Als erstes Werk druckte er im Jahr 1447 einen Kalender, vier Jahre später folgte eine lateinische Grammatik. 1455 hatte Gutenberg bereits 150 Exemplare auf Papier und 35 auf Pergament seiner berühmten Bibel gedruckt. Darin hatte er insgesamt 290 Zeichen verwendet. Gutenbergs Drucktechnik wurde in ganz Europa bekannt und erweitert. Seine Idee leitete nach der Ausbildung der Sprache und der Erfindung der Schriften eine dritte Medienrevolution ein. In Buchform war das Wissen der Welt aufbereitet und jedermann zugänglich. Mit den preiswerten Schnelldruckverfahren, zunächst nur für Zeitungen, im 20. Jahrhundert auch für Bücher, wurde Information und Unterhaltung einem breiten Publikum zugänglich.

„Von allen Welten, die der Mensch erschaffen hat, ist die der Bücher die gewaltigste."
Heinrich Heine, Dichter

Das Buch im digitalen Zeitalter

Mit der internationalen Verbreitung des Internets und der elektronischen Zugriffsmöglichkeit auf vielfältige Informationen hat das Buch seinen jahrhundertelangen Status als Leitmedium verloren. Dennoch werden Jahr für Jahr weiter Bücher gedruckt und gekauft. Im Jahr 2010 erwirtschaftete allein der deutsche Sortimentsbuchhandel nach Angaben des Börsenvereins ein Umsatzvolumen von 5 Mrd. Euro. Als eines der Zukunftsmedien gilt das elektronische Buch (E-Book), auf dem tausende Textseiten gespeichert werden. Ob das elektronische das gedruckte Werk ergänzt oder ersetzt, bleibt abzuwarten.

E-Book – die Zukunft des Buches und der Lesekultur?

Das Informationszeitalter

Der Computer hat die Welt in wenigen Jahrzehnten radikal verändert und nahezu alle Lebensbereiche erfasst. Damit verbunden ist die Abhängigkeit von der automatischen Verarbeitung und Speicherung fast aller Informationen.

Die Erfinder der Rechenmaschinen

Es begann in den 1940er-Jahren. Der deutsche Ingenieur Konrad Zuse (1910–1995) stellte 1941 die erste programmgesteuerte Rechenmaschine „Z3" vor. Sie konnte 64 Zahlen mit je 22 Dualstellen speichern. Neben den Grundrechenarten Addition, Subtraktion, Division und Multiplikation beherrschte der Rechner das Lösen von Quadratwurzeln. Zuse war etwas schneller als sein amerikanischer Kollege Howard Aiken (1900–1973), der bis 1944 ebenfalls einen Rechner entwickelte und lange Zeit als Erfinder des Computers galt. Im Jahr 1946 ging an der Universität von Pennsylvania in den USA die erste elektronische Großrechneranlage „ENIAC" in Betrieb.

„Eines Tages werden Maschinen vielleicht denken können, aber sie werden niemals Phantasie haben."
Theodor Heuss, früherer Bundespräsident

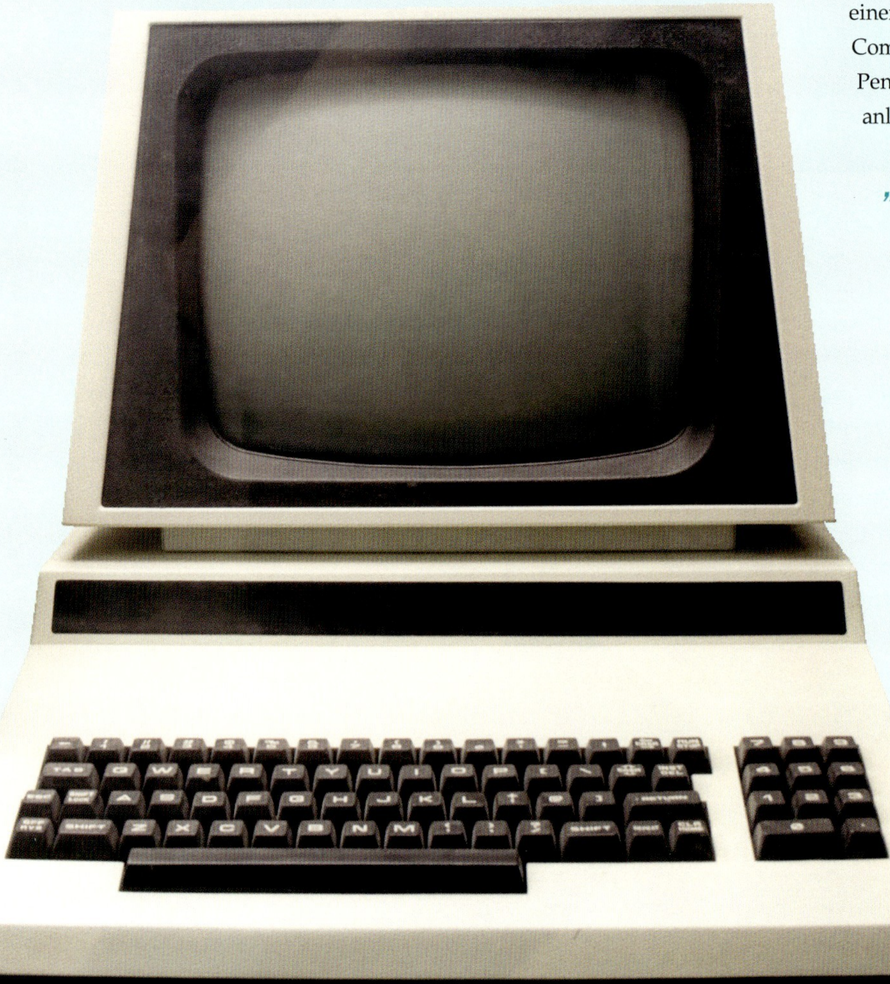

Einer der ersten Computer mit integrierter Tastatur

Chips erobern die Welt

Als Erfinder des integrierten Schaltkreises gilt Jack Kilby (1923–2005). Er arbeitete ab 1958 für das Unternehmen Texas Instruments, das 1971 den ersten Mikroprozessor auf den Markt brachte. Der Chip ist ein elektronischer Winzling, der heute Milliarden von Transistorfunktionen in sich vereint und alle Aufgaben der zentralen Rechnereinheit (CPU) im Computer übernimmt. Erst die Miniaturisierung ermöglichte den Einbau elektronischer Einheiten in Taschenrechnern, Handys und zahlreichen weiteren Gegenständen des alltäglichen Lebens.

Computer in allen Bereichen

In Zukunft scheinen u. a. auch biologische Systeme möglich, die auf der Verwendung der Erbsubstanz Desoxyribonukleinsäure (DNA) oder Ribonukleinsäure (RNA) als Speicher- und Verarbeitungsmedium beruhen. Biologische und technische Informationsverarbeitung werden noch stärker

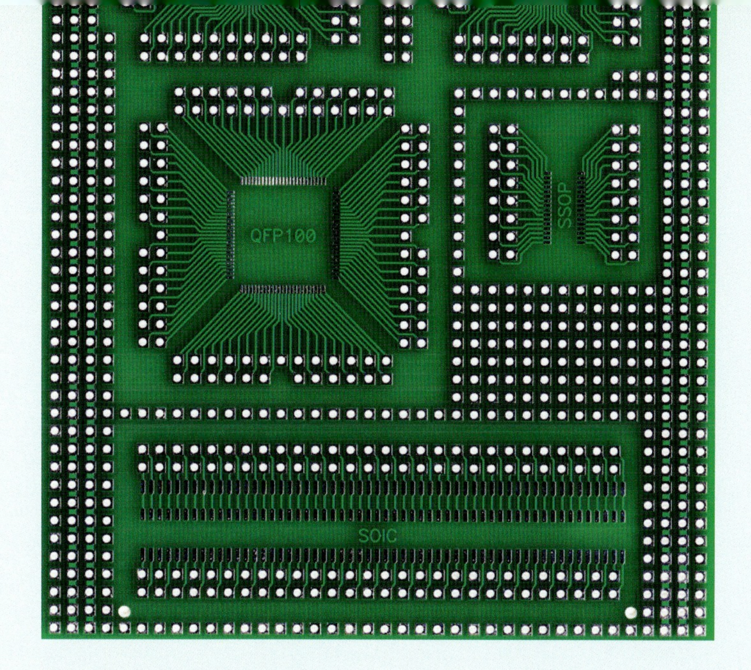

Platine mit Mikroprozessoren

miteinander verknüpft. Die totale Durchdringung unserer Lebenswelt mit Computern hat die Abhängigkeit von dieser Technik deutlich gemacht. Mit der Speicherung von immer mehr privaten Informationen steigt die Gefahr des Datenmissbrauchs für politische, wirtschaftliche, militärische oder persönliche Zwecke. Eine gewisse Ernüchterung hat bei der Erforschung der künstlichen Intelligenz stattgefunden: Die Nachbildung des komplexen menschlichen Gehirns und die Fähigkeit Probleme zu lösen scheinen weitaus schwieriger in einen Computer integrierbar zu sein als noch vor wenigen Jahren gedacht.

Eckdaten zur Geschichte der Computertechnik

1941	„Z3“ von Konrad Zuse ist der erste programmgesteuerte Rechner
1946	An der Universität von Pennsylvania arbeitet der erste Großrechner
1948	IBM produziert die erste lochkartengesteuerte Großrechenanlage
1956	IBM baut den weltweit ersten Computer mit Magnetplattenspeicher
1967	Der Brite Norman Kitz baut den ersten elektronischen Tischrechner
1971	Texas Instruments bringt den ersten Mikroprozessor (Chip) heraus
1974	HB-65 ist der erste programmierbare Taschenrechner der Welt
1981	Microsoft produziert für IBM sein erstes Betriebssystem MS-DOS
1983	IBM und Apple stellen die ersten Personalcomputer für das Büro vor
1994	TT-100 von Leonard Adleman ist der erste Prototyp des Biocomputers
2010	Apple produziert das i-Pad, einen hochentwickelten Tablet-Computer

Links: Rechenzentrum mit Servern, rechts: Moderner Laptop

Industrie unter Volldampf

Die von James Watt verbesserte Dampfmaschine setzte das Signal zur industriellen Revolution in Europa.

Links: Kolbendampfmaschine, rechts: James Watt

Verbesserung eines bekannten Prinzips

Der Franzose Denis Papin (1647–1712) trieb schon 1707 sein Schaufelradboot mit einer einfachen Dampfmaschine an, einem Messingzylinder mit Kolben. Seit Anfang des 18. Jahrhunderts wurde im englischen Bergbau die von Thomas Newcomen (1663 bis 1729) entwickelte atmosphärische Dampfmaschine eingesetzt. Im Jahr 1765 reparierte der Ingenieur James Watt (1736–1819) in seiner Werkstatt eine solche Apparatur. Das ständige Aufheizen und Abkühlen des Maschinenzylinders verbrauchte unnötig viel Energie. Deshalb baute Watt eine Maschine mit zwei Zylindern, einem heißen und einem kalten. Er verlagerte die Umwandlung von Dampf in mechanische Energie aus dem Zylinder in einen separaten Kondensator. Damit steigerte Watt den Wirkungsgrad der Wärmekraftmaschine erheblich. Schon wenige Jahre später fuhren in England die ersten pferdelosen Straßenwagen mit Dampfkraft. Bis 1789 verbesserte Watt seine Maschine. Sie konnte u. a. Rotationen durchführen und die Drehzahl konstant halten.

„Eine Maschine kann die Arbeit von fünfzig gewöhnlichen Menschen leisten, aber sie kann nicht einen einzigen außergewöhnlichen ersetzen."

Elbert Hubbard, Schriftsteller

Der Antrieb der industriellen Epoche

Dampfmaschinen wurden zunächst vor allem zum Antrieb von Textilmaschinen und im Bergbau zur Wasserhaltung verwendet. Später folgten Dampflokomotiven, -schiffe und -Lkw. Auch das erste Luftschiff (1852) wurde von einer Dampfmaschine angetrieben. 1801 trieb der Engländer Richard Trevithick mit der von ihm entwickelten Hochdruckdampfmaschine ein Fahrzeug an. Mit der Erfindung der Dampfturbine (1883) durch den schwedischen Ingenieur Carl de Laval begann die allmähliche Ablösung der Dampfmaschine als allgemeine Antriebsquelle. Als Fahrzeugantrieb wurde sie von Verbrennungsmotoren ersetzt. Im Bergbau werden heute noch einzelne Dampfmaschinen in Förderanlagen zum Heben von Kohle und als Bremse zum Herablassen von Versatzmaterial eingesetzt.

Englische Dampfmaschine für den Einsatz in der Landwirtschaft

Messgeräte und Fahrregler im Führerhaus einer Dampflokomotive

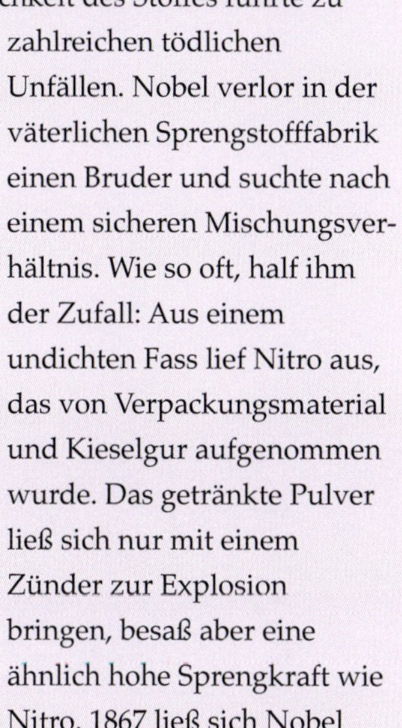

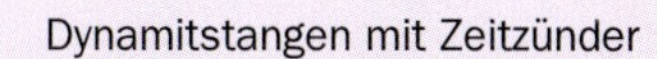

Dynamitstangen mit Zeitzünder

Erfindung mit Folgen

Der von Alfred Nobel für den Bergbau entwickelte sichere Sprengstoff fand gegen den Willen des Erfinders in der Kriegsführung weite Verbreitung. Um den Frieden zu fördern, stiftete Nobel testamentarisch einen Preis.

Vom Nitroglyzerin zum sicheren Sprengstoff

Alfred Nobel (1833–1896) experimentierte auf Zechen in Dortmund mit dem gefährlichen Nitroglyzerin, das 1847 von dem Italiener Ascanio Sobrero (1812–1888) erfunden worden war. Die hohe Schlag- und Erschütterungsempfindlichkeit des Stoffes führte zu zahlreichen tödlichen Unfällen. Nobel verlor in der väterlichen Sprengstofffabrik einen Bruder und suchte nach einem sicheren Mischungsverhältnis. Wie so oft, half ihm der Zufall: Aus einem undichten Fass lief Nitro aus, das von Verpackungsmaterial und Kieselgur aufgenommen wurde. Das getränkte Pulver ließ sich nur mit einem Zünder zur Explosion bringen, besaß aber eine ähnlich hohe Sprengkraft wie Nitro. 1867 ließ sich Nobel seine Erfindung unter dem Namen Dynamit patentieren. Er stellte sich dessen friedliche Nutzung z. B. im Bauwesen vor. Doch musste er erkennen, dass die Militärs, die in Kriegen bis dahin ebenfalls das riskante Nitroglyzerin verwendet hatten, seinen sicheren Sprengstoff allzu gern für ihre Ziele einsetzten.

Alfred Nobel, Erfinder des Dynamits und Preisstifter

„Der Tag, an dem zwei Armeen sich in einer Sekunde vernichten können, ist der Tag, an dem, so bleibt zu hoffen, alle zivilisierten Nationen umdenken und ihre Truppen auflösen."
Alfred Nobel

Die Würdigung friedlicher Aktivitäten

Nobels pazifistisch eingestellte Privatsekretärin Bertha von Suttner (1843–1914) drängte ihn angesichts dieser Entwicklung zur Stiftung eines Preises für Völkerverständigung und Frieden. In seinem Testament verfügte Nobel, dass aus den Zinsen seines Vermögens von rund 10 Mio. Dollar jedes Jahr Preise gestiftet werden sollten für herausragende Leistungen in der friedlichen wissenschaftlichen Forschung sowie für die Sicherung des Weltfriedens. 1901, fünf Jahre nach seinem Tod, wurden die ersten Nobelpreise verliehen, seine ehemalige Sekretärin von Suttner erhielt 1905 als erste Frau die Auszeichnung für Frieden.

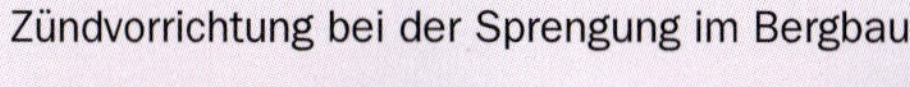

Zündvorrichtung bei der Sprengung im Bergbau

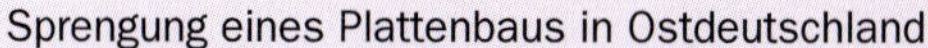

Sprengung eines Plattenbaus in Ostdeutschland

Mobilität auf Schienen

Bis zur Entwicklung des Automobils war die Eisenbahn wegen ihrer hohen Beförderungskapazität das bedeutendste Verkehrsmittel, das zur Industrialisierung wesentlich beitrug.

Die „goldene“ Zeit der Eisenbahn

Eiserne Schienenbahnen mit Wagen, die von Pferden gezogen wurden, gab es schon seit dem 18. Jahrhundert im Bergbau und in Hüttenbetrieben. 1804 feierte die Dampfeisenbahn Premiere; in England zog eine 8 Tonnen schwere Lokomotive eine Grubenbahn mit 10 Tonnen Eisen und 70 Arbeitern an Bord rund 15 km weit. Doch der Erfinder Richard Trevithick (1771–1833) hatte damit keinen kommerziellen Erfolg. 1825 verkehrte zwischen den englischen Orten Darlington und Stockton der erste fahrplanmäßige Zug der Welt. Zehn Jahre später wurde zwischen Nürnberg und Fürth die erste deutsche Zugstrecke eingeweiht. Die Eisenbahn entwickelte sich im 19. Jahrhundert zum wichtigsten Verkehrsmittel für Güter und Personen. Die Beförderung von Kohle, Eisen und anderen Rohstoffen trieb den Güterverkehr während der Industrialisierung entscheidend voran. Die Personenzüge wurden ab Mitte des 19. Jahrhunderts immer bequemer und luxuriöser – mit Speise-, Schlaf-, Salon- und Rauchwagen; große Berühmtheit erreichte z. B. der Orient-Express zwischen Paris und Konstantinopel (Istanbul). Erst als sich in den 1920er-Jahren in den westlichen Industrienationen das Automobil als neues, individuelles Massenverkehrsmittel allmählich durchzusetzen begann, ging das „goldene“ Eisenbahnzeitalter langsam zu Ende.

Messingschild der Münchener Lokomotivenfabrik Krauss

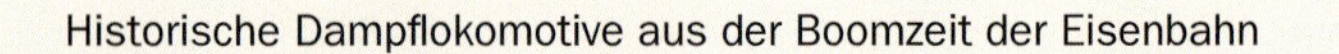

Historische Dampflokomotive aus der Boomzeit der Eisenbahn

„Reisen ist das einzig taugliche gegen die Beschleunigung der Zeit."
Thomas Mann, Schriftsteller

Neue Wege im Schienenverkehr

Eine neue Ära im Bahnverkehr läutete 1981 in Frankreich der Hochgeschwindigkeitszug TGV ein. Auf der Strecke von Paris nach Lyon bzw. Genf bildet das umweltfreundliche Transportmittel mit einer Reisegeschwindigkeit bis zu 300 km/h eine ernsthafte Konkurrenz zum Kurzstreckenflugverkehr. Der erste Intercity Experimental (ICE) in Deutschland erreichte bei seiner Probefahrt im Jahr 1985 etwa 350 km/h Spitze. Die Zukunft der Eisenbahn liegt angesichts einer Autodichte von 50 Mio. Pkw in Deutschland trotz steigender Kraftstoffpreise wohl nicht mehr in der flächendeckenden Schieneninfrastruktur. Aussichtsreicher erscheinen die Entwicklung und der Ausbau von Regionalverbindungen in Ballungsräumen sowie ausgewählte Hochgeschwindigkeitsrouten im Fernverkehr. In der Volksrepublik China wird seit dem Jahr 2002 versuchsweise die bis zu 500 km/h schnelle deutsche Magnetbahn Transrapid eingesetzt. In einigen arabischen Ländern wird die Erprobung von Magnetfahrzeugen diskutiert.

Eckdaten zur Geschichte der Eisenbahn	
1825	Zwischen Darlington und Stockton (39 km) fährt die erste Bahnlinie
1835	Die erste deutsche Bahnstrecke Nürnberg–Fürth wird eingerichtet
1869	In den USA wird die erste transkontinentale Bahnstrecke fertiggestellt
1887	Der Amerikaner George Pullmann konstruiert seinen ersten Luxuszug
1902	Gründung der transsibirischen Eisenbahn von Moskau bis Wladiwostok
1938	Die transiranische Strecke führt von Teheran zum Persischen Golf
1963	In Japan fährt erstmals der Hochgeschwindigkeitszug Shinkansen
1981	In Frankreich geht der Hochgeschwindigkeitszug TGV an den Start
1985	Der erste ICE-Zug nimmt in Deutschland seinen Probebetrieb auf.
1998	Das schwerste deutsche Zugunglück in Eschede fordert 101 Opfer
2002	In Shanghai wird die erste Transrapidstrecke eröffnet (ca. 30 km)

Schwedischer Hochgeschwindigkeitszug X 2000 in Stockholm

Ausfahrt eines Zuges aus dem Leipziger Hauptbahnhof

planet
planet
hollywood
ph
Parlay
your way
PEEPSHOW
THE SEXIEST NEW SHOW
MANILOW
Paris
BALLYS
STRIP HOUSE
CASINO
ENTRANCE

Die Welt unter Strom

Der Siegeszug der elektrischen Energie begann um die Wende zum 20. Jahrhundert, beruht aber auf wesentlich älteren Erkenntnissen. Heute hat Elektrizität praktisch alle Lebensbereiche durchdrungen und ist unverzichtbar.

Die Entdeckung einer neuen Energie

Mitte des 18. Jahrhunderts führten Forscher in Europa zahlreiche Versuche mit Elektrizität in Flaschen durch, die mit Wasser oder Quecksilber gefüllt sowie außen und innen mit Zinnfolien belegt waren. Die Gefäße waren die ersten elektrischen Kondensatoren. 1821 bewies der Brite Michael Faraday (1791–1867), dass elektrische Energie sich direkt in Bewegungsenergie umwandeln lässt. Er hatte das Grundprinzip der Elektromotoren gefunden. Zwischen 1840 und 1879 wurde das erste Transatlantikkabel verlegt, das die Einführung der Telegrafie begünstigte. 1879 erfand der Amerikaner Thomas Alva Edison (1847–1931) die Kohlefadenglühlampe, die Grundlage für das elektrische Licht im Alltag. Im mondänen Paris wurde ein Jahr zuvor die elektrische Straßenbeleuchtung eingeführt. 1882 gelang die erste Fernübertragung von elektrischer Energie zwischen Miesbach und München (57 km). Vier Jahre später begründete der Kroate Nikola Tesla (1856–1943) in den USA die heute gebräuchliche Form der elektrischen Energieübertragung mit Wechselstrom, der hohe Leitungen von elektrischer Energie ermöglicht. Es entstanden erste Kraftwerke, die noch von Wasserturbinen oder Dampfmaschinen angetrieben wurden. Anfang des 20. Jahrhunderts wurden sie durch Dampfturbinen ersetzt.

Links: Eine Stadt unter Strom – Spielerparadies Las Vegas in Nevada
Unten: Drehstromzähler mit Angaben in Kilowattstunden

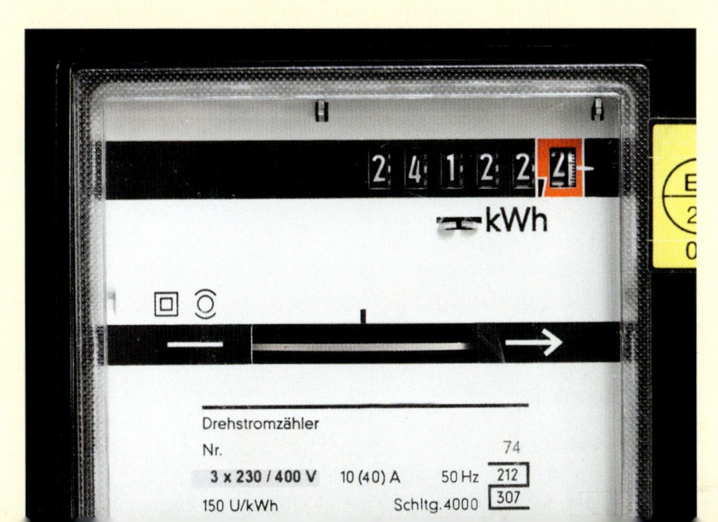

Elektrische Freilandleitungen, im Hintergrund ein Windrad

> ***„Elektrischer Strom und Magnetismus werden die Welt verändern."***
> **Joseph Henry, Physiker**

Eine Welt ohne Strom ist undenkbar

Nicht erst der sowjetische Revolutionär Wladimir I. Lenin (1870 bis 1924) erkannte die Bedeutung der Elektrizität, als er den Begriff Kommunismus als „Sowjetmacht plus Elektrifizierung" erläuterte. Aus dem modernen Alltag ist Elektrizität in Form von Licht, Wärme oder Kraft nicht mehr wegzudenken. Das wird spätestens bei kurzfristigen Stromausfällen oder -unterbrechungen deutlich. Elektrizität spielt auch wegen der immer stärker verbreiteten Informations- und Kommunikationstechnik bei der Teilhabe am modernen Leben eine entscheidende Rolle. Dennoch haben weltweit immer noch etwa 20 Prozent der Menschheit keinen Zugang zu elektrischer Energie. In den wachstumsstarken Schwellenländern steigt der Stromverbrauch von Jahr zu Jahr, in den Industrieländern ist er aufgrund von ausgefeilten Techniken zur Energieeinsparung konstant oder nur leicht steigend.

Eckdaten zur Erforschung der Elektrizität

1660	Otto von Guericke erzeugt mit der Schwefelkugel statische Elektrizität
1752	Benjamin Franklin erkennt, dass der Blitz eine Form der Elektrizität ist
1780	Luigi Galvani entdeckt beim Froschversuch die Berührungselektrizität
1800	Alessandro Volta erfindet die elektrische Batterie als Energiespeicher
1859	Gaston Planthé baut die elektrische Speicherbatterie (Akkumulator)
1866	Werner von Siemens entwickelt den ersten elektrischen Generator
1883	William Stanley erfindet den elektrischen Spannungsumwandler
1902	Ernst Danielson baut den ersten gleichmäßig laufenden Elektromotor
1930	Der großflächige Anschluss privater Haushalte ans Stromnetz beginnt

Erleichterung im Haushalt

Im 20. Jahrhundert zogen die Elektrogeräte nach und nach in Haushalt und Alltag ein. Sie machten viele bis dahin mühsame Arbeiten leicht und bequem.

Der Siegeszug des elektrischen Stroms

Den wegweisenden Erfindungen Kühlschrank und Waschmaschine sind eigene Kapitel gewidmet. Hier soll es um die anderen Elektrogeräte des Haushalts gehen. Ihre Entwicklung lief fast parallel zur Versorgung mit elektrischem Strom. Die ersten um die Wende zum 20. Jahrhundert gebauten Wasserkraftwerke mit ihren Stromnetzen wurden zunächst nur für den Betrieb von Bogen- und Glühlampen eingesetzt – bei sehr hohen Preisen. Erst nach dem Ersten Weltkrieg machten die ersten Dampfkraftwerke und Hochspannungsnetze in den Industrieländern den Strom billiger.

Von der Erfindung zum Markterfolg

Viele Elektrogeräte wurden lange vor ihrer Markteinführung erfunden, brauchten aber teilweise Jahrzehnte, um sich als Massenprodukt durchzusetzen. In den Haushalt zogen zunächst elektrische Bügeleisen und Nähmaschinen ein. Das Bügeleisen mit Heizspirale wurde 1889 von dem Amerikaner Charles Carpenter entwickelt; sieben Jahre zuvor hatte Henry Seely (1854–1908) bereits ein Gerät hergestellt, das noch mit einem offenen Lichtbogen beheizt wurde. Nachdem die ersten Nähmaschinen für den industriellen Bereich 1889 in den USA auf den Markt gelangt waren, kamen Anfang der 1920er-Jahre die ersten Haushaltsnähmaschinen hinzu. 1906 wurden die ersten Staubsauger für den Haushalt produziert, der Küchenmixer von Chester Beach wurde 1910 patentiert. Den elektrischen Rasier-apparat entwickelte der Deutsch-Amerikaner Jakob Schick im Jahr 1928, drei Jahre später wurde er kommerziell eingesetzt. Nach und nach setzten sich die strombetriebenen Haushaltsgeräte durch.

„Das Wesentliche an jeder Erfindung tut der Zufall, aber den meisten Menschen begegnet dieser Zufall nicht.“
Friedrich Nietzsche, Philosoph

Oben: Elektroherd mit Backofen
Unten: Elektrische Spülmaschine

Nützliche Helfer in allen Lebenslagen

Erst nach dem Zweiten Weltkrieg eroberten Elektroherd, Waschmaschine, Geschirrspüler, Staubsauger, Fernseher und viele weitere Geräte der Unterhaltungselektronik die Privathaushalte. In den 1970er-Jahren kamen Kaffeemaschine, Tiefkühltruhe, Mixer und Toaster hinzu. Zur Standardausrüstung im Bad gehörten nun auch Elektrorasierer und Fön. In den 1990er-Jahren zogen Mikrowellenherde in moderne Küchen ein. Beim Betrieb elektrischer Haushaltsgroßgeräte wird heute verstärkt auf die Energieeffizienz geachtet, um Umweltbelastungen und Kosten möglichst niedrig zu halten.

Eckdaten zur Entwicklung der Haushaltsgeräte

1889	Ein Hotel bei St. Moritz betreibt den ersten elektrischen Küchenherd; Charles Carpenter erfindet das elektrische Bügeleisen mit Heizspirale
1895	Wilhelm Fein konstruiert die erste elektrische Handbohrmaschine
1901	Hubert Booth erfindet den elektrischen Staubsauger für die Industrie
1906	Alva Fisher baut die erste mit Strom betriebene Waschmaschine
1909	General Electric bringt in den USA den ersten Toaster auf den Markt
1910	Der Kompressor-Kühlschrank von Carl Linde (1879) erhält einen strombetriebenen Bruder durch eine neues Gerät aus den USA
1921	Erste Haushaltsnähmaschinen mit Elektromotor werden hergestellt
1923	Arthur Large erfindet in England den ersten elektrischen Kochtopf
1926	In England werden die ersten Elektrorasenmäher produziert
1937	In den USA gibt es erste elektrische Heizlüfter für Haushalt und Büro

Moderne Elektrogeräte im Haushalt: Bügeleisen, Eierkocher, Kaffeemaschine, Mixer, Staubsauger, Toaster

Das schwarze Gold

Über ein Jahrhundert war Erdöl der wichtigste Energieträger. Doch nach den heute verfügbaren Schätzungen über die Reserven versiegen die Quellen in wenigen Jahrzehnten.

Die erste Ölquelle der Welt

Das schwarze Gold wurde zum ersten Mal in Amerika ans Tageslicht befördert. 1859 wurde in den USA die erste Ölquelle angezapft. Der Zugführer Edwin Drake (1819–1880) ließ bei Titusville in Pennsylvania in 21 Metern Tiefe die erste Bohrung niederbringen. Täglich sprudelten 1500 Liter aus der Quelle. Drake hatte in ein Unternehmen investiert, das Erdöl für medizinische Zwecke nutzte. Bis dahin wurde es vor allem als Lampenöl eingesetzt. Der Erfolg der ersten Ölbohrung fand schnell Nachahmer. Hauptabnehmer des schwarzen Goldes waren Kerosinhersteller für die Lampenindustrie, die vorher den teuren Waltran als Brennstoff verwendet hatte.

> ***„Um es im Leben zu etwas zu bringen, muss man früh aufstehen, bis in die Nacht arbeiten – und Öl finden.“***
> Jean Paul Getty, Unternehmer

Der Treibstoff der Moderne

Nach der Einführung elektrischen Lichts schien das Ende der Erdölnutzung schon nach wenigen Jahrzehnten gekommen zu sein. Doch mit der Entwicklung des ersten Automobils nach 1900 konnte sich die Unternehmerfamilie Rockefeller, Mitbegründerin der Standard Oil Company, mit der Idee durchsetzen, Benzin als Ottokraftstoff statt des angedachten Ethanols zu verwenden. Nun wurde Öl zum Treibstoff des motorisierten Zeitalters. Nach Funden der Briten im Irak in den 1920er-Jahren wurde 1938 auch in Saudi-Arabien die erste reiche Ölquelle entdeckt. Die beste Zeit für die arabischen Förderstaaten begann 1960 mit der Gründung der Organisation Erdöl exportierender Länder (OPEC). Die Mitgliedstaaten nutzten Öl nicht nur als Haupteinnahmequelle für Devisen, sondern beizeiten auch als politische Waffe; 1973 drosselten sie nach dem israelisch-arabischen Jom-Kippur-Krieg ihre Produktion deutlich und forcierten in den Industrieländern die Suche nach eigenen Ölquellen bzw. alternativen Energien. In den 1980er-Jahren stieg der Ölpreis stark an. Nach einer relativ konstanten Phase in den 1990er-Jahren und einer moderaten OPEC-Preispolitik schnellte er nach 2000 wieder explosionsartig nach oben und erreichte Spitzenpreise von deutlich mehr als 100 US-Dollar pro Barrel (159 Liter).

Ölbohrinsel in der Nordsee in einem norwegischen Fjord; das skandinavische Land ist immerhin der dreizehntgrößte Erdölförderer der Welt

Das Versiegen der Vorkommen

Die größten bekannten Ölreserven liegen im Nahen Osten, davon rund ein Fünftel in Saudi-Arabien und jeweils etwa ein Zehntel in Iran und Irak – einer Region, die von wirtschaftlichen, politischen und militärischen Spannungen geprägt ist. In den letzten Jahren sind kaum neue größere Lagerstätten identifiziert worden, sodass die Endlichkeit der natürlichen Erdölreserven in den Vordergrund rückt. Verschiedene Schätzungen gehen davon aus, dass die Ölquellen um das Jahr 2050 größtenteils versiegen werden. Den Höhepunkt der Gewinnung haben die wichtigsten Förderländer schon hinter sich. In jedem Fall ist ein Ende abzusehen, und die großen Ölverbrauchsländer – die westlichen Industrienationen und Schwellenländer wie China und Indien, müssen Alternativen zum Öl entwickeln.

Eckdaten zur Förderung und Nutzung des Erdöls

1850	Der Brite Abraham Gesner gewinnt in den USA erstmals Kerosin
1859	Mit dem Anzapfen einer Quelle in Pennsylvania beginnt die Ölförderung
1860	Paraffin-Lampenöl des Schotten James Young kommt auf den Markt
1890	In den USA arbeitet das erste ganz aus Stahl bestehende Bohrgerüst
1900	Vor der Küste Kaliforniens wird erstmals unter Wasser nach Öl gebohrt
1938	In Saudi-Arabien wird erstmals die Erdölförderung aufgenommen
1970	In der Nordsee beginnen die Offshore-Bohrungen auf Plattformen
1973	Der Ölboykott der OPEC-Mitgliedstaaten löst einen Preisschock aus.
2008	Erstmals kostet ein Barrel Rohöl (159 Liter) mehr als 100 US-Dollar

Links: Tanken an der Zapfsäule – ein zunehmend teures Vergnügen
Unten: Öltanker am Isthmus von Korinth in griechischen Gewässern

Die Entstehung der Arten

Die bahnbrechende Lehre von Charles Darwin über die Entwicklung der Arten beeinflusste nicht nur die Biologie, sondern [illegible] [illegible]

Frühe Ideen über die Artenentwicklung

Oft versuchten Biologen in der Neuzeit, die Fülle der Pflanzen- und Tierarten systematisch darzustellen, am umfassendsten der Schwede Carl von Linné (1707–1778). Doch auch er wagte aus religiösen Gründen nicht zu behaupten, dass die Arten miteinander verwandt seien. Der Franzose Georges Louis de Buffon (1707–1788) schloss aus Beobachtungen im Alltag, dass Gott „perfekte" Lebewesen geschaffen habe, aus denen im Lauf der Erdgeschichte durch Degeneration

Charles Darwin, der Begründer der Evolutionstheorie

Schimpanse, Verwandter des Menschen mit gemeinsamen Vorfahren

Arten entstanden seien. Deshalb betrachtete er z. B. Affen als [illegible] [illegible] schon der Gedanke enthalten, dass sich die Arten in langen Zeiträumen verändern. Interessant war die Idee des Franzosen Pierre de Maupertuis (1698–1759), dass die Natur ihre Wirkungen mit dem geringsten Aufwand erziele. Der Gedanke einer Entwicklung nach einem Prinzip lag nahe, wurde aber noch nicht offen ausgesprochen.

„Alles, was gegen die Natur ist, hat auf Dauer keinen Bestand."
Charles Darwin, Naturforscher

Der Mensch stammt vom Affen ab

Der britische Naturforscher Charles Darwin (1809–1882) unternahm mehrere Forschungsreisen, bevor er 1859 seine Erkenntnisse in dem wegweisenden Werk „Über die Entstehung der Arten durch

natürliche Zuchtwahl" zusammenfasste: Durch natürliche Auswahl wegen begrenzter Nahrungsvorräte und Überlebenskämpfen sowie zufälliger Erbänderungen wurden die Arten in der Erdgeschichte gezielt weiterentwickelt. Es setzte sich diejenige Art durch, die am besten an die natürliche Umgebung angepasst war. Diese Idee entwickelte Darwin 1871 in seinem Werk „Die Abstammung des Menschen" weiter. Darin erklärte er, dass der Mensch sich von Afrika aus entwickelt habe und mit den Affen verwandt sei, mit denen er gemeinsame Vorfahren habe. Mehr noch als seine Lehre über Pflanzen und Tiere löste er damit heftige Kontroversen aus. Er erschütterte die theologische Vorstellung vom einmaligen Schöpfungsakt Gottes, an dem einige religiöse Gruppen bis heute festhalten. Inzwischen ist der Darwinismus wissenschaftlich weitgehend anerkannt. Allerdings gehen manche moderne Theorien nicht wie Darwin nur von einer Entwicklung in kleinen Schritten, sondern auch von Evolutionssprüngen aus. Im politischen Bereich wurde seine Idee in der Ideologie des Sozialdarwinismus fehlgedeutet, der die „natürliche Auslese" auf Gesellschaften überträgt.

Eckdaten zur Geschichte der Evolutionstheorie

1751	In seiner „Philosophia botanica" lehnt Carl von Linné die Evolution ab
1794	Laut Darwins Großvater Erasmus beeinflusst die Umwelt die Arten
1801	Jean Baptiste Lamarcks Evolutionsideen ähneln denen von E. Darwin
1809	Lamarck nimmt an, dass höhere Arten aus einfachen entstanden sind
1842	Charles Darwin veröffentlicht erstmals seine Theorie über die Evolution
1859	Charles Darwin postuliert die natürliche Auslese durch die am besten Angepassten als Hauptmerkmal der Entwicklungsgeschichte
1925	In den USA wird ein Lehrer angeklagt, weil er Darwins Theorie vertritt
1972	Die Erziehungsbehörde Kaliforniens verlangt, dass die biblische Schöpfungsidee in Schulbüchern neben Darwins Lehre verbreitet wird

Versteinerung eines Fisches aus der Urzeit

Oben: Höhlenmalerei in Spanien
Rechts: Entwicklung des aufrechten Ganges vom Menschenaffen über die direkten Vorfahren des Menschen bis zum heutigen Homo sapiens
Links: Grafische Darstellung des Ampelosaurus, eines bis zu 15 m hohen Dinosauriers aus der Oberkreidezeit vor 65 bis 80 Mio. Jahren

Die leise Fortbewegung

Die jahrhundertealte Idee, sich nur mit Muskelkraft auf zwei Rädern geräuschlos fortzubewegen, hat nichts von ihrer Faszination verloren. Die modernen Rennräder aus Leichtmetall haben sich zu Hightech-Maschinen entwickelt.

Die ersten brauchbaren Zweiräder

Schon das Renaissance-Genie Leonardo da Vinci (1452–1519) beschäftigte sich mit der Idee eines Zweirades. 300 Jahre später meldete ein Forstmeister aus Baden den Vorläufer des heutigen Fahrrades zum Patent an: Das Laufrad von Karl Friedrich Drais von Sauerbronn (1785–1851) aus dem Jahr 1817 bestand überwiegend aus Holz. Vor dem Sattel lag quer ein Balancierbrett, auf dem der Fahrer seine Arme stützte. Die „Draisine" war bis zu 15 km/h schnell. Vier Jahre später wurde ein englisches Laufrad mit Zahnradmechanismus und Handkurbel angetrieben. In Schottland entstand 1839 der Hinterradantrieb über Pedale und Gestänge. 1853 folgte in Deutschland das erste Fahrrad mit Tretkurbelantrieb, die ersten Hochräder wurden ab 1871 in England gebaut. Nachdem der Brite John Dunlop (1840–1921) im Jahr 1888 den Luftreifen erfunden hatte, wurden die Fahrräder nicht mehr mit Holz- oder Eisenrädern bestückt. Schon 1902 gab es die ersten Gangschaltungen. Der Deutsche Adam Opel (1837–1895), der Nähmaschinen produzierte, entwickelte sich ab 1886 zum größten deutschen Fahrradhersteller.

Modernes Fahrrad mit Korb

„Bei keiner anderen Erfindung ist das Nützliche mit dem Angenehmen so innig verbunden wie beim Fahrrad."
Adam Opel, Unternehmer

Das erste individuelle Verkehrsmittel

Das Fahrrad ist das erste und preiswerteste Beförderungsmittel des Individualverkehrs. In Europa fuhren damit zunächst vor allem die Arbeiter in die Fabriken, die infolge der Industrialisierung oft mehrere Kilometer von ihrer Wohnung entfernt waren. Mit dem wachsenden Wohlstand nach dem Zweiten Weltkrieg und preiswerten motorisierten Zweirädern verlor das Fahrrad an Bedeutung. Im Zuge der Umweltbewegung der 1970er-Jahre gewann es in den reichen Industrienationen wieder an Attraktivität. In vielen Ländern der Dritten Welt ist das Fahrrad für Millionen Menschen bis heute die einzige Alternative zum Fußweg.

Hochrad in Valldemossa auf Mallorca aus der Zeit um 1900

Laufrad Draisine aus dem frühen 19. Jahrhundert

Essen für eilige Leute

Das aus den USA stammende schnelle Essen hat nach dem Zweiten Weltkrieg den Globus erobert. Hinzugekommen sind neue Formen wie Pizza, Currywurst und Döner.

Vom Sandwich bis zum Hamburger

Schnelles Essen ist älter, als manche glauben. Der Earl of Sandwich ließ sich 1762 angeblich während eines stundenlangen Kartenspiels einen Imbiss mit belegten Brotscheiben servieren. Im späten 19. Jahrhundert wurden Heinrich Knorr (1800–1875) und Julius Maggi (1846–1912) zu Pionieren der Fertigsuppen. In Philadelphia, Pennsylvania, wurden ab 1902 fertige Gerichte in Glasfächern angeboten, die nach einem Münzeinwurf geöffnet werden konnten. Auf der Weltausstellung 1904 in St. Louis konnten die Besucher den ersten Hamburger probieren. Der Topfhändler und Caféhausbesitzer Fletcher Davis (1864–1941) bot ein Hacksteak mit Senf und Zwiebeln in einem Brötchen an. Die beiden irischen Brüder Richard „Dick" (1909–1998) und Morris „Mac" McDonald (1902–1971) begründeten 1940 in San Bernadino mit ihrem ersten Schnellrestaurant ein Weltunternehmen, dessen Rechte sie im Jahr 1960 an den Milk-Shake-Verkäufer Ray Kroc (1902–1984) veräußerten. Bereits 1930 hatte Harland Sanders (1890–1980) in einer kleinen Tankstelle in Kentucky das erste Schnellrestaurant mit Brathühnern eröffnet. Die Fast-Food-Kette Burger King wurde 1954 mit einem Geschäft in Miami gegründet.

Schnelles Essen auch in Europa

Mit den italienischen Gastarbeitern kam in den frühen 1960er-Jahren die eigentlich aus Neapel stammende Pizza nach Mitteleuropa. Die türkische Dönerkultur mit sich drehendem Grillfleisch ist seit den 1980er-Jahren in Deutschland verbreitet. Die deutsche Currywurst soll im Jahr 1949 in Berlin entstanden sein, als die Imbissbesitzerin Herta Heuwer (1913–1999) eine selbstgemachte würzige Soße über eine zerschnittene Bratwurst goss.

„Essen ist eine höchst ungerechte Sache: Jeder Bissen bleibt höchstens zwei Minuten im Mund, zwei Stunden im Magen, aber drei Monate an den Hüften."
Christian Dior, Modeschöpfer

Currywurst aus Deutschland, Pommes frites aus Belgien

Die Internationale der schnellen Esskultur

Der Begriff Fast Food entstand in den 1950er-Jahren in den USA. Wesentlich länger gibt es auf Bahnhöfen und Märkten, in Häfen und am Straßenrand Garküchen, fliegende Händler und Wurststände mit Snacks zum Mitnehmen. Ein Klassiker in England ist „Fish and Chips", frittiertes Fischfilet mit Kartoffelstreifen. In jüngster Zeit kamen in Europa Schnellgerichte der asiatischen Küche hinzu. Wegen seines hohen Anteils an Fett, Salz und Zucker warnen Mediziner vor einem dauerhaften Konsum von Fast Food. Der Anteil stark übergewichtiger Menschen ist in den Industrienationen seit den 1980er-Jahren rasant gestiegen.

Cheeseburger mit Hackfleisch, Tomaten, Zwiebeln, Gurken und Käse

Kino im Wohnzimmer

Nach Schätzungen hat jeder dritte Erdenbürger Zugang zum Fernsehen. Neben dem Internet ist es das Leitmedium mit dem größten gesellschaftlichen und politischen Einfluss.

Als die Fernsehbilder laufen lernten

Ende des 19. Jahrhunderts wurden mit der Nipkow-Scheibe und der braunschen Röhre die ersten technischen Voraussetzungen für die Bildübertragung geschaffen. 1924 entwickelte der Russe Wladimir Zworykin (1889–1982) die erste vollelektronische Fernsehbildröhre („Kineskop"). 1926 präsentierte der Brite John Baird (1888–1946) den ersten Fernsehempfänger der Welt, „Televisor" mit einer Bildgröße von 5 x 4 cm bei 30 Zeilen pro Bild. In Deutschland wurden auf den Teststrecken Berlin–Leipzig und Berlin–Wien Fernsehbilder übertragen. Im selben Jahr wurde mit der National Broadcasting Company (NBC) in den USA der erste Fernsehsender gegründet. 1928 gelang Baird die erste transatlantische Übertragung von bewegten Bildern von London nach New York. Anfang der 1930er-Jahre strahlten rund 35 Versuchsstationen in den USA TV-Sendungen aus. Das erste regelmäßige Fernsehprogamm wurde 1935 aus Berlin gesendet. Mit der Einführung des Farbfernsehens, Anfang der 1940er-Jahre in den Vereinigten Staaten und 1967 in der Bundesrepublik Deutschland, wurde die „Flimmerkiste" bunt.

> ***„Das Fernsehen hat die Welt zu einem elektronischen Dorf gemacht."***
> **Marshall McLuhan, Medienforscher**

Fernsehen für alle – die Welt zu Hause

In den 1960er-Jahren eroberte das Fernsehen in fast allen Industrieländern die Wohnzimmer. Damit erhoben sich auch Kritiker, die sich über die Wirkung des Mediums, insbesondere von Gewalt- und Sexszenen, besorgt zeigten. Auch die Politik spielte eine zunehmende Rolle. Während in der Bundesrepublik die Parteien durch Vertreter in den Fernsehräten ihren Einfluss geltend machten, sorgten in den USA TV-Bilder über den Vietnamkrieg für gesellschaftliche Kontroversen. Mit dem Einzug des Privatfernsehens in Deutschland Mitte der 1980er-Jahre setzte eine starke Kommerzialisierung der TV-Landschaft ein. Die Orientierung an der Zuschauerquote, die bei den Privaten den Preis für Werbeblöcke bestimmt,

Gestern und heute – altes Fernsehgerät und modernes Heimkino
Rechts: Fernsehen heute – moderne Technik und viele Programme

wirkte sich auch auf die Programmgestaltung der öffentlich-rechtlichen Sender aus. Dennoch bieten sie weiterhin ein vergleichsweise breites Informations- und Unterhaltungsprogramm. Das Fernsehen ermöglicht mehr denn je allen Bevölkerungsschichten Zugang zur Welt. Bei der jüngeren Generation verschiebt sich allerdings die Dominanz dieses Mediums zugunsten des Internets.

Eckdaten zur Geschichte der Fernsehtechnik

1884	Paul Nipkow erfindet eine elektronische Scheibe zur Bildübertragung
1897	Karl Ferdinand Brauns Röhre wird zur Grundlage der Fernsehbildröhre
1902	Otto von Bronk erhält ein Patent auf ein frühes Farbfernsehverfahren
1924	Wladimir Zworykin erfindet den ersten elektronischen Bildabtaster
1928	John Baird gelingt die erste Fernsehübertragung über den Atlantik
1936	Die BBC strahlt erstmals eine Live-Sendung des Fernsehens aus
1961	Walter Bruch entwickelt die führende Farbfernsehnorm PAL
1984	In Deutschland wird das Privatfernsehen eingeführt (USA seit 1941)
1996	Zum Jahresende wird in Deutschland das Digitalfernsehen erprobt

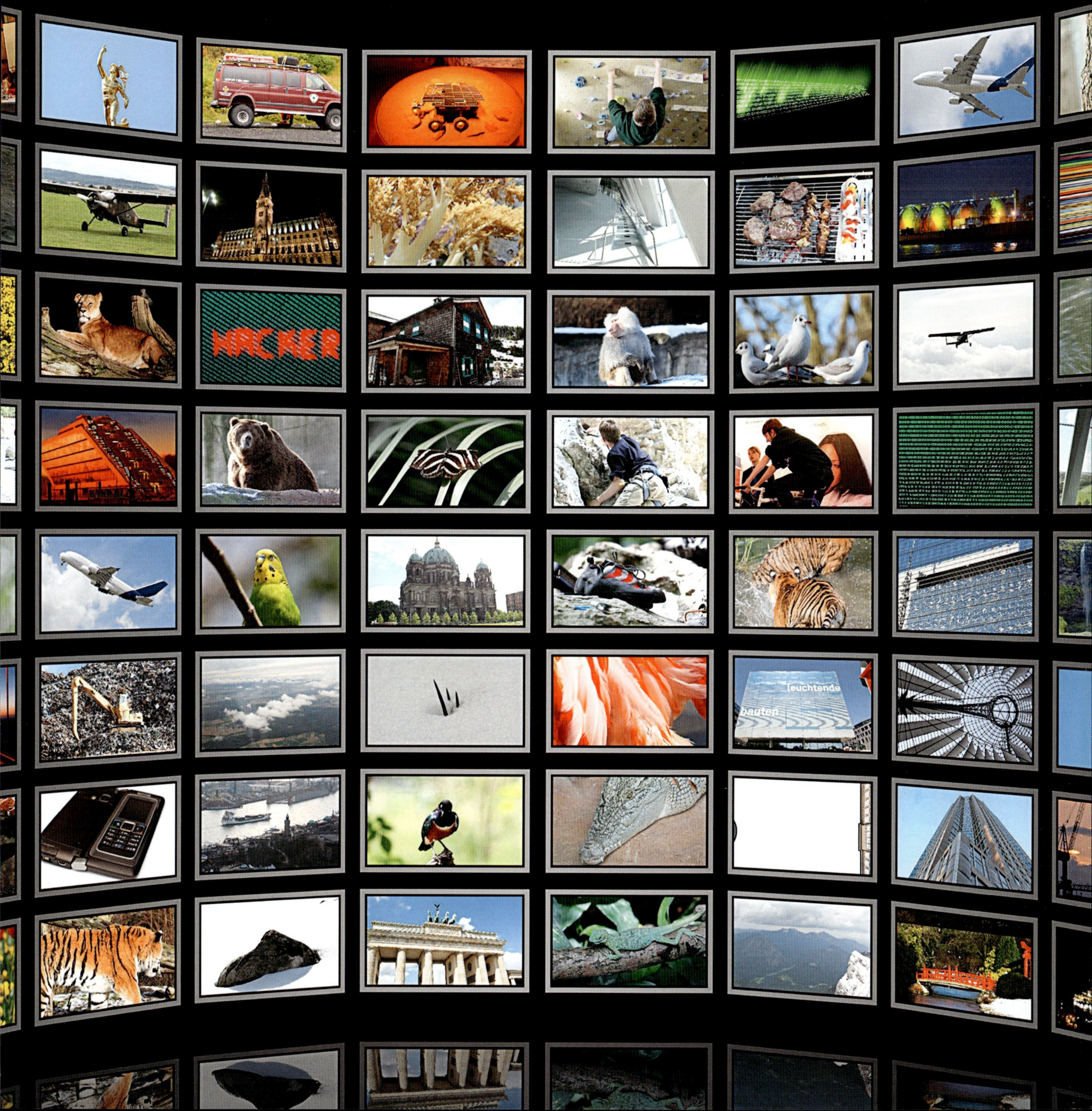
HACKER
leuchtende
bauten

Die Urkraft der Natur

Mit der Nutzung und Kontrolle des natürlichen Elements Feuer begann die Kulturgeschichte des Menschen.

Vom natürlichen zum künstlichen Feuer

Schon der Homo erectus, ein Vorläufer des Menschen (Homo sapiens), nutzte vermutlich vor 500 000 Jahren das Feuer, wie Höhlenfunde in China zeigen. Stellen, die durch Blitzeinschlag entzündet worden waren, unterhielt er durch Nachlegen von Brennmaterial weiter. Das Feuer lieferte nicht nur Wärme und Licht, sondern auch die Möglichkeit, rohe Nahrung durch Garen essbar zu machen. In der Steinzeit lernten die Menschen, mithilfe des Feuers Keramik herzustellen und Metalle zu bearbeiten. Allerdings musste die Stammesgemeinschaft das Feuer ständig aufrechterhalten. Die Technik, durch Reiben oder Bohren hölzerner Geräte oder Funken schlagende Steine selbst Feuer zu entfachen, lernte der Mensch vor 12 000 bis 15 000 Jahren. Um 8000 v. Chr. wurde der Feuerquirl erfunden, der die Reibungshitze des Hartholzes nutzte. Die Zähmung des Feuers und die Erzeugung sehr hoher Temperaturen bildete die Grundlage für das Ausschmelzen von Metallen aus Erzen (Verhüttung). Um 3000 v. Chr. verwendeten die Ägypter Kerzen, die Chinesen erfanden vermutlich nach der Zeitenwende das Schießpulver; im 6. Jahrhundert n. Chr. entfachten chinesische Frauen zum Kochen und Heizen mit einfachen Zündhölzern Feuer. Im Mittelalter wurden Feuer mit Feuersteinen und Eisen sowie Zunderbüchsen aus pulverisierten Pilzen, Holzstaub oder Stoffresten geschaffen.

„Wohltätig ist des Feuers Macht, wenn sie der Mensch bezähmt, bewacht.“
Friedrich Schiller, Dichter

Feuer und Späne – eine zündende Idee

Die Zündhölzer erleichterten die Feuernutzung ungemein. In Europa kamen sie erst im 18. Jahrhundert auf. 1786 mischte der französische Chemiker Claude Louis Berthollet (1748–1822) kalisaure Salze mit brennbaren Stoffen, die bei Stoß oder Druck explodierten. 1805 tauchte sein Landsmann Jean Chancel lange Holzspäne in Kaliumchlorat, Schwefel, Zucker und Gummiarabikum; er erfand die Tunkzündhölzer. Später wurde als Zündmaterial für Reibehölzer Phosphor verwendet. Mitte des 19. Jahrhunderts entwickelte der Schwede Johan Edvard Lundström die Sicherheitsstreichhölzer, die sich nur an einer Reibefläche entzünden lassen. Die Schweden kauften nach dem Ersten Weltkrieg Firmen in Europa auf und hielten ein Zündholzmonopol. Mit dem Aufkommen von Einwegfeuerzeugen verloren die Streichhölzer an Bedeutung.

Buschfeuer in der australischen Wüste

Feuermachen mit Streichhölzern und auf traditionelle Art

Eckdaten zur Nutzung des Feuers	
4000 v. Chr.	Sumerer und Ägypter beherrschen die Technik der Verhüttung
200 v. Chr.	Die Römer verwenden Brandmittel aus Ölen, Fasern und Harz
250 n. Chr.	Die Chinesen entzünden Schießpulver als Sprengstoff
Um 675	Das im Seekrieg eingesetzte griechische Feuer besteht aus Schwefel, Kienspan, Werg, gebranntem Kalk und Erdöl
Um 1000	Die Chinesen nutzen Schießpulver für Signale und Feuerwerke
1805	Jean Chancel stellt die ersten Tunkzündhölzer in Europa her
1850	Johan Edvard Lundström erfindet die Sicherheitszündhölzer
1901	Im Deutschen Reich werden 205 Mrd. Zündhölzer verwendet
1930	Svenska Tändsticks erhält das dt. Zündholzmonopol (bis 1983)

Die sanfte Zerstreuung

Von den Revuetheatern des 19. Jahrhunderts aus wurde der Film zum größten Unterhaltungsmedium. Bis heute ist er eine der führenden Branchen der Freizeitgesellschaft.

Vom Jahrmarkt zum Kinopalast

Am 28. Dezember 1895 lernten die Bilder laufen. Damals zeigten die Brüder Auguste (1862–1954) und Louis Lumière (1864–1948) im Pariser Grand Café mit ihrem Kinematografen, einer Mischung aus Kamera und Projektor, den Kurzfilm „Ankunft eines Zuges". Die Zuschauer waren geschockt, glaubten sie doch, dass die auf sie zurasende Lokomotive direkt in den Kinosaal fahren würde! Als beim ersten Western der Filmgeschichte, „Der große Eisenbahnraub" (1913), ein Mann mit seinem Colt auf das Kinopublikum zielte, gingen noch viele Zuschauer in Deckung. Doch bald reagierten sie mit Begeisterung auf die bewegten Bilder. Bis zum Ersten Weltkrieg waren die „Kinos" jedoch völlig anders als die späteren Filmpaläste mit Riesenleinwand und bequemen Sitzen. Die ersten Streifen wurden auf Jahrmärkten, in umgebauten Pferdeställen, Läden und Wohnwagen gezeigt. Das Kino war eine Art gefilmtes Revuetheater. 1927 begann mit „Der Jazzsänger" das Tonfilmzeitalter, viele Stars der Stummfilmära verloren ihren Job. 1935 wurden mit dem Film „Becky Sharp" die Leinwandbilder bunt. 1953 führte die Produktionsgesellschaft 20th Century-Fox das Breitwandverfahren (Cinemascope) mit Stereoton ein. Das Kino hatte endgültig die Freizeitindustrie erobert.

„Kino ist ein Vorwand, sein eigenes Leben ein paar Stunden lang zu verlassen."
Steven Spielberg, Regisseur

Der Aufstieg zur Unterhaltungsindustrie

Zunächst war das Kino ein europäisches Medium. In Europa blieb der Film bis heute stärker künstlerisch ausgerichtet. Doch mit der Gründung des ersten Filmstudios in Hollywood 1911 wurden die bewegten Bilder zu einem amerikanischen Exportschlager. Schon in den 1920er-Jahren war der Stadtteil von Los Angeles in Kalifornien zur Welthauptstadt des Films geworden. Auch die Konkurrenz des Fernsehens nach dem Zweiten Weltkrieg und die Entwicklung des Internets in den 1990er-Jahren haben seine Rolle nur unwesentlich schmälern können. Neue internationale Filmzentren wie Indien und Hongkong sind hinzugekommen. Heute werden weltweit pro Jahr rund 5000 Spielfilme gedreht, der Umsatz der Filmindustrie wird auf jährlich annähernd 100 Mrd. US-Dollar geschätzt.

Links: Filmprojektor mit Filmrollen aus früheren Tagen
Unten: Schriftzug der Traumfabrik des Kinos in Los Angeles

Dem Täter auf der Spur

Mit dem Fingerabdruck begann in der Kriminologie die moderne Täterermittlung. Heute ist sie durch die genetische Identifizierung perfektioniert und führt zu sehr zuverlässigen Ergebnissen.

Persönliche Merkmale zur Identifizierung

1858 hatte der britische Kolonialbeamte in Bengalen (Indien), William James Herschel (1833–1917), eine pfiffige Idee: Mit Fingerabdrücken registrierte er Empfänger von Pensionen, um Betrug durch Mehrfachauszahlungen in der Kolonialarmee zu unterbinden. Auch sein Landsmann, der Anthropologe Francis Galton (1822–1911), erkannte 1885, dass die Fingerabdrücke jedes Menschen unterschiedlich sind. Er entwickelte ein System zur Klassifizierung sowie zur schnellen Identifikation und gilt als eigentlicher Begründer der wissenschaftlichen Daktyloskopie. Erstmals eingesetzt wurde das Verfahren 1892 in Argentinien bei der Aufklärung eines Doppelmordes. 1901 führten Galton und sein Landsmann Edward Henry (1850–1931) das neue Fachgebiet in die Gerichtsmedizin zur Täterermittlung ein. Der langjährige FBI-Direktor J. Edgar Hoover (1895–1972) ließ ab 1925 eine zentral verwaltete Kartei mit später rund 200 Mio. Fingerabdrücken aufbauen.

„Seit 30 Jahren versuche ich nachzuweisen, dass es keine Kriminellen gibt, sondern normale Menschen, die kriminell werden.“
Georges Simenon, Schriftsteller

Der fast sichere Weg zum Täter

Das Automatisierte Fingerabdruckidentifizierungssystem erstellt heute mithilfe von Computern die geometrische und topografische Analyse einer Spur. Der Fingerabdruck wird auch von Herstellern biometrischer Systeme in der Sicherheitskontrolle zur Identifikation eingesetzt, um berechtigte und unberechtigte Nutzer zu unterscheiden. Der genetische Fingerabdruck, der in Deutschland in einem Strafprozess erstmals 1988 zugelassen wurde, gilt als die sicherste Form der Täterermittlung. Bei diesem Verfahren werden Tatort- und Opferspuren wie Haare, Blut, Haut, Speichel oder Sperma durch eine Analyse der darin enthaltenen Erbsubstanz Desoxyribonukleinsäure (DNA) untersucht. Bald wurde der genetische Fingerabdruck zur Aufklärung spektakuläer Kapitalverbrechen verwendet. Bei der weltweit größten Aktion dieser Art wurden im Jahr 1998 nach einem Sexualmord an einem Mädchen in Norddeutschland 18 000 junge Männer zwischen 18 und 30 Jahren zu einer freiwilligen Speichelabgabe aufgefordert. Dabei wurde der Täter ermittelt. Allerdings kann nach deutschem Recht das Ergebnis eines DNA-Tests, eines Fingerabdrucks oder einer sonstigen Spur allein nicht die Schuld oder Nichtschuld eines Verdächtigen klären. Es gilt als ein wichtiges Indiz, das aber durch weitere Verdacht erregende Umstände ergänzt werden muss. Viele Verdächtige legen oft ein Geständnis ab, wenn sie mit diesem Ergebnis konfrontiert werden.

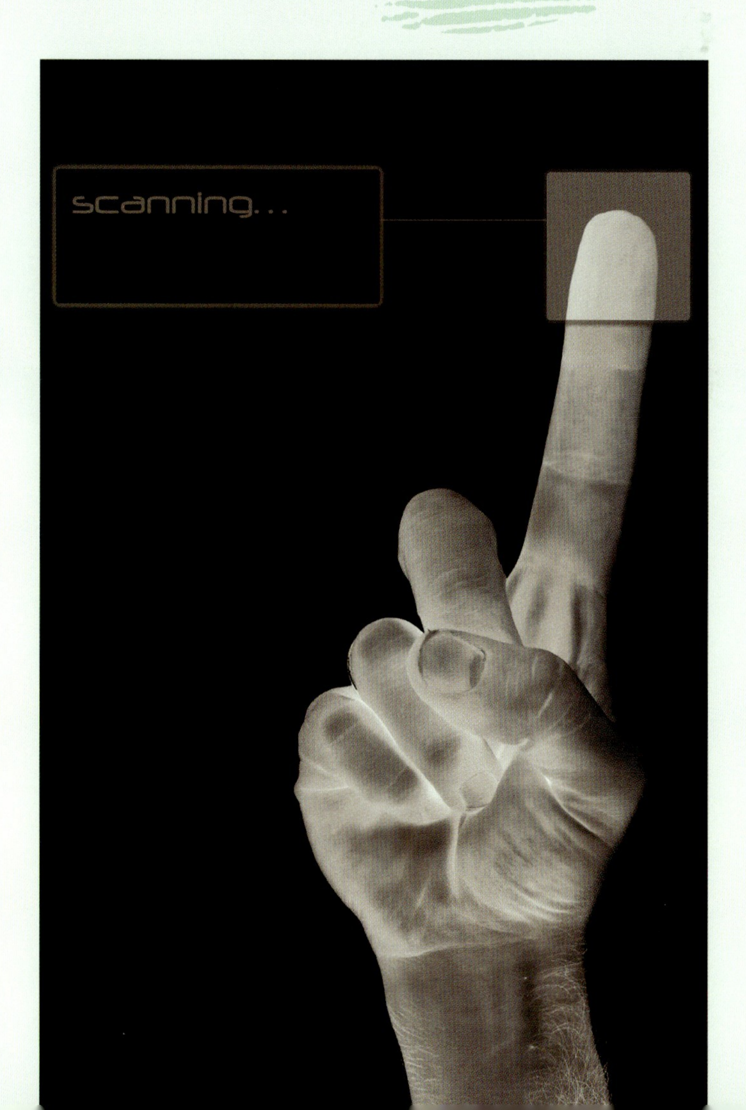

Herkömmlicher Fingerabdruck (oben) und biometrisches Verfahren

Den Augenblick im Bild

Fast 200 Jahre nach ihrer Erfindung hat die Fotografie sich zu einem Hobby von Millionen Menschen entwickelt. Mit der digitalen Revolution eröffnen sich völlig neue Möglichkeiten der Bildspeicherung und -bearbeitung.

Alte Faltkamera mit Holzrahmen

Von der Camera obscura zum Kleinbild

Der französische Chemiker Joseph Nicéphore Niepce (1765–1833) erzeugte 1822 die erste fotografische Aufnahme. Ihm gelang die Kombination von lichtempfindlichen Chemikalien und einer Camera obscura, einem Kasten mit einem Loch in der Mitte und einer Bildebene im Innern. Seine auf Zinnplatten festgehaltenen Positivbilder konnten noch nicht vervielfältigt werden. Das gelang um 1840 dem englischen Physiker William Fox Talbot (1800–1877), der mit Silbernitrat und Kaliumchlorid reproduktionsfähige Negativbilder erzeugte. Die Belichtungszeiten – Niepce hatte noch acht Stunden gebraucht – wurden in der Folgezeit immer kürzer. Eine wesentliche Verbesserung schaffte 1888 der Amerikaner George Eastman (1854–1932) mit dem Rollfilm und der Kodak-Kamera. 1903 stellten die Brüder Lumière in Frankreich das erste Farbpositiv her. Nach der Erfindung der Kleinbildkamera Leica durch Oskar Barnack (1879–1936) im Jahr 1925 wurde auch Privatleuten das Fotografieren ermöglicht. 1947 kam die Sofortbildkamera Polaroid auf den Markt, 1965 der automatische Blitz. Seit den frühen 1970er-Jahren wurden japanische Kameras angeboten, bei denen Mikroprozessoren Filmtransport, Einstellung und Blendenverschlusszeiten regelten.

„Das eine Auge des Fotografen schaut weit geöffnet durch den Sucher, das andere, das geschlossene, blickt in die eigene Seele."

Henri Cartier-Bresson, Fotograf

Die digitale Revolution in der Fotografie

Kontinuierlich wird die analoge von der digitalen Fototechnik verdrängt, sowohl in der professionellen als auch in der Amateurfotografie. Außerdem verschmilzt sie mit Computer- und Videotechnik. Erst Anfang des 21. Jahrhunderts setzten sich bei Privatleuten die Digitalkameras durch, um 2005 auch bei Spiegelreflexkameras. Fast alle modernen Mobiltelefone besitzen eine eingebaute Digitalkamera, Videokameras (Camcorder) haben Fotofunktionen. Durch die Speicherung großer Bilddateien im heimischen PC sowie kostenlose oder preiswerte Spezialsoftware gewinnt die nachträgliche Bildbearbeitung an Bedeutung. Damit verliert die Fotografie allerdings einen ihrer ursprünglichen Vorzüge, nämlich einen Augenblick authentisch im Bild festzuhalten und ein echtes Zeitdokument darzustellen.

Mitte: Kamera mit Faltobjektiv und Metall- bzw. Kunststoffgehäuse
Unten: Digitalkamera mit Chromgehäuse für die Hobbyfotografie

Die unsichtbaren Wellen

Die Entdeckung elektromagnetischer Strahlung bildete die Voraussetzung für die Entwicklung der Funktechnik. Ihren populärsten Ausdruck fand sie im Amateurfunk und Radio.

Pioniere der drahtlosen Kommunikation

Dem Deutschen Heinrich Hertz (1857–1894) gelang es 1888, die Radiowellen nachzuweisen. Er baute einen Stromkreis mit einer Funkenstrecke als Lücke zwischen zwei Metallkugeln. Der Funke sprang schneller über, wenn ultraviolettes Licht auf den negativen Pol der Lücke schien. Damit war der Einfluss von Licht auf elektrische Vorgänge nachgewiesen. Die von den Funkenstrecken ausgehenden elektromagnetischen Wellen waren erheblich länger als Lichtwellen. Der Pionier der Funktechnik, der Italiener Guglielmo Marconi (1874–1937), schickte 1894 mit einem hertzschen Funkenerzeuger über 3 km die ersten Funksignale. Fünf Jahre später übermittelte er ein Funktelegramm über den Ärmelkanal zwischen Frankreich und Großbritannien. 1901 gelang ihm die erste transatlantische Funkübertragung zwischen Poldhu in Cornwall und St. John's im kanadischen Neufundland. US-Präsident Theodore Roosevelt sendete eine Nachricht an den britischen König Edward VII. Der technologische Meilenstein leitete die moderne drahtlose Kommunikation ein. 1905 erfand Marconi die Richtantenne für drahtlose Funkgeräte, mit der sich die Reichweiten verlängern ließen.

„Erfindungen, die die Welt verändern, werden nicht nur im dunklen Kämmerchen gemacht."

Guglielmo Marconi, Funkpionier

Radio, Mobilfunk und digitale Übertragung

Nachdem der Deutsche Alexander Meißner (1883–1958) im Jahr 1913 den ersten Röhrensender mit Rückkopplung erfunden hatte, war eine wesentliche Voraussetzung für den Rundfunk geschaffen. Das Radio eroberte die Welt und mit den in den 1950er-Jahren hergestellten kleinen Transistorgeräten wurde es mobil. Funkamateure entwickelten die drahtlose Kommunikation weiter und legten den Grundstein für die Mobiltelefonie und die digitalen Funkgeräte.

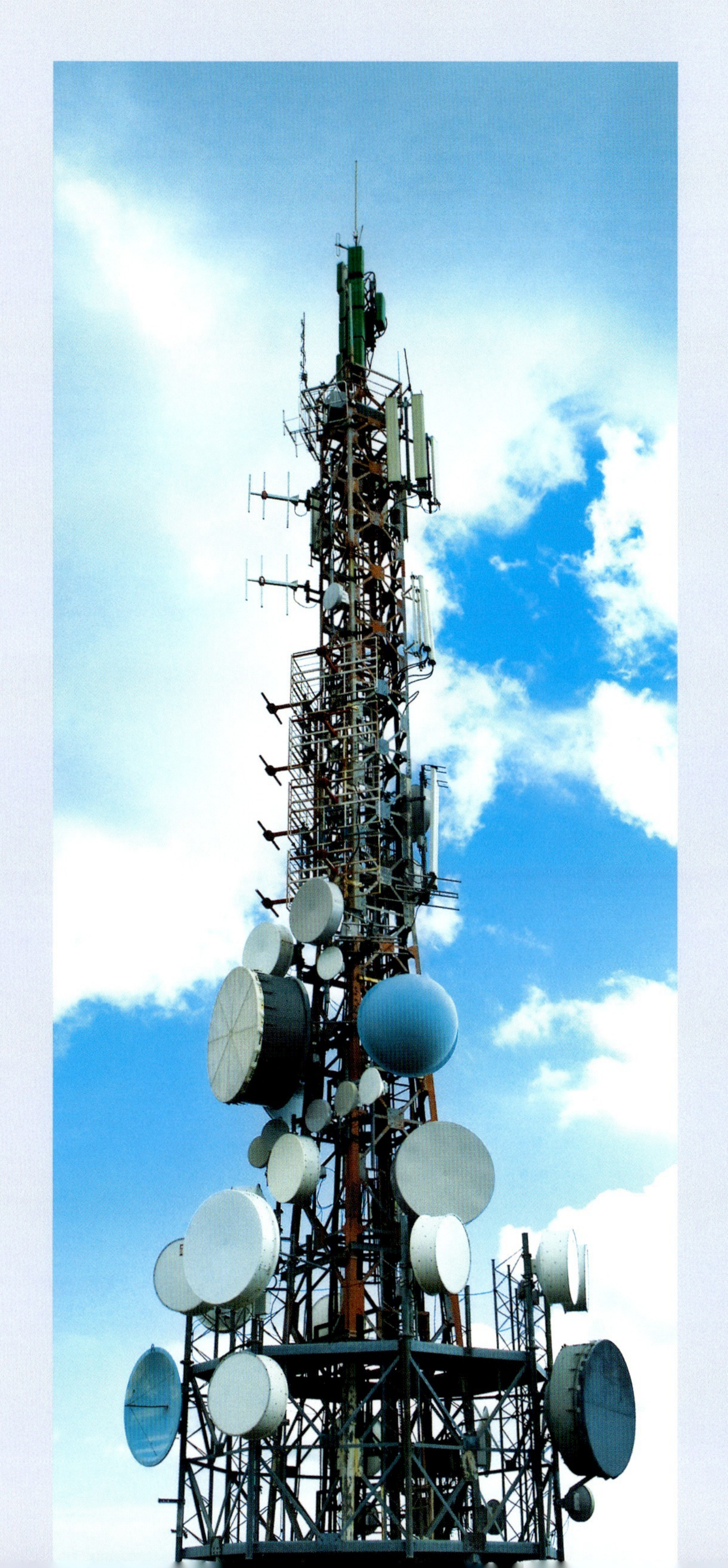

Funkanlage für modernen Mobilfunk mit Empfängern

Allgemeines Tauschmittel

Geld regiert die Welt! Erst mit diesem Tauschmittel wurde die Naturalwirtschaft abgeschafft und die Entfaltung des modernen Handels möglich, der heute meist bargeldlos abgewickelt wird.

„Dem Geld darf man nicht nachlaufen, man muss ihm entgegenkommen.“

Aristoteles Onassis, Reeder

Vom Tauschhandel zu Münzen und Noten

Viele Jahrhunderte lang handelten die Menschen Ware gegen Ware. Nachgefragt wurden begehrte Objekte wie Waffen, Acker- und Haushaltsgeräte, Perlen und Ketten. Auch Nahrungsmittel wie Vieh und Getreide besaßen einen hohen Tauschwert. Die ersten bekannten Münzen aus silberhaltigem Gold stammen aus dem 7. Jahrhundert v. Chr. aus dem Tempel der Artemis in Ephesos in Kleinasien. Mit der Prägung erhielt das Metallstück der Münze ein garantiertes Gewicht und eine Reinheit. Im Mittelalter verdrängten Edelmetalle die übrigen Metalle; geprägte Goldmünzen wurden zum wichtigsten Zahlungsmittel. Mit dem wachsenden Handel wurde eine neue Geldform nötig, das Papiergeld. Bereits um 700 n. Chr. wurden in China Depositenscheine gehandelt, mit denen die Kaufleute an ausgewählten Orten Geld erhielten. Die ersten Banknoten entstanden im 9. Jahrhundert in Szetschuan. In Europa ließ die Bank of Scotland 1656 das erste Papiergeld drucken, vier Jahre später folgte die Bank von England. Mit der Einrichtung von Zentralbanken im Nationalstaat, z. B. 1871 im deutschen Kaiserreich, wurde das Drucken und Verteilen von Geld zum staatlichen Monopol. In Ausnahmesituationen wie im kriegszerstörten Deutschland nach 1945 wurden auf dem Schwarzmarkt knappe Güter wie z. B. Zigaretten zur Währung.

Münzen aus der Römerzeit

Der bargeldlose Zahlungsverkehr

Das italienische Wort „Giro“ („Drehung“, „Umlauf“) steht für die bargeldlose Verrechnung von einem Konto auf ein anderes. Die 1619 gegründete Hamburger Bank rechnete in Deutschland als Erste in zwei Währungen ab; von Konto zu Konto in Mark Banco und für den allgemeinen Geldumlauf in Mark Courant. Das Postscheckamt Hamburg führte 1961 erstmalig einen EDV-gestützten Dauerauftragsdienst ein. Löhne und Gehälter wurden flächendeckend erst seit den 1970er-Jahren bargeldlos überwiesen. Mit der Einführung von Geld- und Kreditkarten in den 1990er-Jahren und dem Onlinebanking hat sich in weiten Teilen des täglichen Handels das bargeldlose Zahlen durchgesetzt. Zugleich ist eine neue Dimension der Betrugskriminalität entstanden. Seit 2002 zahlen die Bürger in 17 EU-Staaten und autonomen Regionen mit der Gemeinschaftswährung Euro.

Eckdaten zur Geschichte des Geldes

7. Jh. v. Chr.	Die Lyder in Kleinasien führen unter ihrem Herrscher Kroisos (Krösus), der als unglaublich reich gilt, die ersten Münzen ein
1. Jh. n. Chr.	In Rom hat der Senat das Prägerecht für Münzen aus Kupfer und Messing, der Kaiser besitzt die Münzhoheit für Gold und Silber
794	Karl der Große führt im Frankenreich den Denar als Währung ein
9. Jh.	Die Chinesen in Szetschuan geben die ersten Banknoten aus
1483	In Spanien wird das erste Papiergeld Europas ausgegeben
1796	Der Franc wird in Frankreich zum einheitlichen Zahlungsmittel
1867	Das Gold wird zum internationalen Währungsstandard erklärt
1871	Im Deutschen Reich ist die Mark das einheitliche Zahlungsmittel
1923	Eine Währungsreform setzt der Inflation in Deutschland ein Ende
1944	Der US-Dollar wird zur internationalen Leitwährung bestimmt
1948	In den westlichen Besatzungszonen Deutschlands gilt die DM
2002	In der EU wird der Euro als generelles Zahlungsmittel eingeführt

Oben: Chinesische Münzen, darunter spanische Dublonen und Reales
Oben rechts: Chinesische Münze mit einem Schiffsmotiv
Rechts: Deutscher Geldschein aus dem Inflationsjahr 1923
Unten links: Zahlen mit Geldkarten, auch am Computer
Unten rechts: Der Euro, seit 2002 Zahlungsmittel in 17 Ländern

Eingriff in das Erbgut

Mit der Veränderung des Erbguts bieten sich ganz neue Möglichkeiten zur Heilung von Krankheiten. Zugleich betonen Kritiker die Gefahr der gezielten Züchtung von Lebewesen und Pflanzen mit unabsehbaren Risiken.

Gregor Mendel, Pionier der modernen Vererbungslehre

Von Mendel zu modernen Genforschern

Es begann vor rund 150 Jahren. Der österreichische Geistliche und Naturforscher Gregor Mendel (1822–1884) führte um 1865 im Klostergarten von Brünn Kreuzungsversuche mit Erbsen durch und entdeckte verschiedene Vererbungsregeln. Er wollte neue Farbvarianten erzielen und fand heraus, dass genetische Merkmale der Eltern bei der Tochtergeneration wieder auftauchten. Mendel ging davon aus, dass die Chromosomen die Merkmale vererbten. Doch der Amerikaner William Bateson (1861–1926) fand 1905 heraus, dass sie Träger verschiedener Erbmerkmale, der Gene, sind; er führte den Begriff Genetik in die Forschung ein. 1944 bewies der Kanadier Oswald Avery (1877–1955), dass die Desoxyribonukleinsäure (DNA) für die Vererbung zuständig ist – ein Stoff aus Zucker, Phosphaten und vier Basen. Ein weiterer Meilenstein in der Genforschung gelang 1953 James Watson (* 1928) und Francis Crick (1916–2004) mit dem Modell der wendeltreppenartigen Struktur (Doppelhelix) der DNA. 1969 gelang es Jonathan Beckwith (* 1935) und seinem Team an der Harvard-Universität in Cambridge (USA) erstmals ein Gen zu isolieren. In den 1990er-Jahren wurde die vollständige Identifizierung aller Erbanlagen auf dem menschlichen Genom in Angriff genommen, das nach Schätzungen etwa 25 000 Baupläne für den Körper enthält.

„Erfahrungen vererben sich nicht – jeder muss sie allein machen.“

Kurt Tucholsky, Schriftsteller

Hoffnungen, Chancen und Risiken

Die Verfahren zur gezielten Veränderung des Erbmaterials von Lebewesen, um bestimmte Eigenschaften zu züchten und andere auszumerzen, sind umstritten. Ein Beispiel für die Chancen ist das Hormon Insulin, das zur Behandlung von Diabetikern in großen Mengen benötigt wird. Bislang wird es aus Bauchspeicheldrüsen von Schlachttieren gewonnen. In den letzten Jahren ist es aber gelungen, Bakterienzellen so zu manipulieren, dass sie Insulin herstellen. Gentechnisch verändertes Getreide könnte auch auf nährstoffarmen Böden ohne Dünger wachsen. Mithilfe der Gentech-

Modell des wendeltreppenförmigen Doppelstrangs der DNA

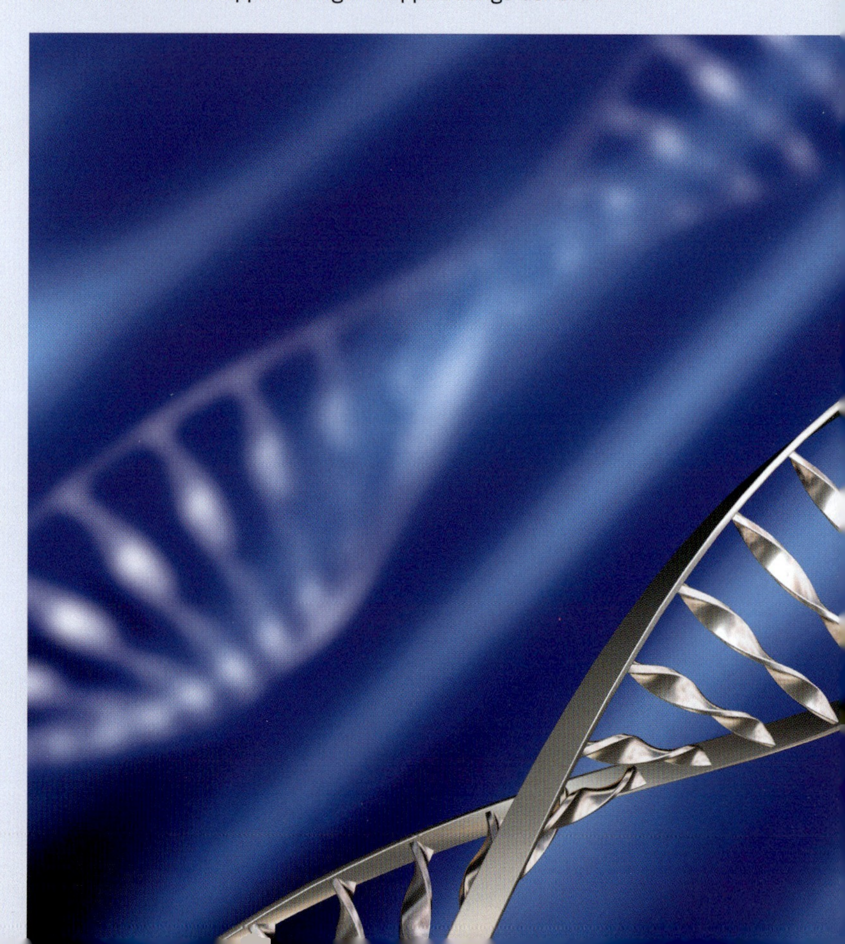

Eckdaten zur Geschichte der Genforschung	
1865	Gregor Mendel entdeckt bei Erbsenkreuzungen Vererbungsregeln
1905	William Bateson identifiziert die Chromosomen als Träger von Genen
1941	George Beadle und Edward Tatum weisen nach, dass die Gene wichtige chemische Reaktionen in den Zellen steuern
1953	James Watson und Francis Crick begründen das Doppelhelix-Modell
1969	Jonathan Beckwith und sein Team isolieren zum ersten Mal ein Gen
1970	Har Gobind Khorana gelingt die Erzeugung eines künstlichen Gens
1980	Martin Cline überträgt ein Maus-Gen erstmals auf eine andere Maus
1987	Das Schaf „Dolly" ist das erste geklonte (genetisch identische) Tier
1990	Die Entschlüsselung des menschlichen Genoms beginnt; an einem vierjährigen Mädchen wird die erste Gentherapie durchgeführt
1996	In den USA werden erste genmanipulierte Sojabohnen hergestellt
2002	Der erste in seiner Keimbahn genmanipulierte Primat wird geboren

Heute noch eine skurrile Utopie – Obst in allen gewünschten Formen

nik könnten Pflanzen so manipuliert werden, dass sie sich heutigen Umweltbedingungen anpassen (z. B. Resistenz gegen Hitze oder Dürre). Zu den Nachteilen der Gentechnik gehören u. a. die noch völlig ungeklärten Folgen der Erbgutveränderung. Genmanipulierte Lebensmittel können bei empfindlichen Personen Allergien hervorrufen. Durch optimierte Pflanzen in der Landwirtschaft könnten ursprüngliche Arten bald verschwinden und Menschen in der Dritten Welt ihrer Einkommensquelle beraubt werden.

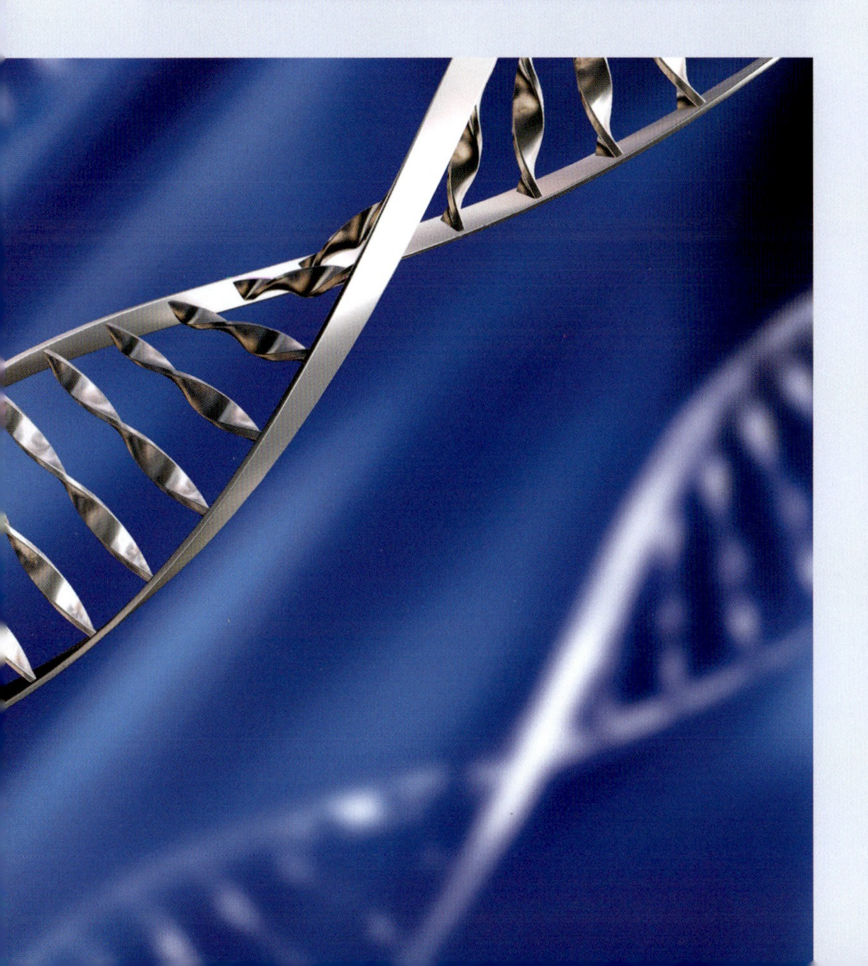

Laborproben im Universitätsklinikum Hamburg-Eppendorf

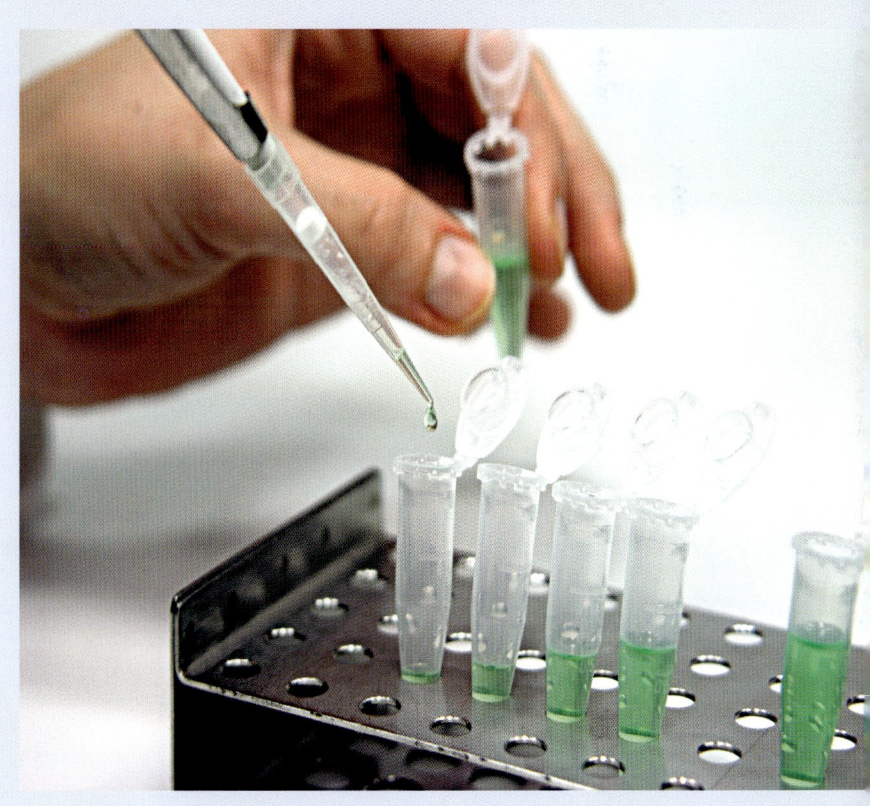

Zerbrechlicher Grundstoff

Seit mehr als 7000 Jahren wird Glas verwendet. Die Idee, aus geschmolzenen Materialien Gebrauchsgegenstände und Kunsthandwerk zu produzieren, stammt aus dem Orient.

Die Schmelze als Basis für Kunstglas

In einem ägyptischen Hockergrab wurde das erste bekannte Glasstück entdeckt, eine um 5400 v. Chr. entstandene Perle. Um 4000 v. Chr. waren Glasperlen aus Theben berühmt. Von Theben und Ägypten aus breitete sich die Glasmacherkunst nach Phönizien, Palästina und Griechenland aus. Es entstanden Schalen, Becher und Vasen. Um 100 v. Chr. erfanden die Syrer in Sidon das Glasblasen mit Eisenrohr, Holzgriff und Mundstück. Dafür waren viel höhere Temperaturen nötig als bis dahin bekannt. Die Phönizier fügten der ausschließlich farbigen oder milchigen Glasschmelze Braunstein, ein Manganerz, hinzu und machten das Glas durchsichtig. Im 12. Jahrhundert entstanden zuerst in England farbige Glasfenster für Privathäuser, später für Kirchen. Im Jahr 1540 erfand der Deutsche Christoph Schürer (um 1500–um 1560) das blau schimmernde Kobaltglas. Im 17. Jahrhundert wurden zuerst in Prag Glasschmelzöfen gebaut. In diese Zeit fällt auch die Entdeckung des Bleikristallglases (1668), des Flintglases (1675) sowie des Gold- und Kupferrubinglases (1676). Um 1800 stellten die Engländer erstmals Pressglas aus flüssigem Glas in Stahlformen her.

„Ich glaube, dass ein schönes Stück Glas so viel wie möglich von dem Atem enthalten sollte, der es entstehen ließ."
Maurice Marinot, Glasdesigner

Entstehung der modernen Glasindustrie

Mit der Eröffnung der Optischen Zeiss-Werke in Jena begann 1846 die moderne Glasforschung. Das sog. Jenaer Glas (Borosilikatglas) wurde 1882 von den Unternehmern Ernst Abbe (1840–1905) und Otto Schott (1851–1935) entwickelt. Schott war es auch, der 1890 das erste Glas produzierte, das wechselnde Temperaturen aushielt, z. B. für Glaslaternen. Die in den 1890er-Jahren entdeckten Glasfasern aus aufgeschmolzenem Rohglas wurden erst 1930 erstmals in Europa fabrikmäßig hergestellt. Sie werden heute u. a. als schnelle Kommunikationskanäle zur Datenübertragung genutzt.

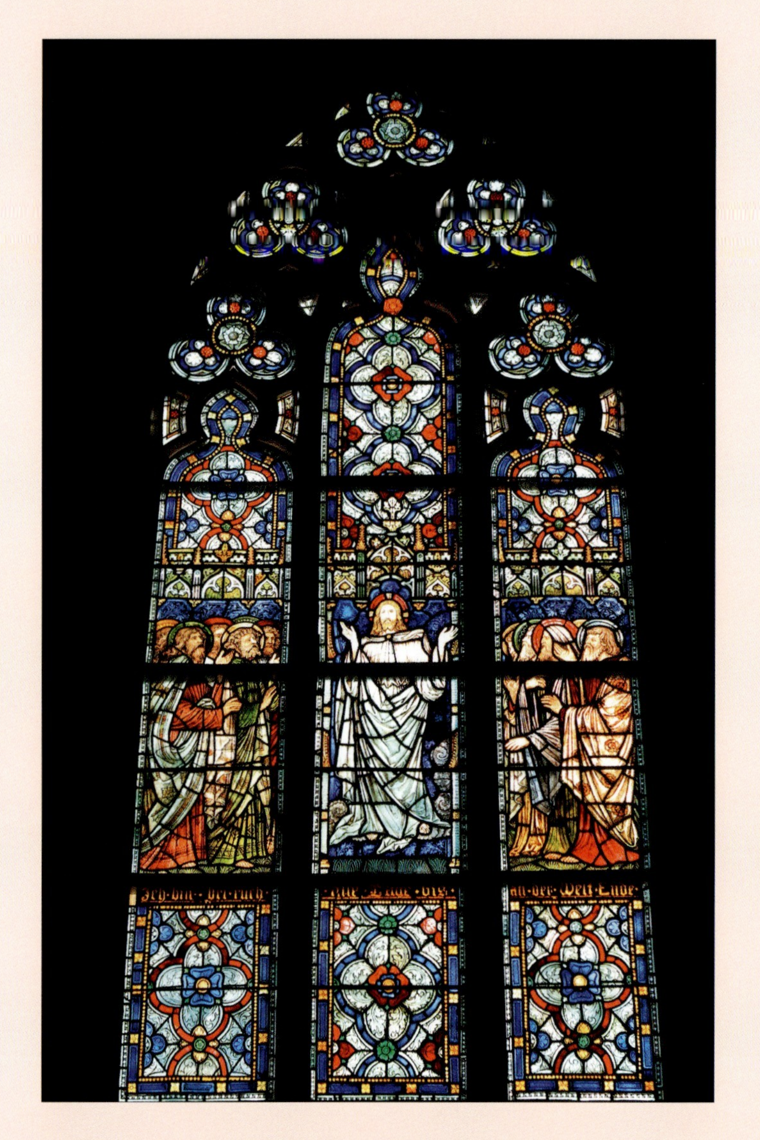

Oben: Bunte Glasfenster im Baseler Münster
Unten: Kunstvoll gestaltete Vase aus Kristallglas

Eine leuchtende Idee

Fast 150 Jahre brachte die Glühlampe überall in der Welt Licht ins Dunkel. Innerhalb der Europäischen Union wird sie bis 2012 schrittweise durch Energiesparlampen ersetzt.

Eine Erfindung mit großer Wirkung

Es war eine geniale Idee: Der amerikanische Universalerfinder Thomas Alva Edison (1847–1931) präsentierte 1879 eine elektrische Birne, die 13 Stunden brannte. Schon 1845 hatte sein Landsmann John Wellington Starr (1822–1856) Kohlefäden in einem luftleeren Glaskolben mit elektrischem Strom zum Glühen gebracht. Doch wie andere Erfindungen, z. B. von dem Engländer Joseph Swan (1828 bis 1914), war die Vermarktung nicht einfach. Mit Edison lieferte er sich anfangs Patentstreitigkeiten, bevor die beiden 1883 in London ein gemeinsames Unternehmen gründeten; in Deutschland erhielt die Deutsche Edison-Gesellschaft (später AEG) die Patentrechte. Jahrzehntelang waren die Glühlampen fast ohne Konkurrenz. Ab 1910 wurden die ersten Neon-Leuchtstoffröhren hergestellt. Seit den 1970er-Jahren kamen Energiesparlampen auf den Markt. Im Jahr 2009 beschloss die EU, Lampen mit geringer Energieeffizienz wie Glühlampen bis 2012 vom Markt zu nehmen.

„Die meisten meiner Ideen gehörten ursprünglich Leuten, die sich nicht die Mühe gemacht haben, sie weiterzuentwickeln."
Thomas Alva Edison, Erfinder

Entwicklung der Beleuchtungstechnik

Fackeln, Kerzen und Öllampen sorgten jahrtausendelang in menschlichen Behausungen für Wärme und Beleuchtung. Mitte des 18. Jahrhunderts wurde das Leuchtgas erfunden, bis der Engländer Humphrey Davy (1778–1829) im Jahr 1808 das elektrische Licht erfand; sechs Jahre später leuchteten in Londons Straßen die ersten Gaslampen. Ab 1919 wurde in Berlin die Beleuchtung der Straßen elektrisch bestrieben. Der 1934 erfundene doppelt gedrehte Draht bestimmte jahrzehntelang den Aufbau der klassischen Glühlampe. 1964 wurde das erste Halogenlicht hergestellt, ab Mitte der 1980er-Jahre kamen die ersten Lichtleiter aus Glas z. B. für Wechselsignalanzeigen im Straßenverkehr auf den Markt.

Thomas Alva Edison
Klassische Glühlampe und Energiesparlampen

Straßenlaternen mit Glühlampen

Goldenes Kuppelgemälde im Baptisterium San Giovanni in Florenz

Das edelste Metall

Gold wird seit Jahrtausenden für rituelle Gegenstände und Schmuck sowie als Zahlungsmittel verwendet. Die Gier nach Gold und der Traum vom unermesslichen Reichtum führten in der Geschichte immer wieder zu Eroberungsfeldzügen.

Frühe Formen der Goldgewinnung

Gold zählt zu den ersten Metallen, die von Menschen verarbeitet wurden. In Mitteleuropa lassen sich goldene Gegenstände seit dem zweiten Jahrtausend v. Chr. nachweisen. Schon um 3000 v. Chr. förderten die alten Ägypter Gold aus Erzen zutage. Um 1300 v. Chr. unterhielten sie in Nubien (ägyptisch „nub“ = „Gold“) am oberen Nil zahlreiche Goldminen. Aus dem goldhaltigen zerkleinerten Gestein wurde das Edelmetall mithilfe von Blei geschmolzen. Etwa um die gleiche Zeit wuschen die Griechen aus strömenden Gewässern mit Tierfellen Goldstückchen aus. Um die Zeitenwende legten die Römer in Spanien umfangreiche Schächte an, schwemmten Geröll durch umgeleitete Wasserläufe aus und gewannen meist in kleinen Mengen Gold. Auch in Kleinasien, Rumänien und Germanien gruben die römischen Invasoren nach Gold.

> ***„Denen ist das Gold gut, die es recht zu gebrauchen wissen, aber denen bringt es ernstlich Schaden, die es übel brauchen.“***
> **Johann Agricola, Theologe**

Der Traum vom sagenhaften Reichtum

Die Gier nach Gold löste zahlreiche Kriege, Plünderungen und Eroberungszüge aus. Goldfunde in Mittel- und Südamerika lockten nach den Entdeckungsfahrten des Christoph Kolumbus (1451–1506) vor allem spanische Eroberer an, die im 16. Jahrhundert das Edelmetall in großen Mengen nach Europa brachten und die indianischen Kulturen zerstörten. Spanien war eine Zeit lang die reichste Nation Europas. Der Goldrausch in Kalifornien (1849) und am Klondike River in Alaska (1897) lockte Tausende Glücksritter in die Regionen. Auch in Australien und Südafrika gab es ähnliche Einwanderungsströme. Doch der Traum vom Reichtum blieb für die meisten unerfüllt. Etwa 40 Prozent des bergmännisch geförderten Goldes kommen heute aus Südafrika, den USA, Australien und Russland. Der größte Teil wird zu Schmuck verarbeitet, etwa ein Zehntel nutzt die Industrie für elektronische, medizinische und optische Produkte. Rund drei Prozent dienen als Goldreserven der Banken; der Goldpreis ist in den letzten Jahren stark gestiegen.

Flussgold (Nuggets), unter dem Mikroskop stark vergrößert

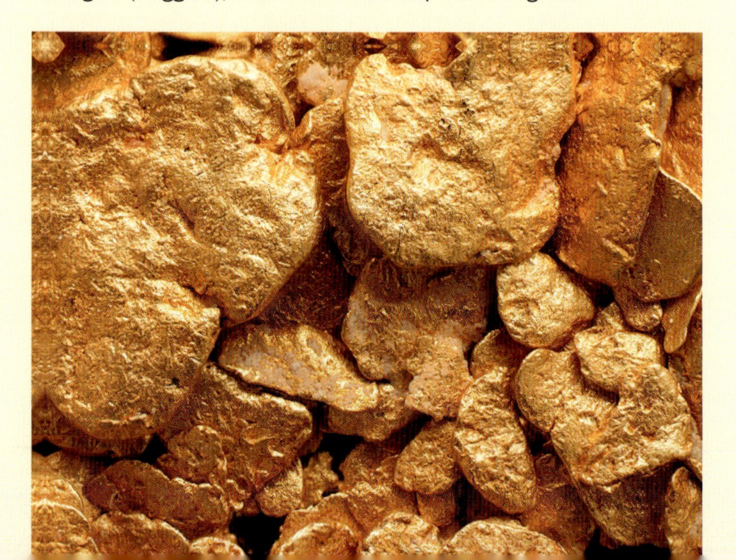

Münzen und Barren aus Feingold – eine wertbeständige Anlage

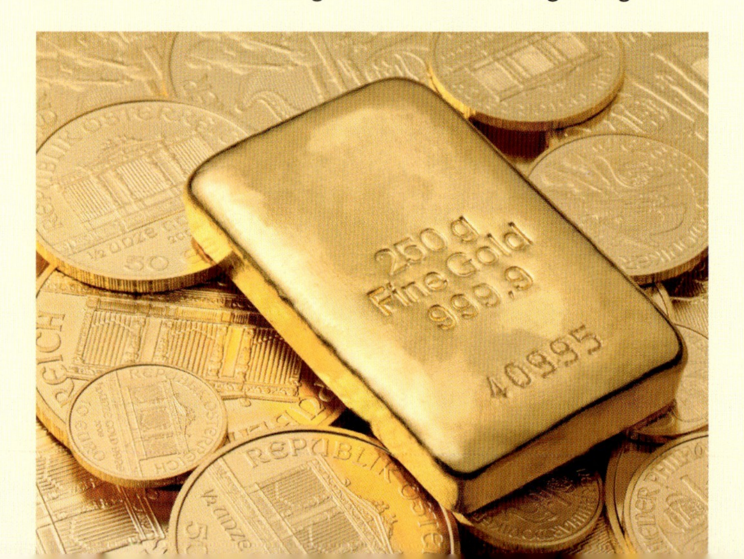

Der elastische Grundstoff

Die Entwicklung des künstlichen Kautschuks bildete die Grundlage für die moderne Reifenindustrie. Heute wird Gummi in vielen Wirtschaftsbereichen eingesetzt.

Weicher Gummi durch Erhitzen

Der Amerikaner Charles Goodyear (1800–1860) ist der Pionier der Gummiindustrie. 1839 erkannte er durch Zufall, dass sich natürlicher Kautschuk mithilfe von Schwefelzusatz bei höheren Temperaturen vulkanisieren lässt. Dabei wird der eingedickte Saft einer tropischen Baumart gegen atmosphärische und chemische Einflüsse sowie mechanische Beanspruchung widerstandsfähig gemacht. Zunächst verwendeten die Chemiker Gummi nicht wegen seiner Elastizität, sondern wegen seiner Wasserfestigkeit. Naturgummi ist in kaltem Zustand hart und spröde. Durch das von Goodyear entwickelte Verfahren wird er beim Erhitzen weich und klebrig und somit vielfältig einsetzbar. Um 1850 entwickelte Goodyear Hartgummi. Als Unternehmer war er nicht erfolgreich, trotz der für die spätere Autoindustrie wesentlichen Patente wurde er mehrmals zu Haftstrafen verurteilt, weil er seine Schulden nicht zurückzahlen konnte, und starb mit 59 Jahren mittellos. 1898 gründeten Frank (1859–1955) und Charles Seiberling (1861–1946) die Goodyear Tire & Rubber Company, um Reifen herzustellen, und hatten Erfolg.

> ***„Ich bin nicht geneigt mich zu beklagen, dass ich etwas gepflanzt habe und andere die Früchte eingesammelt haben.“***
> **Charles Goodyear, Erfinder**

Arbeit auf einer Kautschukplantage in Phuket in Thailand

Pneus erobern die Reifenindustrie

Ein halbes Jahrhundert nach Goodyear erfand der Engländer John Boyd Dunlop (1840–1921) den Luftreifen neu. Zwar hatte 1845 sein Landsmann Robert Thomson (1822–1873) luftdichte Radreifen entwickelt, deren Leinwand mit Kautschuk imprägniert war. Doch ließen sich die Pneus schlecht abmontieren und mit Luft nachfüllen. Dunlop bereifte 1888 das Dreirad seines Sohnes, umwickelte seine Gummischläuche mit Kanvas-Leinwand, damit sie dem Luftdruck widerstanden und erfand das Ventil zum Nachfüllen mit Luft. Ein Jahr später führte die Fahrradindustrie den Pneu ein. Das Patent verkaufte er später an William Harvey Du Cros (1846–1918).

Bänder, Stiefel und Autoreifen – alles aus Gummi produziert

Das geheimnisvolle Organ

Im 20. Jahrhundert, als die Herz-Kreislauf-Erkrankungen in den Industriestaaten rapide zunahmen, entwickelte sich die Kardiologie zu einer zentralen medizinischen Disziplin.

Der medizinische Weg zum Herzen

Das Herz war für den Menschen immer schon ein besonderes Organ, auch wenn bis zum Mittelalter wenig darüber bekannt war. Mit der Entdeckung des Blutkreislaufs im Jahr 1628 durch den Engländer William Harvey (1578–1657) begann die neuzeitliche Herzmedizin. 1733 maß sein Landsmann, der Pfarrer Stephen Hales (1677–1761), erstmals den Blutdruck, indem er eine Kanüle in die Halsschlagader eines Pferdes einführte und mit einem Glaszylinder verband. Der Franzose René Laënnec (1781–1826) erfand 1816 das Stethoskop, das erste brauchbare Blutdruckmessgerät wurde 1880 von dem österreichischen Arzt Samuel von Basch (1837–1905) konstruiert.

> ***„Ein Arzt muss immer nur ein Ziel im Auge haben: die Lebensqualität zu verbessern. Ist das der Fall, darf er alles tun."***
> **Christiaan Barnard, Arzt**

Die kardiologische Revolution nach 1900

Anfang des 20. Jahrhunderts entwickelte sich die Kardiologie als eigenständige Forschungsdisziplin, auch weil die Herz-Kreislauf-Erkrankungen in den Industriestaaten stark zunahmen. Vor allem bei Männern wurde der Herzinfarkt zur häufigsten natürlichen Todesursache. Am stillstehenden Herzen konnte erst nach der Entwicklung einer praktikablen Herz-Lungen-Maschine (1953) operiert werden, die während dieser Zeit die Herzfunktion übernimmt. [illegible] bildete die erste Verpflanzung eines menschlichen Herzens im Jahr 1967 in Kapstadt durch den südafrikanischen Arzt Christiaan Barnard (1922–2001); der Patient überlebte den Eingriff allerdings nur 18 Tage. Der zweite Empfänger lebte mit dem fremden Herzen noch fast drei Jahre. Ab 1977 wurden verengte Herzkranzgefäße durch die sog. Ballondilatation geweitet.

Christiaan Barnard, Pionier der Herztransplantation

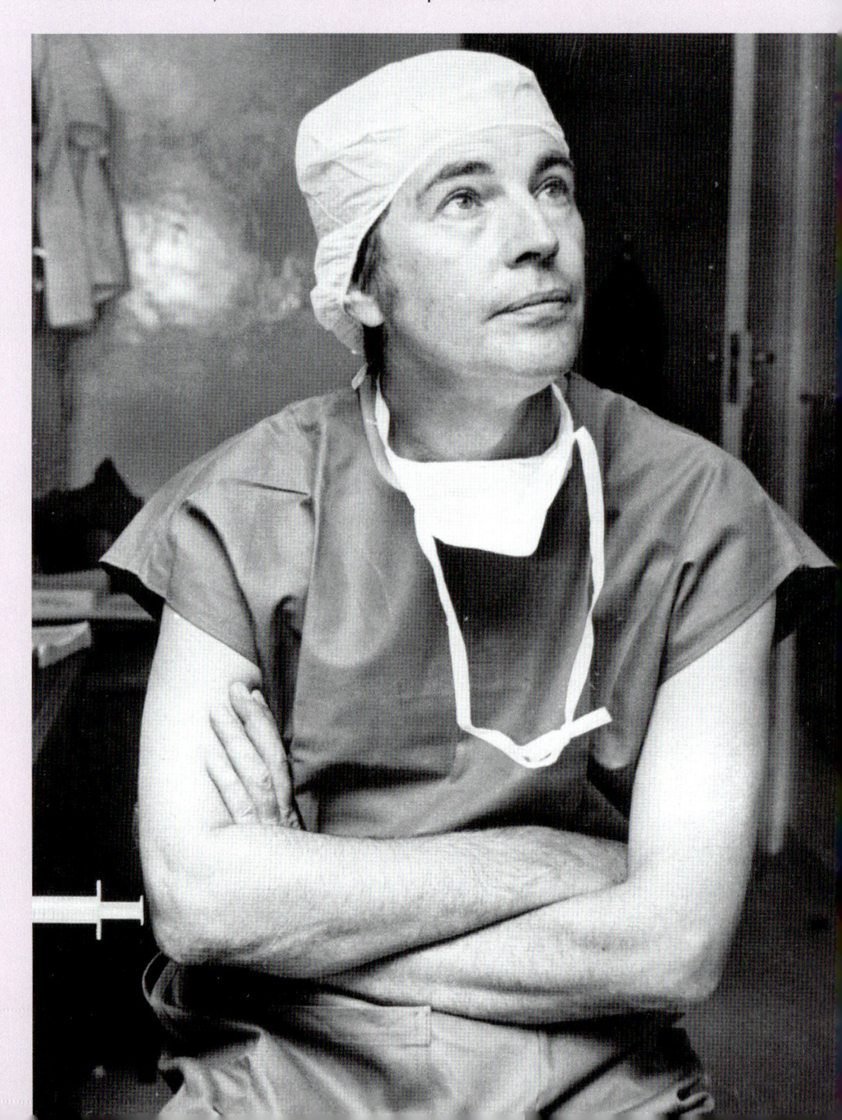

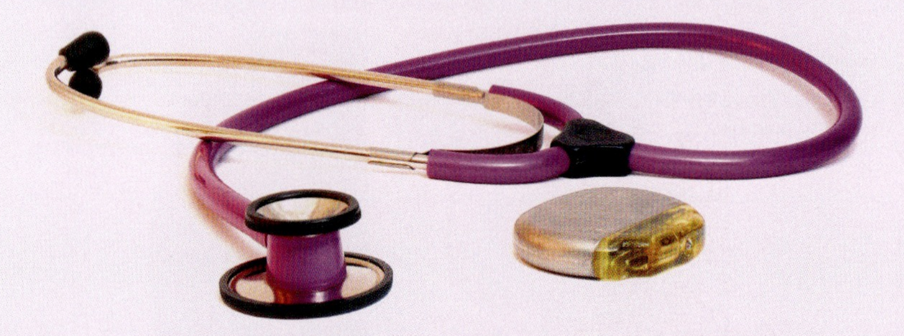

Stethoskop und Herzschrittmacher (rechts)

Die Entwicklung des künstlichen Herzens

Wegen des großen Mangels an Spenderherzen beschäftigten sich die Mediziner früh mit der Entwicklung von Kunstherzen. Die beiden Amerikaner Denton Cooley (* 1920) und Michael Ellis DeBakey (1908–2008) wetteiferten um die Pionierleistung. Cooley implantierte 1969 in Houston, Texas, zum ersten Mal ein Kunstherz, doch der Patient starb 32 Stunden später an der Abstoßungsreaktion des Körpers. Wegen seiner hohen Wärmeentwicklung gilt das Kunstherz als Übergangslösung bis zur Transplantation eines echten Herzens.

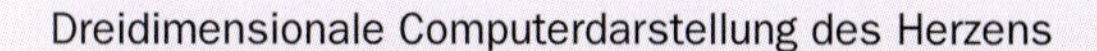
Dreidimensionale Computerdarstellung des Herzens

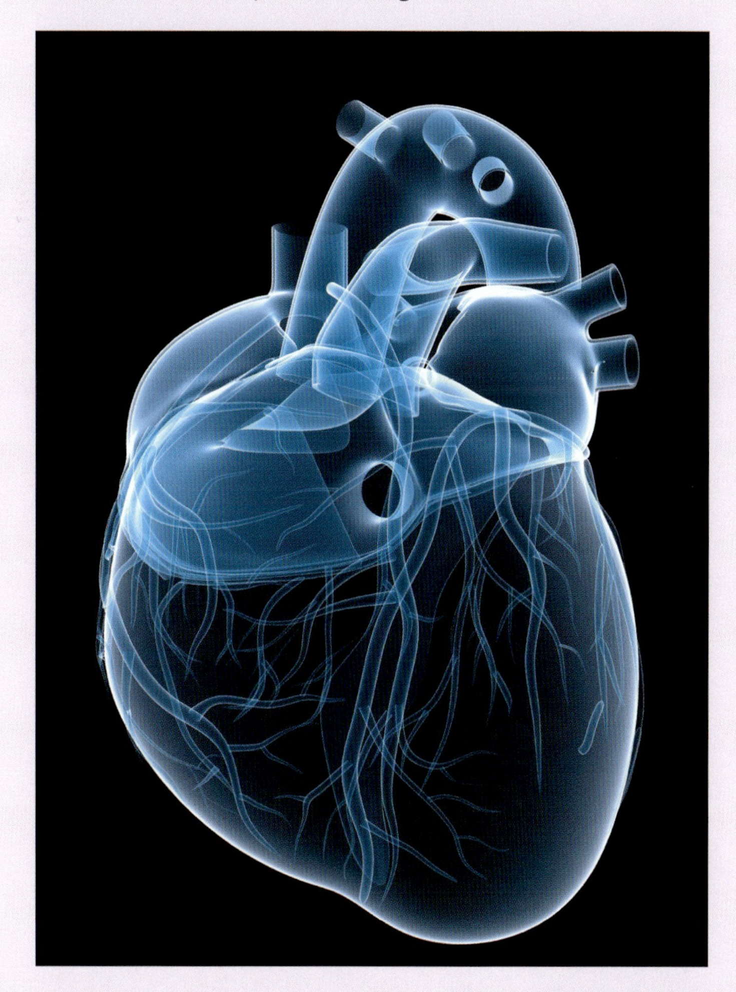

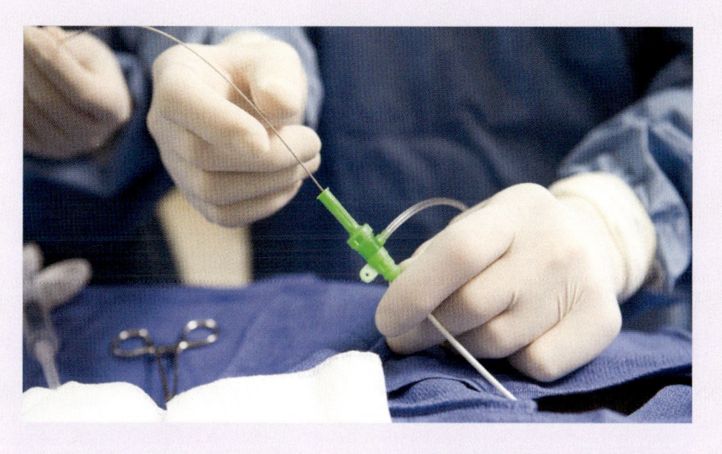

Vorbereitung einer Operation, darunter Elektrokardiogramm (EKG)

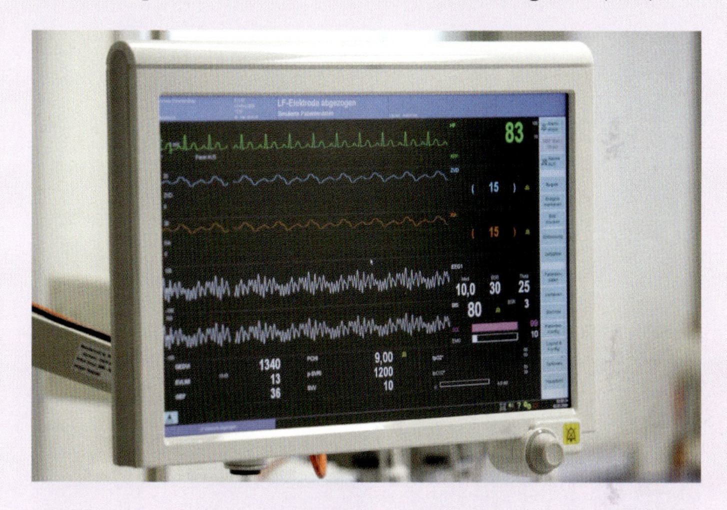

Eckdaten zur Geschichte der Herzmedizin

1893	Der Chirurg Daniel Williams führt nach einem Messerstich erstmals an einem Patienten eine Operation am offenen Herzen durch
1896	Ludwig Rehn vernäht ein durch Messerstich verwundetes Herz
1903	Willem Einthoven entwickelt den Elektrokardiografen (EKG)
1929	Werner Forßmann führt im Selbstversuch den ersten Herzkatheter ein
1935	John Gibbon baut den Prototyp der Herz-Lungen-Maschine (1953)
1958	Åke Senning implantiert einen noch störanfälligen Herzschrittmacher
1967	Christiaan Barnard führt die erste Herztransplantation durch
1968	Denton Cooley pflanzt einem Patienten das erste Kunstherz ein
1994	In den USA wird die erste Bypass-Operation am Herzen durchgeführt

Bauen auf engstem Raum

In den dicht besiedelten Metropolen der USA kamen die Architekten zuerst auf die Idee, in die Höhe zu bauen. Seitdem gibt es einen immer neu angezettelten Wettbewerb um die spektakulärsten Wolkenkratzer der Welt.

Wolkenkratzer in den US-Metropolen

Im Jahr 1871 wütete in Chicago eine schwere Brandkatastrophe, bei der zahlreiche Gebäude zerstört und rund 300 Menschen getötet wurden. Die Verantwortlichen der windigen Metropole am Michigansee wagten für den Neubau von rund 300 Gebäuden einen neuen Weg; sie errichteten die ersten Hochhäuser. Nun stand die optimale Ausnutzung der Grundstücke im Vordergrund, deren Preise durch die Entwicklung Chicagos zum Zentrum der amerikanischen Weizen- und Fleischverarbeitung in die Höhe geschossen waren. Dabei kam den Stadtplanern die Erfindung des Fahrstuhls (1852) durch Elisha Grave Otis (1811–1861) entgegen, mit der das Hinaufbefördern von Mensch und Material in große Höhen erheblich erleichtert wurde. Nicht minder bedeutsam war die Entwicklung der leichten, äußerst stabilen Skelettbauweise. 1896 formulierte Louis H. Sullivan (1856–1924), einer der großen Pioniere des Hochhausbaus, seine an die klassische Säule angelehnte Ästhetik. Die Basis war für den Eingangs- und Geschäftsbereich, die übereinandergestapelten Büroflächen entsprachen dem Schaft und der Dachabschluss dem Kapitell. In Chicago waren die Wolkenkratzer funktional, in New York verwirklichten die Architekten mehr künstlerische Impulse, z. B. 1924 beim Chrysler Building (319 m) im Stil des Art Déco mit Wasserspeiern und einer Kuppel aus rostfreiem Stahl sowie Schiebefenstern. Den Höhepunkt dieser eleganten Bauweise bildete für Jahrzehnte das 1931 fertiggestellte Empire State Building (381 m).

„Zeige mir, wie du baust, und ich sage dir, wer du bist.“
Christian Morgenstern, Schriftsteller

Neue Gigantomanie im boomenden Asien

Kamen Hochhäuser wie die Zwillingstürme des World Trade Centers (415 bzw. 417 m) oder der CN Tower (553 m) im kanadischen Toronto scheinbar an die Grenzen des Machbaren, so stießen seit den 1990er-Jahren die Hochhausbauten in den wachsenden asiatischen Metropolen in völlig neue Dimensionen vor. Den (vorläufigen) Gipfelpunkt dieses architektonischen Wettbewerbs bildet der 2010 eröffnete, 828 m hohe Burj Khalifa in der arabischen Stadt Dubai am Persischen Golf. 57 Aufzüge bringen Bewohner und Büroangestellte bis in den 154. Stock. Darüber befinden sich weitere 35 Etagen für Telekommunikation und andere technische Anlagen.

Links: Empire State Building im Herzen von Manhattan in New York
Unten: Hochhäuser im Land der aufgehenden Sonne in Tokio

Eckdaten zur Geschichte des Hochhausbaus

1885	Das Home Insurance Building gilt als erstes Hochhaus der Welt
1890	In Chicago wird das erste Hochhaus in Skelettbauweise errichtet
1924	Attraktion des Chrysler Buildings in New York ist der Art-Déco-Baustil
1931	Das Empire State Building wird zum Wahrzeichen von New York
1972	Die Zwillingstürme des World Trade Centers werden eröffnet; sie stürzen 2001 nach den islamistischen Terroranschlägen ein
1997	Die Petronas Twin Towers in Kuala Lumpur sind 452 m hoch
2004	In Taiwan wird das Hochhaus Taipeh 101 (508 m) eröffnet
2010	Der Burj Khalifa in Dubai (828 m) ist der welthöchste Wolkenkratzer

Schutz durch Erreger

Die aktive Immunisierung des Körpers mit geschwächten Bakterien und Viren wurde zuerst gegen Pocken erfolgreich angewendet. Seitdem wurden zahllose Impfstoffe zum Schutz vor gefährlichen Infektionskrankheiten entwickelt.

Gedenkstein für den Impfpionier Edward Jenner in München

Gewagtes Experiment mit Pocken

Der englische Arzt Edward Jenner (1749–1823) beschäftigte sich 1796 mit dem seit Jahrzehnten verbreiteten Gerücht, dass Menschen, die sich mit den vergleichsweise harmlosen Kuhpocken angesteckt hatten, gegen die wesentlich gefährlicheren echten Pocken lebenslang immun seien. Er impfte mit dem Serum einer Magd einen gesunden Jungen, der wenige Tage später ebenso an Kuhpocken erkrankte. Zwei Monate danach spritzte er dem Jungen Erreger der echten Pocken, doch er blieb gesund. Eine Wiederholung des Versuchs zwei Jahre später mit anderen Personen führte zum gleichen Ergebnis. Obwohl Jenner viele Gegner auf den Plan rief, setzte sich seine Impfmethode durch. 1874 wurde sie im Deutschen Reich zur Pflicht. Ende des 20. Jahrhunderts erklärte die Weltgesundheitsorganisation (WHO) die Pocken für praktisch ausgerottet.

„Es gibt tausend Krankheiten, aber nur eine Gesundheit."
Arthur Schopenhauer, Philosoph

Serum gegen Diphtherie und Tetanus

Im Kampf gegen die damaligen Volkskrankheiten Diphtherie und Tetanus (Wundstarrkrampf) verzeichneten der Deutsche Emil von Behring (1854–1917) und der Japaner Shibasaburo Kitasato (1853 bis 1931) im Jahr 1890 einen entscheidenden Erfolg. Sie identifizierten die Antikörper und legten den Grundstein für die Serumtherapie. Die Sterblichkeitsrate bei Diphtherie wurde um die Hälfte reduziert, in den 1940er-Jahren wurde die Schutzimpfung eingeführt, sodass die Krankheit in Europa weitgehend verschwand.

Süßer Stoff gegen Kinderlähmung

Einer der großen Erfolge gegen Infektionserkrankungen gelang mit dem Impfstoff gegen die Kinderlähmung. Der Amerikaner Jonas Salk (1914–1995) präsentierte 1954 ein Totserum gegen die Viruserkrankung, das deren Ausbreitung um mehr als 80 Prozent minderte. Noch wirkungsvoller war der von Albert Sabin (1906–1993) entwickelte Lebendimpfstoff. Ab 1962 wurde er in der Bundesrepublik als „Schluckimpfung" auf einem Zuckerstück verabreicht. Mitte des 20. Jahrhunderts fanden Immunologen auch Impfstoffe gegen Kinderkrankheiten wie Mumps, Masern und Röteln.

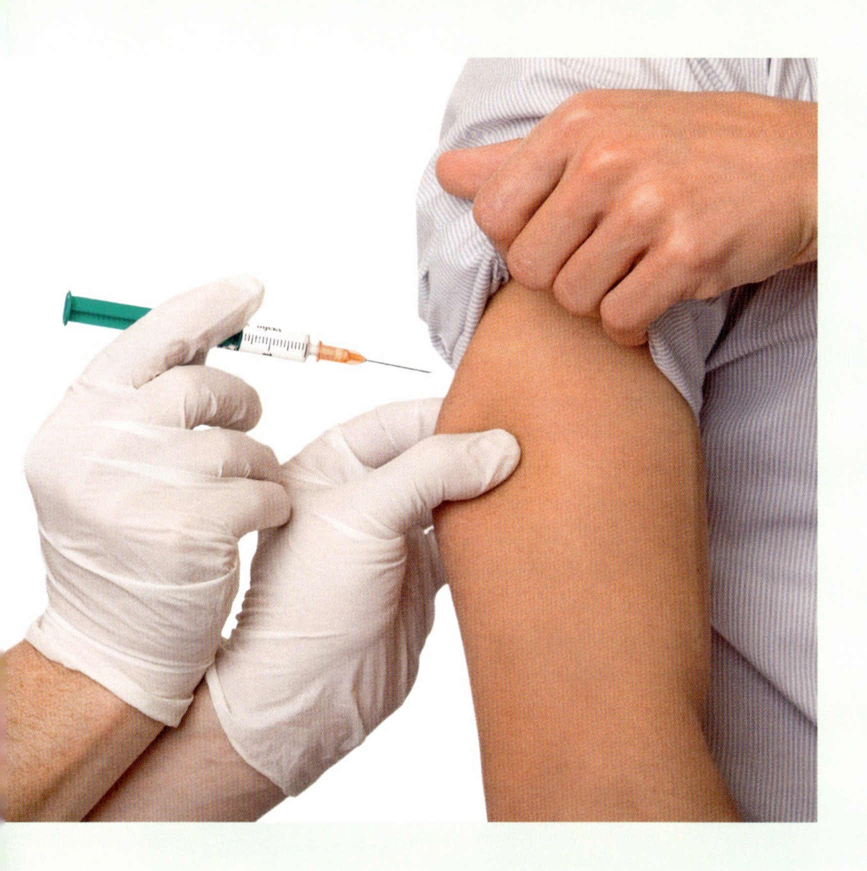

Links: Ein kleiner Stich zum sicheren Schutz, oben: Zuckerstück für die Schluckimpfung, unten: Internationaler Impfpass

Eckdaten zur Geschichte der Immunologie

1701	Giacomo Pylarini impft in Konstantinopel drei Kinder mit Kuhpocken
1796	Edward Jenner führt in England die erste Pockenschutzimpfung durch
1879	Louis Pasteur entdeckt bei Infektionsversuchen an Hühnern durch Zufall, dass geschwächte Bakterien keine Krankheiten hervorrufen
1881	Pasteur erprobt Impfungen gegen Milzbrand an Schafen und Rindern
1890	Emil von Behring entdeckt ein Serum gegen Tetanus und Diphtherie und entwickelt die passive Immunisierung durch Abwehrstärkung
1946	John Enders erzeugt einen Impfstoff gegen die Mumpserkrankung
1950	Jonas Salk entwickelt den Impfstoff gegen Kinderlähmung (bis 1954)
1954	Die Masern können durch abgeschwächte Viren bekämpft werden
1981	Forscher in den USA identifizieren die Immunschwächekrankheit Aids

Nützliche Strahlenquelle

Die Entdeckung des warmen Infrarotlichtes eröffnete ganz neue Möglichkeiten der medizinischen und technischen Nutzung sowie der astronomischen Beobachtung.

„Ich habe tiefer in den Raum geschaut als jemals ein Mensch vor mir."
Friedrich Wilhelm Herschel, Astronom

Unsichtbares, warmes Licht

Die Infrarotstrahlung, auch Wärmestrahlung genannt, wurde um 1800 von dem deutsch-britischen Astronomen Friedrich Wilhelm Herschel (1738–1822) entdeckt, ohne dass er dafür schon eine Erklärung fand. Herschel wollte die unterschiedliche Temperatur der Farben des Sonnenlichtes messen, das er durch ein Glasprisma aufgespalten hatte. Das Thermometer zeigte umso mehr an, je näher er es an das rote Spektrum heranführte. Und auch über das farbige Lichtband hinaus ermittelte Herschel noch hohe Werte. Daraus schloss er, dass sich das Sonnenspektrum jenseits des roten fortsetzen müsse. Diesen unsichtbaren Lichtbereich nannten die Astronomen später Infrarot. Erst im 20. Jahrhundert begann die technische und industrielle Nutzung dieser Strahlungsquelle.

Anwendungen der Infrarotstrahlung

Sonne und Feuer sind natürliche Quellen der Infrarotstrahlung. Praktisch angewendet wird sie z. B. in Form von Strahlern für medizinische Wärmebehandlungen oder in der Industrie in Öfen zum Trocknen. In der Elektronik wird Infrarotstrahlung für die drahtlose Kommunikation eingesetzt. Infrarotfernbedienungen, Schnittstellen für Computer, Sensoren und Lichtschranken arbeiten im Wellenlängenbereich von 880 bis 950 Nanometer, da Fotodioden und -transistoren die höchste Empfindlichkeit aufweisen. Infrarotstrahlung regt Moleküle zu Schwingungen und Rotationen an, sodass damit physikalisch-chemische Analysen durchgeführt werden können. Seit den 1950er-Jahren, als mit Satelliten und Stratosphärenballons Himmelsbeobachtungen außerhalb der Erdoberfläche möglich wurden, erhielt das Forschungsgebiet der Infrarotastronomie neue Impulse.

Infrarotbild einer menschlichen Hand, oben: Wärmelampe

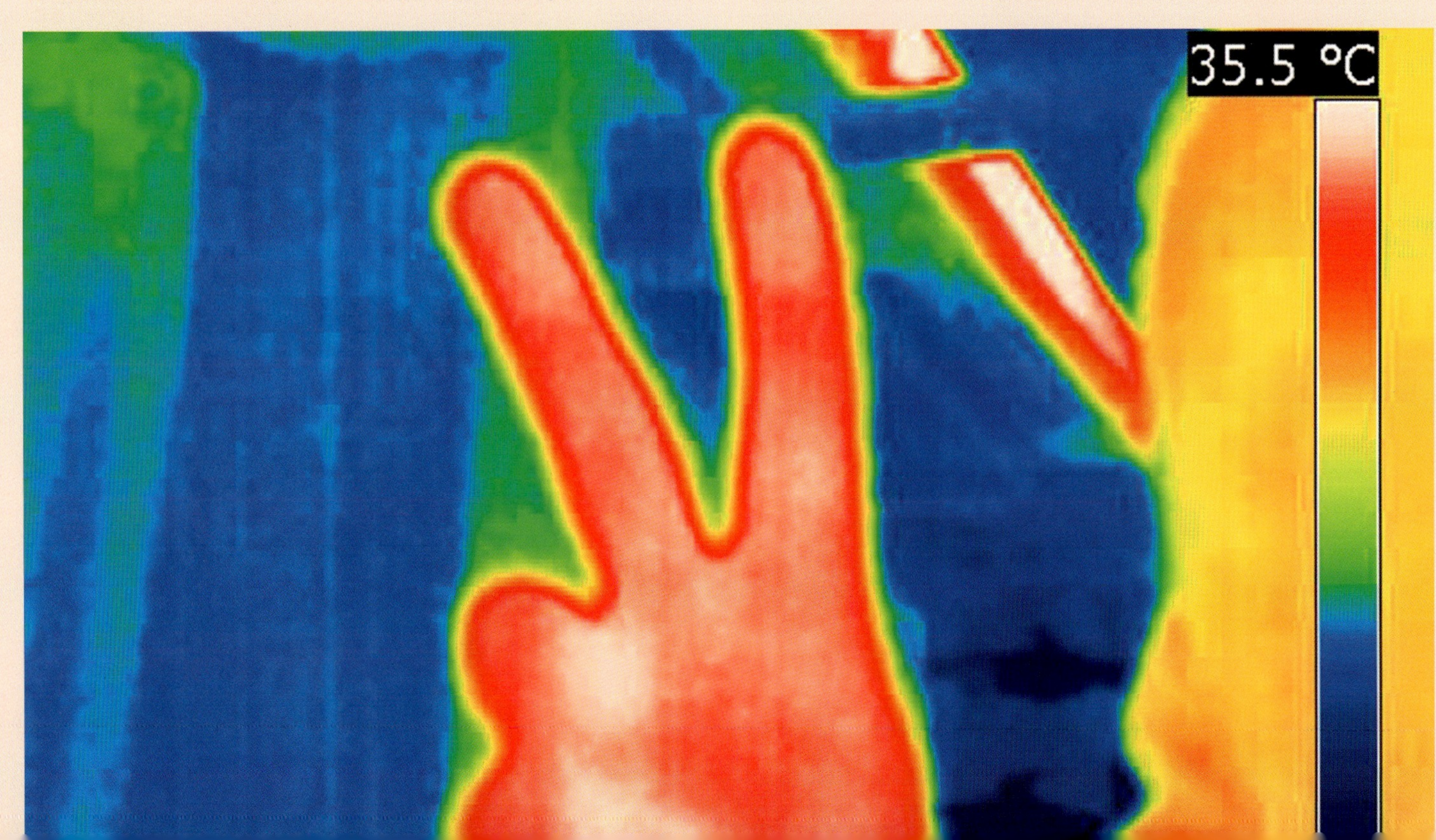

Hilfe für Diabetiker

Das künstlich erzeugte Hormon der Bauchspeicheldrüse hat Millionen von Zuckerkranken zwar nicht geheilt, aber das Leben wesentlich erleichtert.

Erfolg durch eine ungewöhnliche Idee

Es war eine wissenschaftliche Sensation, deren praktische Wirkung sofort erkennbar war. 1921 gelang es dem Kanadier Frederick Banting (1891–1941) und dem Amerikaner Charles Best (1899–1978), erstmals reines Insulin künstlich herzustellen und die Symptome der Zuckerkrankheit zu beheben. Seit über 50 Jahren war bekannt, dass dieses Hormon der Bauchspeicheldrüse den Blutzuckerspiegel des Organismus steuert. Bei Patienten, die an Diabetes erkrankt sind, ist diese Funktion gestört. Immer wieder versuchten Forscher in aller Welt, reines Insulin aus der Bauchspeicheldrüse zu gewinnen. Aber es wurde vorher stets von Enzymen aufgespalten. Banting und Best hatten eine Idee: Sie schnürten bei lebenden Hunden das Sekretionsgefäß der Bauchspeicheldrüse ab. Dadurch verkümmerte die Drüse, während die sog. Langerhansschen Inseln, in denen das Hormon produziert wird, weiterhin Insulin erzeugten. Weil es nicht mehr mit Verdauungsenzymen in Kontakt kam, ließ es sich in reiner Substanz isolieren und als Arzneimittel nutzen.

„Noch nie hat jemand in einem Abendanzug eine gute Idee gehabt."
Frederick Banting, Mediziner

Frederick Banting, dem die Isolierung des Insulins gelang

Steigerung der Lebensqualität

Bei Diabetes-Patienten, die mit reinem Insulin behandelt wurden, verschwanden sofort die Symptome der Erkrankung wie z. B. Durst, Schwächegefühl, Gewichtsverlust, Schwindelanfälle, Übelkeit, Muskelkrämpfe, Juckreiz und erhöhte Anfälligkeit für Infektionen. Insulin fördert u. a. den Transport von Glukose zu den Körperzellen, aktiviert in der Leber und in den Muskelzellen Enzyme, die für die Verbrennung von Glukose verantwortlich sind, fördert das Wachstum und unterstützt die Versorgung der Zellen mit Mineralstoffen. Heilen konnten auch Banting und Best die Zuckerkranken nicht. Die Erforschung des Insulins ging weiter. Der zweifache britische Chemienobelpreisträger Frederick Sanger (* 1918) entschlüsselte bis 1955 den Aufbau des hochkomplexen Moleküls.

Hilfe für Diabetiker – Selbstinjektion mit künstlichem Insulin

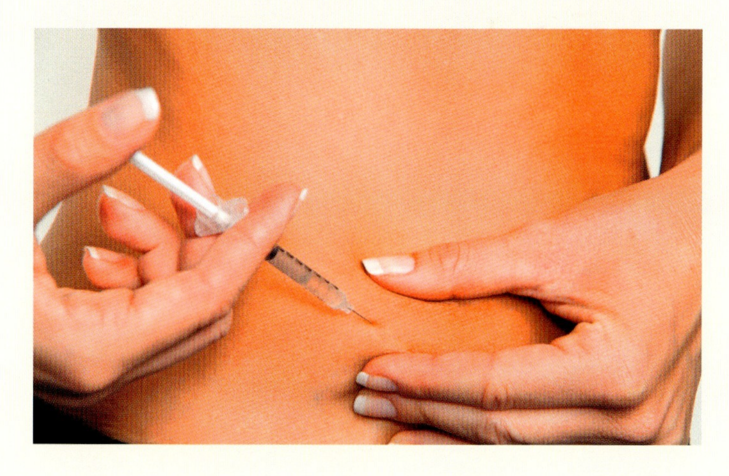

Netz der Kommunikation

Innerhalb von zwei Jahrzehnten hat sich das World Wide Web zum dominierenden Medium entwickelt. Gleichzeitig ist das Internet ein nahezu rechtsfreier Raum, in dem der Missbrauch von Daten kaum zu verhindern ist.

Eine Idee mit militärischem Hintergrund

Die Idee des Internets entstand Ende der 1960er-Jahre beim amerikanischen Militär. Im Falle eines Atomkrieges, der in den Zeiten des Kalten Krieges gar nicht so undenkbar war, sollten die Geheimdaten nicht verlorengehen. Um die Kommunikationskanäle offenzuhalten, sollten Hardware und Computerprogramme vernetzt werden. 1969 entstand das ARPANET, ein Rechnerverbund von Hochschulen. Doch beim ersten Versuch, ins Netz zu kommen, brach das System zusammen. Anfang der 1970er-Jahre wurde die Technologie verfeinert und eine gemeinsame „Sprache" entwickelt, das Übertragungsprotokoll (IP). Langsam kamen verschiedene Dienste hinzu: der Datenaustausch über FTP-Server, E-Mail und Usenet sowie 1989 das World Wide Web. Seit 1984 wurden keine Zahlenkolonnen mehr für Webseitennamen eingegeben, sondern sog. Domains. 1993 wurden die Browser entwickelt, Navigationsprogramme durch den Datendschungel. Damit wuchs das Internet rapide: 2011 waren rund 2 Mrd. Menschen, fast ein Drittel der Weltbevölkerung, regelmäßig online.

„Immer wenn sich ein neues Medium in eine Kultur drängt, konkurriert es mit einem älteren um Zeit, Aufmerksamkeit, Geld, Prestige und, vor allem, die psychischen Gewohnheiten der Menschen."
Neil Postman, Medienwissenschaftler

Amazon, Google, Yahoo und die anderen

Der erste Riese im Internet war der Onlinedienst AOL, der 1991 gegründet wurde. Drei Jahre später erfanden die Studenten David Filo (* 1966) und Jerry Yang (* 1968) die Suchmaschine Yahoo; vom Lesezeichenkatalog für Web-Adressen entwickelten die beiden sie zur größten Internetfirma mit Milliardenumsätzen. Der 1995 von Jeff Bezos (* 1964) gegründete Online-Buchhandel Amazon erzielte jahrelang hohe Verluste und ist heute Weltmarktführer. Diese

erfolgreichen Unternehmen wurden noch übertroffen vom Suchdienst Google, den Larry Page (* 1973) und Sergei Brin (* 1973) im Jahr 1998 gründeten. Im Jahr 2007 hatte Google einen Börsenwert von teilweise über 200 Mrd. US-Dollar.

Sicherheit ist nicht vorgesehen

Täglich werden Computerviren verbreitet, Webseiten von Hackern angegriffen, Daten illegal gesammelt und oft an Unbefugte weitergegeben. Jeder, der etwas ins Internet stellt, muss davon ausgehen, dass er / sie keine Kontrolle über seine Daten hat und sie auch unerwünscht für andere Zwecke missbraucht werden können. Das ist die Kehrseite der vielfältigen neuen Möglichkeiten der Information, Sicherheit im Internet ist weitgehend eine Illusion.

Eckdaten zur Geschichte des Internets

1969	Die ersten vier Knoten des ARPANETS gehen in Betrieb
1972	Ray Tomlinson entwickelt das erste E-Mail-Programm
1973	Das Transmission Control Protocol (TCP) wird publiziert
1974	Der Begriff „Internet" wird erstmals verwendet
1977	Das TCP erhält als zweiten Teil das Internet Protocol (IP)
1979	Das Usenet entsteht aus der Vernetzung zweier Unix-Computer der Universität von North Carolina und der Duke University
1984	Das Domain Name System (DNS) wird entwickelt
1989	Tim Berners-Lee entwickelt die Idee des World Wide Web
1990	Das Internet wird für die kommerzielle Nutzung freigegeben
1991	Das WWW wird beim Europ. Kernforschungslabor CERN eingesetzt
1994	Die Zahl der kommerziellen Nutzer des Internets übersteigt erstmals die der wissenschaftlichen Nutzer (rund 3 Mio. Internet-Rechner)
1999	Die einmillionste Domain mit dem Kürzel .de wird registriert
2001	Die freie Online-Enzyklopädie Wikipedia wird gegründet
2010	Die Quote unerwünschter E-Mails (Spams) erreicht 95 Prozent

World Wide Web – ein gigantischer Raum der Kommunikation

Der Stoff ist Kult

Die Jeans hat in mehr als 150 Jahren einen bedeutenden Wandel erlebt – von der reißfesten Arbeitshose zum internationalen Kultkleidungsstück für alle Generationen.

Leinenstoff für starke Beanspruchung

Der deutsche Einwanderer Loeb Strauß (1829–1902) alias Levi Strauss folgte 1853 dem Goldrausch in Kalifornien. Mit seinem Schwager und seinem Bruder gründete er in San Francisco einen Laden für Kurzwaren und Stoffe. Bald wurden seine strapazierfähigen Leinenhosen von den Goldgräbern gekauft. Ab 1873 waren sie auch mit Kupfernieten erhältlich und wurden bei Farmern, Landarbeitern, Holzfällern und Bauarbeitern wegen ihrer Robustheit und ihrem Tragekomfort äußerst beliebt. Strauss wurde ein reicher Mann.

„In meiner Kindheit durften nur die bösen Buben Jeans tragen."
Jean-Paul Gaultier, Modeschöpfer

Von der Arbeitskleidung zum Modeobjekt

Schon im 19. Jahrhundert hatte Strauss mit der Lee Mercantile Company Konkurrenz bekommen, die Hosen, Overalls und Arbeitsjacken aus Jeansstoff herstellte. Nach der Weltwirtschaftskrise Ende der 1920er-Jahre wurde die Jeans zum Symbol des lässigen, freiheitlichen amerikanischen Lebensstils. Hollywoodstars wie John Wayne, Marlon Brando und James Dean machten die Hose zum Kultobjekt. Nur die Lehrer in den USA verboten das Tragen von Jeans im Unterricht. 1947 kam die erste Wrangler-Jeans auf den Markt, die Firma Mustang brachte die Jeans 1949 nach Deutschland. Ob Schlag, Röhre oder Karotte – heute gibt es für die kultige Hose jede Menge Passgrößen. Während Jeans früher nur in Dunkelblau erhältlich waren, werden sie seit den 1980er-Jahren chemisch oder mechanisch durch Waschen mit Steinen gebleicht, künstlich aufgeraut und mit Löchern und Rissen versehen.

Arbeitshose (links) und Chic – auch mit Löchern

Maya-Kalender von der mexikanischen Halbinsel Yucatán

Begleiter durch das Jahr

Seit Jahrtausenden ordnet der Mensch die Zeit nach Tagen, Monaten und Jahren. Im Laufe der Geschichte wurden die Wegweiser durch das Jahr immer genauer.

Von der Steinzeit bis ins Mittelalter

Aus der Zeit um 10 000 v. Chr. sind einfache Kalender aus Knochen überliefert, die in einer Höhle in Palästina gefunden wurden. Darin sind Zahlenfolgen eingeritzt, die auf eine Orientierung an den Mondphasen schließen lassen. Der erste reguläre Mondkalender wurde in Mesopotamien (heute Irak) entdeckt; er umfasste einen Zyklus von 19 Jahren mit zwölf oder 13 Mondmonaten. Die altägyptischen Priester im dritten vorchristlichen Jahrtausend stellten dagegen einen Sonnenkalender mit einem Jahr aus 365 Tagen auf. Wegen der zwölf Neumonde teilten sie es in zwölf Monate zu 30 Tagen ein, mussten aber am Jahresende fünf Tage hinzufügen. Um 300 n. Chr. schufen die Maya in Süd- und Mittelamerika einen recht genauen Tageskalender. Die Kalenderscheibe enthielt Ereignisse von der Erschaffung der Welt, die bis 3000 v. Chr. zurückreichten. Vorläufer der modernen Erfassung von Tagen, Monaten und Jahren war der julianische Kalender, den der römische Herrscher Gaius Iulius Cäsar 46. v. Chr. einführte. Das römische Jahr hatte 365,25 Tage, alle vier Jahre folgte ein Schaltjahr mit 366 Tagen. Es gab vier Monate zu 30 und sieben Monate zu 31 Tagen, der Februar hatte 28 bzw. in Schaltjahren 29 Tage.

„Die Zeit vergeht nicht schneller als früher, aber wir laufen eiliger an ihr vorbei."
George Orwell, Schriftsteller

Die Kalenderreform in der Neuzeit

Ein Fehler blieb auch noch im julianischen Kalender. Bis zum 16. Jahrhundert fehlten zehn Tage gegenüber dem Sonnenjahr. Deshalb musste das für die folgenden christlichen Feiertage wichtige Osterfest immer früher gefeiert werden. Im Jahr 1582 strich Papst Gregor XIII. bei seiner Kalenderreform einfach zehn Tage; auf den 4. Oktober folgte unmittelbar der 15. Oktober. Auch die Schaltregel änderte sich: Alle Jahre mit einer vollen Jahrhundertzahl, die nicht ohne Rest durch 400 geteilt werden können, waren keine Schaltjahre mehr. Der julianische Kalender wurde in einigen Ländern, z. B. im revolutionären Russland, erst im 20. Jahrhundert abgeschafft. Der Hundertjährige Kalender des Mönchs Mauritius Knauer (1613/14 bis 1664) ist eine Zusammenstellung von Wettervorhersagen aufgrund von langjähriger Naturbeobachtung.

Oben: Turmuhr des Ulmer Münsters mit Mondkalender und Tierkreiszeichen
Links: Chinesische Kalenderblätter in Hongkong

Idee der sauberen Stadt

Verheerende Epidemien machten die Notwendigkeit einer geregelten Abwasserbeseitigung klar. Dennoch wurden erst im 19. Jahrhundert erste Kanalisationssysteme eingerichtet.

Gräben und Kanäle für den Unrat

Das erste bekannte Abwassersystem wurde um 2500 v. Chr. in Mohendscho Daro am Indus im heutigen Pakistan errichtet. Mitte des ersten vorchristlichen Jahrtausends bauten die Römer ihre Cloaca maxima. Allerdings mussten die Bewohner ob der 3 m breiten übelriechenden Rinnen in ihrer Stadt im wahrsten Sinne die Nase rümpfen. 184 v. Chr. wurde das Abwassersystem mit Ziegeln überdacht. In Südamerika waren im Mittelalter bereits Kanalnetze weitverbreitet. In Europa fiel zwar nicht viel Abwasser an, aber es war stark verschmutzt, weil jeder seinen Unrat einfach auf die Straße schüttete. Besonders brisant wurde das Problem, als im Zuge der Industrialisierung die Bevölkerungszahl in den großen Städten stark stieg und sich Arbeiterslums bildeten. Die Abwassermengen wurden zum ständigen Krankheitsherd. Nach dem Großbrand in Hamburg ließen die Stadtplaner ab 1842 beim Wiederaufbau das erste größere unterirdische Kanalnetz der Neuzeit anlegen. Im englischen Windsor wurde 1874 die erste chemische Kläranlage gebaut. Drei Jahrzehnte später ging in Manchester die erste Kläranlage in Betrieb, in der Mikroorganismen den Unrat zersetzten.

„Wenn jeder vor seiner Tür fegt, so wird es überall sauber.“
Deutsches Sprichwort

Die ökologische Herausforderung

In vielen Großstädten sind die Kanalsysteme teilweise über ein Jahrhundert alt und bedürfen der ständigen Erneuerung. Moderne Klärverfahren haben den Grad der Wasserverschmutzung in vielen Industrieländern deutlich sinken lassen. In der Dritten Welt sieht es schlimmer aus: Viele Abwässer aus Haushalten und Industrie, wenn überhaupt Kanalsysteme vorhanden sind, werden direkt in die Umwelt geleitet. Noch immer haben weltweit etwa 1 Mrd. Menschen keinen Zugang zu sauberem Trinkwasser und rund 2 Mrd. müssen auf regelmäßige sanitäre Anlagen verzichten. Täglich sterben 5000 Kinder an den Folgen verschmutzten Trinkwassers.

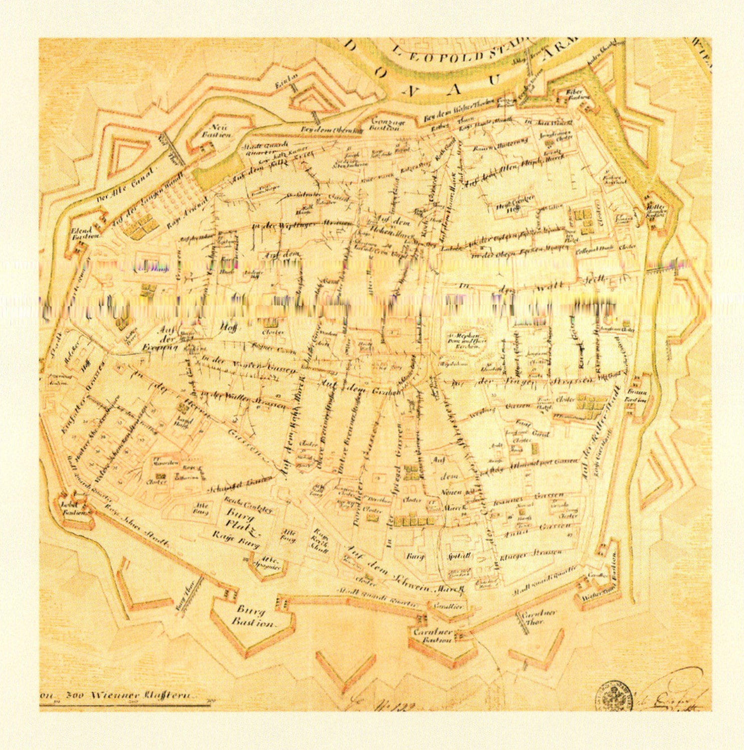

Oben: Kanäle und Befestigungen der Stadt Wien, 1739
Unten: Kanalisationsdeckel in Berlin mit Motiven der Stadt

Die Erfassung der Welt

Die Idee der Kartierung der Welt ist rund 4000 Jahre alt. Die modernen Karten werden mithilfe von Satelliten und Computern erstellt und sind äußerst genau.

„Nur durch Himmelskarten können Erdkarten gemacht werden."
Jean Paul, Schriftsteller

Von der Tontafel zur Zylinderprojektion

Als älteste Erdkarte gilt eine fast 6000 Jahre alte Tontafel, die in Babylon entdeckt wurde. Zu sehen ist die damalige bekannte Welt – vom Zweistromland Mesopotamien mit den Flüssen Euphrat und Tigris bis nach Palästina. Um 2300 v. Chr. ließ Sargon von Akkad in Mesopotamien mithilfe von Landkarten den Grundbesitz besteuern. Der Grieche Anaximander, der erste Geograf, schuf um 550 v. Chr. eine griechische Karte und einen Himmelsglobus, der Römer Publius Pulcher ließ eine von ihm angelegte Straße mit Meilensteinen versehen. Schon um 170 n. Chr. erkannte der griechische Astronom und Mathematiker Ptolemäus die Kugelgestalt der Erde. Chinesische Astronomen teilten im 10. Jahrhundert den Himmel bei der Erstellung einer Sternkarte auf einem Zylindermantel um die Himmelskugel in Punkte, Linien und Flächen ein und breiteten den Zylinder dann in der Ebene aus, um eine winkeltreue Abbildung der Himmelsfläche zu erzeugen.

Vom ersten Globus zur Satellitennavigation

Die ersten Weltkarten mit wissenschaftlichem Anspruch entstanden in der Neuzeit. Der Nürnberger Geograf Martin Behaim (1459–1507) schuf 1492, im Jahr der Entdeckung Amerikas, die erste Erdkugel; sie zeigte außer Europa wesentliche Teile von Asien und Afrika. Die Weltkarten des Gerhardus Mercator (1512–1594) mit ihrer Zylinderprojektion waren für die Schiffsnavigation von großer Bedeutung. Der ersten modernen Karte des Abendlandes aus Frankreich (1744) ging eine genaue Landvermessung voraus. Auf den physikalischen Landkarten von Karl Ritter aus dem Jahr 1806 waren Wälder, Kulturflächen sowie die Polargrenzen von Bäumen und Sträuchern eingezeichnet. 1884 vereinbarten Vertreter fast aller Nationen in Washington, dass der Meridian von Greenwich bei London der Anfang für die geografische Längenzählung und Grundmeridian für die Berechnung der Zeitzonen sein sollte. Die heutigen exakten Erdkoordinaten beruhen im Wesentlichen auf den vom Satellitensystem GPS übermittelten Daten.

Links: Europakarte mit Mercatorprojektion aus dem Jahr 1589, Oben: Historischer Globus, Gerhardus Mercator, Wegbereiter der Kartografie

Die Energie des Atoms

Mit der Spaltung des Urans schuf Otto Hahn die Grundlage der friedlichen Nutzung der Kernenergie, aber auch – zu seinem Entsetzen – der Entwicklung der Atombombe.

Der Eintritt ins nukleare Zeitalter

Seit den frühen 1930er-Jahren forschten Hahn (1879–1968) sowie seine Mitarbeiter Fritz Straßmann (1902–1980) und Lise Meitner (1878–1968) am Kaiser-Wilhelm-Institut in Berlin. Als Hahn 1938 durch Neutronenbeschuss die Spaltung des Urankerns gelang, war die Jüdin Meitner schon vor den Nationalsozialisten nach Dänemark geflohen. Hahn hielt seine Entdeckung zunächst geheim, weil er fürchtete, die Atomkraft könne zum Bau von Waffen missbraucht werden. Der Urankern nimmt Neutronen auf, wird instabil und zerfällt durch Spaltung, wobei ungeheure Energiemengen freigesetzt werden. Meitner erkannte als Erste die im wahrsten Sinne ungeheure Sprengkraft der Entdeckung und reagierte enttäuscht, als nur Hahn 1944 den Chemienobelpreis erhielt. Mit dem ersten kontrolliert arbeitenden Versuchsreaktor 1942 in Chicago leitete der Italiener Enrico Fermi (1901–1954) die friedliche Nutzung der Kernenergie ein. Der erste kommerzielle Atommeiler ging 1954 in der UdSSR in Betrieb. Spätestens mit dem Reaktorunglück von Tschernobyl in der Ukraine 1986 wurden der Weltöffentlichkeit auch die Gefahren der friedlichen Atomtechnik vor Augen geführt.

„Das Atom ist unser kleinstes Porträt: es enthüllt unsere ganze Kraft als Schrecken."
Max Rychner, Schriftsteller

Eckdaten zur Geschichte der Kerntechnik

1938	Otto Hahn und Fritz Straßmann gelingt die erste Urankernspaltung
1942	In Chicago arbeitet der erste atomare Versuchsreaktor der Welt
1945	In New Mexico wird der erste Atomtest durchgeführt, wenige Wochen später fallen die Atombomben auf Hiroshima und Nagasaki
1951	Lyman Spitzer berechnet die Möglichkeiten der Kernverschmelzung
1954	In der UdSSR liefert der erste kommerzielle Kernreaktor Strom ins Netz, das US-U-Boot „Nautilus" ist das erste atomgetriebene Schiff
1959	In Schottland wird der erste Schnelle Brüter in Betrieb genommen
1979	Die Atomanlage in Harrisburg (USA) meldet einen schweren Störfall
1986	Bei der Explosion des Kernreaktors von Tschernobyl gelangen große Mengen Radioaktivität in die Atmosphäre (bis nach Westeuropa)
2011	Nach Erdbeben und Tsunami schmelzen in der Anlage in Fukushima (Japan) Kernbrennstäbe, große Mengen Radioaktivität treten aus

Nobelpreisträger Otto Hahn vor einem Atommodell auf der Genfer Konferenz über Atomenergie im August 1955

Die Bombe – das atomare Grauen

Noch weit gravierender war die Wirkung der Atombomben, die von den USA im August 1945 auf die japanischen Städte Hiroshima und Nagasaki geworfen wurden, um den Weltkrieg in Asien zu beenden. Im Kalten Krieg zwischen den Supermächten USA und UdSSR warnten prominente Physiker wie Albert Einstein (1879–1955), der die US-Regierung 1939 auf eine mögliche deutsche Atombombe hingewiesen und den Bau der US-Atomwaffe befürwortet hatte, nun vor den Gefahren der Nuklearwaffen. Auch Hahn wandte sich gegen den Einsatz der Kernenergie für militärische Zwecke. Er sah seine Erkenntnisse pervertiert und die Atombombe als Verbrechen an. 1955 machte er mit anderen Nobelpreisträgern auf die Gefahren von Kernwaffen aufmerksam, 1957 gehörte er zu den Verfassern der Göttinger Erklärung von 17 westdeutschen Atomwissenschaftlern gegen die nukleare Aufrüstung der deutschen Bundeswehr.

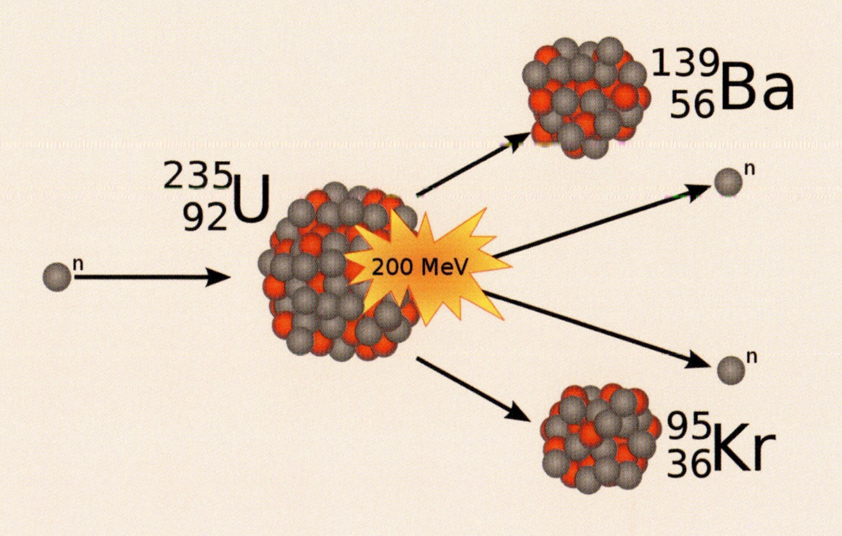

Kühltürme eines Atomkraftwerks

Oben: Modellhafte Darstellung zur Spaltung des Urankerns
Unten: Atomtest der USA 1952 auf dem Eniwetok-Atoll im Pazifik

Die Ordnung der Arten

Die im 18. Jahrhundert von Carl von Linné begründete Klassifizierung von Tieren, Pflanzen und Mineralien ist in ihren wesentlichen Grundzügen bis heute gültig.

Das Ordnungssystem der Natur

Der schwedische Botaniker Carl von Linné (1707–1778), ein begeisterter Pflanzensammler, wollte die auf seinen Reisen durch Skandinavien und Westeuropa entdeckten neuen Pflanzen systematisch ordnen. Er entwickelte ein Klassifizierungssystem, das er 1735 in seinem bahnbrechenden Werk „Systema Naturae" veröffentlichte; darin beschrieb er etwa 7700 Pflanzen-, 6200 Tier- und 500 Mineralienarten. Ähnliche Arten fasste er zu Gattungen, Familien, Ordnungen und Klassen zusammen. Diese Einteilung übernahm er später auch für die Tiere, wobei er die Benennung in Gattungs- und Artnamen begründete (z. B. Homo sapiens). Linnés hierarchisches System hat viele Vorteile. So lassen sich Organismenreiche als Baumdiagramm darstellen, was für die spätere Evolutionstheorie bedeutsam wurde. Er nahm aber fälschlicherweise noch an, dass alle Arten seit der göttlichen Schöpfung existierten und nicht, wie Charles Darwin (1809–1882) rund ein Jahrhundert später erkannte, in Jahrmillionen entstanden sind.

„Die Natur macht keine Sprünge."
Carl von Linné, Botaniker

Erkennungsmerkmale

Linnés Klassifizierung des Pflanzenreiches richtete sich nach dem Aufbau von Blüte und Frucht; wichtige Größen waren Zahl, Form, Proportion und Lage. Zur Abgrenzung einer Art zog er Wurzeln, Stengel oder Laubblätter heran. Die Säugetiere unterteilte Linné nach Zahl, Lage und Form der Schneide-, Eck- und Mahlzähne in sieben Ordnungen. Die Unterscheidung der sechs Ordnungen der Vögel mit über 900 Arten erfolgte meist nach der Form des Schnabels. Die Amphibien verteilten sich auf vier Ordnungen mit etwa 290 Arten. Die 400 Arten in den vier Ordnungen der Knochenfische wurden nach der Lage ihrer Bauchflossen klassifiziert. Bei den Insekten schuf er sieben Ordnungen nach Zahl und Beschaffenheit ihrer Flügel. Erstmals seit Aristoteles stellte Linné den Menschen mit den Affen wieder ins Tierreich. Als Unterscheidungsmerkmal sah er die menschliche Fähigkeit zur Selbsterkenntnis.

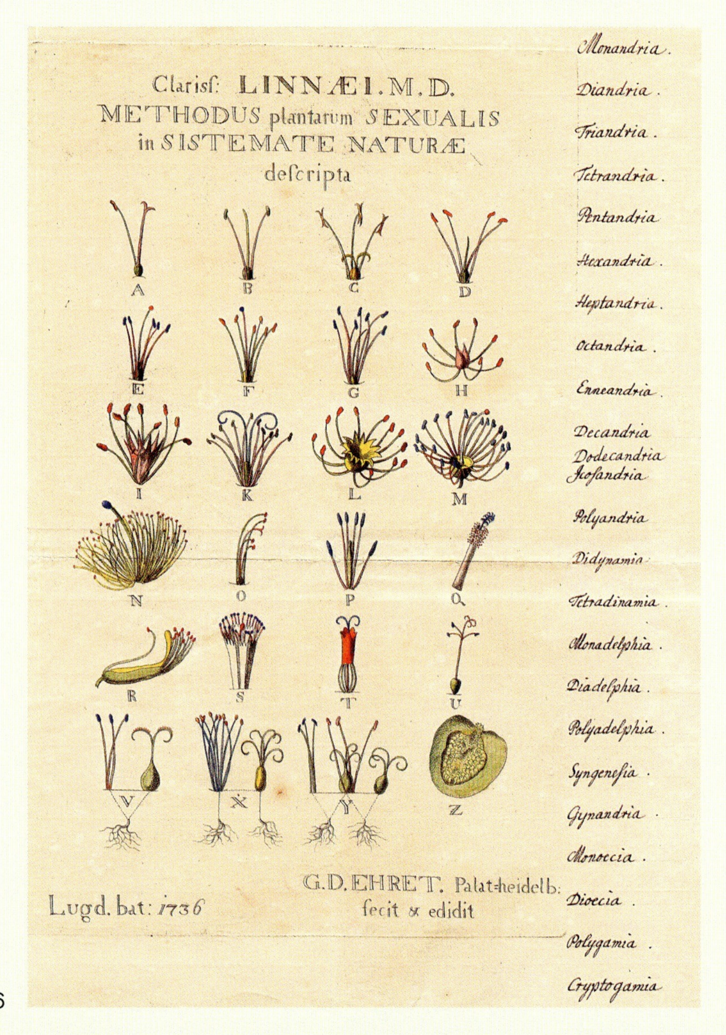

Links: Carl von Linné
Rechts: Pflanzen nach Linné, Zeichnung von Georg D. Ehret, 1736

Der Mensch als Schöpfer

Die Möglichkeit, von Lebewesen eine oder mehrere genetisch identische Kopien zu erzeugen, ist gerade einmal 30 Jahre alt. Kritiker warnen vor unabsehbaren Gefahren und befürchten die Zucht bestimmter genetischer Merkmale.

Künstlich geschaffene Zwillinge

Es begann 1984, dem Jahr, nach dem der britische Autor George Orwell (1903–1950) seinen düsteren Zukunftsroman benannt hat. Bis dahin hatten es Wissenschaftler nur geschafft, Frösche zu klonen. Nun gelang es erstmals, genetisch identische Schafe zu erzeugen. Der Däne Steen Willadsen (* 1944) zerlegte ein Schafembryo in einzelne Zellen und tauschte deren Zellkerne gegen solche von Schafs-Eizellen aus. Die manipulierten Eizellen pflanzte er in die Gebärmutter weiblicher Schafe ein, wo sie sich zu normalen Föten entwickelten und als Lämmer geboren wurden. Alle verfügten über genau die gleiche Erbmasse. Das 1996 in Schottland geborene Klonschaf „Dolly“ war das erste Säugetier, das durch ein Verfahren gezeugt wurde, bei dem ausdifferenzierte, erwachsene Zellen als Spender der Erbinformation dienten. Das Tier starb mit sechseinhalb Jahren an einer Lungenerkrankung und hatte vorzeitige Alterserscheinungen wie Arthritis. Die Forschung beim Menschen zielt darauf, Stammzellen zu gewinnen, die der Erforschung und Behandlung von Krankheiten dienen sollen.

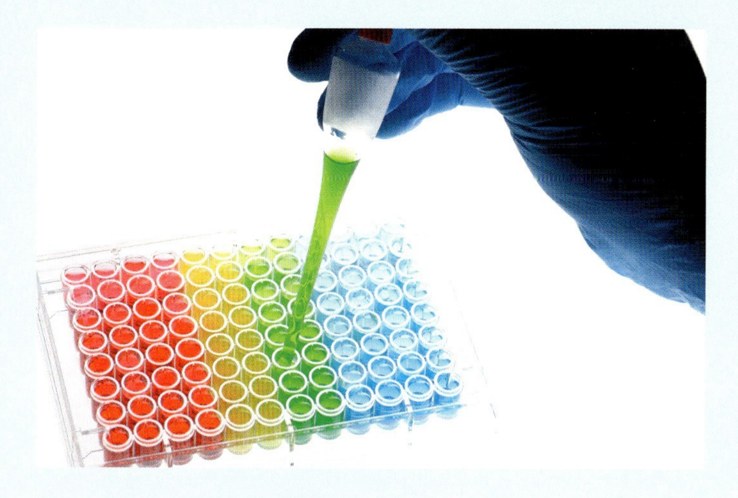

Proben für die biomedizinische Forschung

„Wir müssen den Schluss ziehen, dass selbst bei präziser Kenntnis aller Gene das biologische Geschehen nie genau vorhergesagt werden kann.“
Werner Arber, Mikrobiologe

Wann beginnt menschliches Leben?

Das Klonen ist weltweit heftig umstritten. Während meist Einigkeit besteht, dass das reproduktive Klonen von Menschen zu ächten ist und verboten werden sollte, streiten Wissenschaftler, Politiker, Philosophen und Theologen über die Zulässigkeit des therapeutischen Klonens. In Deutschland sind das reproduktive Klonen mittels embryonaler Stammzellen gemäß § 6 und das therapeutische Klonen nach § 1 Abs. 2 und § 2 Abs. 1 des Embryonenschutzgesetzes strafbar. Durch die Entnahme der embryonalen Stammzellen werde der Embryo nicht einem seiner Erhaltung dienenden Zweck verwendet. Die Frage nach dem ethischen Status eines Embryos vor der Einnistung in den Mutterleib ist rechtlich nicht eindeutig geklärt. Dem Embryonenschutzgesetz liegt der Gedanke zugrunde, dass die Verschmelzung von Ei- und Samenzelle zum Hauptkern der Zygote schon als menschliches Leben zu betrachten sei und unter dem Schutz der Menschenwürde (Art. 1 Grundgesetz) stehe.

Klonschaf „Dolly“ im Royal Museum of Scotland in Edinburgh

Auf dem richtigen Kurs

Mit dem Kompass erhielt die Schifffahrt eine erste wichtige Navigationshilfe. Zusammen mit Karten sowie Geräten zur Bestimmung von Position und Geschwindigkeit wurden Reisen [illegible]

Pionierleistungen der alten Chinesen

Wie viele Erfindungen geht auch der Kompass wahrscheinlich auf chinesische Pioniere im Altertum zurück. Um 1030 v. Chr. erfanden Wagenbauer in China einen Mechanismus, mit dem während der Fahrt jederzeit die Himmelsrichtungen abgelesen werden konnten. Herzog Chou hatte eine Art Kompasswagen in Auftrag gegeben, bei dem eine drehbare stehende Figur aus magnetischem Erz vorn über ein Differenzialgetriebe mit den Wagenrädern verbunden war. Bei Bewegungen des Wagens blieb die Figur stabil und ihr rechter Arm zeigte immer Richtung Süden. Rund 1000 Jahre später, im Jahr 83 n. Chr., erwähnte der Chinese Wang Ch'ung in einer Schrift über den Kompass einen auf einer polierten Bronzeplatte gelagerten Magnetitstein. Seit dem späten 11. Jahrhundert benutzten die Chinesen den Magnetkompass als Navigationshilfe bei Seereisen. Die Magnetnadel steckte in einem Strohhalm und schwamm in einer flachen Wasserschale. Auf einem schlingernden Schiff war ein solcher Kompass allerdings kaum eine nützliche Hilfe. Um 1250 befestigten italienische Seeleute die Nadel auf einer Kreisscheibe mit Gradeinteilung, der sog. Windrose. Nach 1400 wurde der Kompass allseits drehbar aufgehängt, sodass er stets waagerecht lag und daraus der Kurs abgleitet werden konnte.

> „Ohne Grundsätze ist der Mensch wie ein Schiff ohne Steuer und Kompass, das von jedem Winde hin- und hergetrieben wird."
> Samuel Smiles, Schriftsteller

Von der Magnetnadel zum Kreisel

Nicht nur der Schlingerkurs von Schiffen, auch das Eisen an Bord sorgte beim Magnetkompass immer wieder für Ausschläge, sodass die Navigation ungenau wurde. Deshalb wurden Mitte des 19. Jahrhunderts die Kompasse auf den eisernen Schiffen mit Flinderstangen ausgestattet, um die Ablenkung durch das Schiff auszugleichen. Der Kreiselkompass, 1852 von dem Franzosen Léon Foucault (1819–1868) erfunden, war eine Alternative. Er setzte einen Kreisel, der sich in alle Richtungen drehen konnte, in so schnelle Rotation, dass seine Achse stets in Nord-Süd-Richtung zeigte. Auch auf einem schlingernden Schiff behielt die Drehachse ihre Richtung. Heute ist der Kompass in der Schifffahrt lediglich eine Nothilfe, da die Navigation durch moderne Funk- und Satellitentechnik ein äußerst sicheres Verfahren darstellt.

Nachgebautes Segelschiff

Eckdaten zur Geschichte der Schiffsnavigation

1030 v. Chr.	In China wird ein Kompasswagen konstruiert, dessen magnethaltige Figur unabhängig von der Fahrtrichtung nach Süden zeigt
1245	Pierre de Maricourt verbessert die Lagerung der Magnetnadel
1492	Christoph Kolumbus entdeckt auf seiner Amerikafahrt die Abweichung der Kompassnadel vom geografischen Nordpol
1757	Jesse Ramsden erfindet den Sextanten, mit dem die Position durch Messung von Sonnen- und Sternenhöhen ermittelt wird
1852	Léon Foucault präsentiert seine Erfindung des Kreiselkompasses
1913	Alexander Behm lässt sich das Echolot patentieren, mit dem er die Wassertiefe durch Senden eines Schallimpulses bestimmt

Oben: Alte Navigationsinstrumente Sextant, Fernrohr und Kompass, unten: Blick vom Bug einer Segelyacht auf das Mittelmeer bei Antibes

Die Haltbarkeit von Waren

Neben den alten Methoden der Haltbarmachung rückte seit dem 19. Jahrhundert das Erhitzen von Lebensmitteln u. a. zur Abtötung von Keimen in den Blickpunkt.

Frühe Formen der Konservierung

Schon im Altertum waren die Menschen sehr erfinderisch, um Lebensmittel haltbar zu machen. Fleisch und Fisch wurden eingesalzen, in Kochsalz oder Öl eingelegt oder über Holzfeuer geräuchert. Obst und Gemüse wurden in Kellerräumen gelagert, mit Eis konserviert oder eingekocht. Lange vor der Erfindung des Kühlschranks verhinderten in die Erde gebaute Silos, dass künstlich hergestelltes Eis schmolz. Auch das luftdichte Abschließen verderblicher Waren war schon in der Antike bekannt.

Konserven für die Truppen Napoleons

Der Pariser Küchenchef François Appert (1752–1840) erfand 1807 eine einfache Methode, um Lebensmittel zu konservieren. Er erhitzte sie unter Druck auf über 100 °C und verschloss sie danach sofort in Gläsern. Das „Appertieren" wurde die Grundlage der Konservenindustrie. Hintergrund für seine Pionierleistung war eine Ausschreibung des französischen Generals Napoleon Bonaparte, der für seine Truppen auf den geplanten langen Feldzügen dauerhaft genießbare Lebensmittel brauchte. Kurz nach Appert, der noch mit Korken gearbeitet hatte, stellte der Brite Bryan Donkin (1768–1855) die ersten verzinnten Dosen aus Weißblech her, die vollkommen luftdicht waren. 1811 gründete er mit einem Partner die erste Fabrik für Lebensmittelkonserven.

Konservendosen aus Blech

Louis Pasteur, Erfinder des Pasteurisierens zur Konservierung

Eckdaten zur Geschichte der Konservierung	
3000 v. Chr.	Die Ägypter pökeln Fleisch und Fisch mit Salz und trocknen es
1000 v. Chr.	Die Ägypter nutzen Räuchern, Luftabschluss und Kälte
1690	Dom Pérignon erfindet den Korken für Champagnerflaschen
1795	Napoleon setzt einen Preis für Konservierungsmethoden aus
1807	François Appert erfindet das Prinzip der Konservendose
1811	In England geht die erste Konservenfabrik in Produktion
1906	Französische Techniker erfinden das Gefriertrocknen
1935	Die Brauerei Krueger (USA) bringt das erste Dosenbier heraus
50er-Jahre	Die Vakuumverpackung bei Unterdruck wird eingeführt
70er-Jahre	Getränkeflaschen aus Plastik kommen auf den Markt

„Man soll dem Leib etwas Gutes bieten, damit die Seele Lust hat, darin zu wohnen.“
Winston Churchill, Politiker

Keimabtötung durch Pasteurisieren

Der französische Bakteriologe Louis Pasteur (1822–1895) fand im Jahr 1856 heraus, dass sich Lebensmittel durch schonendes Erhitzen keimfrei verändern lassen. Dadurch konnten sie länger gelagert werden und übertrugen weniger Krankheiten. Zum Pasteurisieren hatten ihn Winzer inspiriert, die sich über sauren alten Wein beklagten. Unter dem Mikroskop entdeckte Pasteur, dass sich die Hefezellen des Weines beim Altern veränderten. Er zerstörte sie sofort nach der Weingärung durch langsames Erhitzen auf etwa 50 °C und anschließendes Abfüllen in Flaschen. Heute wird das bahnbrechende Verfahren bei sehr viel höheren Temperaturen u. a. zum Abtöten von Milchkeimen verwendet.

Tiefgefrorene Himbeeren

Marmelade in Einmachgläsern

Getrockneter Stockfisch auf den Lofoteninseln in Norwegen

Zahlen ohne Bargeld

Einkaufen leicht gemacht mit bargeldloser Zahlung

Die Kreditkarte ist mehr als 100 Jahre alt. Heute ist sie die bargeldlose Eintrittskarte zu den Konsumtempeln der Welt.

Privilegien für gutbetuchte Kunden

In den USA gaben Hotels bereits Ende des 19. Jahrhunderts an solvente Gäste Kreditkarten aus. In den 1920er-Jahren folgten Mineralölkonzerne und Kaufhausgesellschaften, nach 1945 Restaurantketten und Fluglinien. Mit diesen Karten waren jedoch nur Erzeugnisse und Dienstleistungen der ausgebenden Unternehmen auf Pump finanzierbar. Sie sollten die Zahlung erleichtern und die Kunden möglichst an die Marke oder das Unternehmen binden. Die erste echte Kreditkarte, die nicht nur bei einem Unternehmen zur Zahlung eingesetzt werden konnte, sondern bei allen, die einen Akzeptanzvertrag abgeschlossen hatten, gab der Diners Club im Februar 1950 an 200 ausgewählte Mitglieder aus. Damit konnten die Gutbetuchten in 27 New Yorker Restaurants auf Kredit essen. Bald wurden Branchen- und Ländergrenzen überwunden. Die nächste Universalkreditkarte gab die Franklin National Bank von Rockville Center auf Long Island in New York im August 1951 heraus, um das lahmende Geschäft mit Konsumentenkrediten anzukurbeln. 1958 brachte die Bank of America die ersten Bankkreditkarten heraus. Zu den größten Anbietern entwickelten sich das bereits 1850 gegründete Unternehmen American Express, Mastercard (1951) und Visa (1976, vorher Americard).

> ***„Willst du den Wert des Geldes erkennen, versuche dir welches zu borgen."***
> **Benjamin Franklin, Politiker**

Vom Luxus- zum Massengeschäft

Schon wenige Jahre später wurden auch die ersten Missbräuche im Zusammenhang mit Kreditkarten bekannt. Nachdem Ende der 1960er-Jahre die Bank of America und die Interbank Kreditkarten per Post an Interessenten verschickt hatten, stieg die Zahl der Karteninhaber schnell an. Ende der 1970er-Jahre erreichten die jährlichen Umsätze bereits über 40 Mrd. US-Dollar. In Europa wurden die ersten Kreditkarten Anfang der 1950er-Jahre von einer britischen Hotelkette herausgegeben, beschränkten sich aber zunächst ebenfalls noch auf einen ausgewählten kleinen Kundenkreis. Im Jahr 1980 wurde ein einheitlicher internationaler Standard für die Magnetstreifen eingeführt, der den Weg bereitete für die Akzeptanz von Kreditkarten unterschiedlicher Unternehmen in der ganzen Welt. Durch den vermehrten Gebrauch der Kreditkarten neigen viele Konsumenten zu höheren Ausgaben, weil ihre Zahlungen nicht mehr sofort registriert werden.

Kreditkarte mit zwölf- bis 16-stelliger Identifikationsnummer

Gut gekühlt in der Küche

Die ersten großen Kühlgeräte wurden für die industrielle Verwendung entwickelt. Im 20. Jahrhundert eroberte der Kühlschrank die Küchen der Industrienationen.

Rechts: Carl Linde, Erfinder des Eisschranks
Unten: Gut gefüllter moderner Kühlschrank

Moderne Kühlgeräte für die Industrie

Im Jahr 1859 entwickelte der französische Tüftler Ferdinand Carré (1824–1900) eine Kältemaschine, in der flüssiges Ammoniak verdampft wurde. Ein Kompressor verdichtete das Kühlmittel zur Flüssigkeit und ließ es in den Kühlschrank strömen. Dort verdampfte es und entzog der Umgebung Wärme. 1876 brachte der deutsche Unternehmer Carl Linde (1842–1934) einen „Eisschrank" auf den Markt. Seine mit Dampfmaschinen betriebenen Kühlaggregate waren aber noch nicht für Privathaushalte geeignet. Mit Lindes Erfindung wurde die Zuverlässigkeit des Kompressors und der gesamten Kältemaschine so verbessert, dass sie industrietauglich wurde. Seine „Eisschränke" fanden sich insbesondere in den großen Schlachthäusern wieder. Es wurde möglich, Wassereis ganzjährig industriell herzustellen, so dass auf Natureis verzichtet werden konnte. Die ersten Haushaltsgeräte zur Kühlung wurden 1913 in Chicago ausgeliefert. Mit den neuen Kühlungsmethoden zogen auch exotische Früchte wie Bananen und Ananas in die gut situierten amerikanischen Haushalte ein, später auch in Europa. Bis in die 1940er-Jahre blieb Ammoniak das bevorzugte Kühlmittel, danach folgten die Fluorkohlenwasserstoffe (FCKW).

> ***„Eine gute Küche ist das Fundament allen Glücks.***
> **Auguste Escoffier, Meisterkoch**

Vom Stromfresser zum Ökokühlschrank

Mit der Verbreitung des elektrischen Stroms und des Kühlschranks verschwand sein Vorläufer, der stromlose Eisschrank. In den 1980er-Jahren entdeckten Wissenschaftler, dass die Freisetzung von FCKW in die Atmosphäre für den Abbau der Ozonschicht mitverantwortlich ist, weshalb 1995 in der EU der Einsatz von FCKW in Kühlschränken verboten wurde. Zum Verkaufsschlager wurden Kühlschränke mit Gefrierfach, die wenig Energie verbrauchen und die Umwelt kaum belasten. Sie werden meist mit Isobutan gekühlt, einem Kohlenwasserstoff aus der Gruppe der Alkane.

Das Kind aus der Retorte

Das erste im Reagenzglas gezeugte Kind löste eine breite Diskussion über die moderne Reproduktionsmedizin aus.

Babyboom für zeugungsunfähige Eltern

Neun Monate nach der gelungenen Befruchtung im Reagenzglas kam im Juli 1978 im Krankenhaus von Oldham in England das erste Retortenbaby auf die Welt. Die Befruchtung eines Eis mit einem Spermium „in vitro" (im Glas) war der Versuch, einem sonst nicht zeugungsfähigen Ehepaar die Geburt eines Kindes zu ermöglichen. Nach der erfolgreichen In-Vitro-Befruchtung wurde das Ei in die Gebärmutter der Ehefrau verpflanzt. 1982 wurde das erste Retortenbaby in Deutschland geboren. 2007 wurde die Zahl der im Reagenzglas gezeugten Kinder weltweit auf rund 3 Mio. geschätzt. Das erste Retortenbaby Louise Brown wurde 2006 selbst Mutter. Sie brachte nach einer natürlichen Befruchtung einen gesunden Jungen zur Welt.

Ethische Fragen und Kritik

Die gelungene erste künstliche Befruchtung war eine medizinische Sensation, doch warf sie zahlreiche juristische und ethische Fragen auf. Immer häufiger stellten sich „Leihmütter" zur Verfügung, um gegen Geld für Eltern ein künstlich gezeugtes Kind auszutragen. Nachdem 2009 in Kalifornien eine Frau, die bereits als Alleinerziehende sechs Kinder hatte, nach einer künstlichen Befruchtung Achtlinge geboren hatte, wurde die Debatte über diese Methode neu entflammt. Heftige Diskussionen löste auch ein Fall in Spanien aus, bei der 2006 eine 67 Jahre alte Frau mithilfe der künstlichen Befruchtung Zwillinge zur Welt brachte. Sie starb zweieinhalb Jahre nach der Geburt ihrer Söhne.

> ***„Die medizinische Forschung hat so enorme Fortschritte gemacht, dass es überhaupt keine gesunden Menschen mehr gibt."***
> **Aldous Huxley, Schriftsteller**

Künstliche Befruchtung unter dem Mikroskop

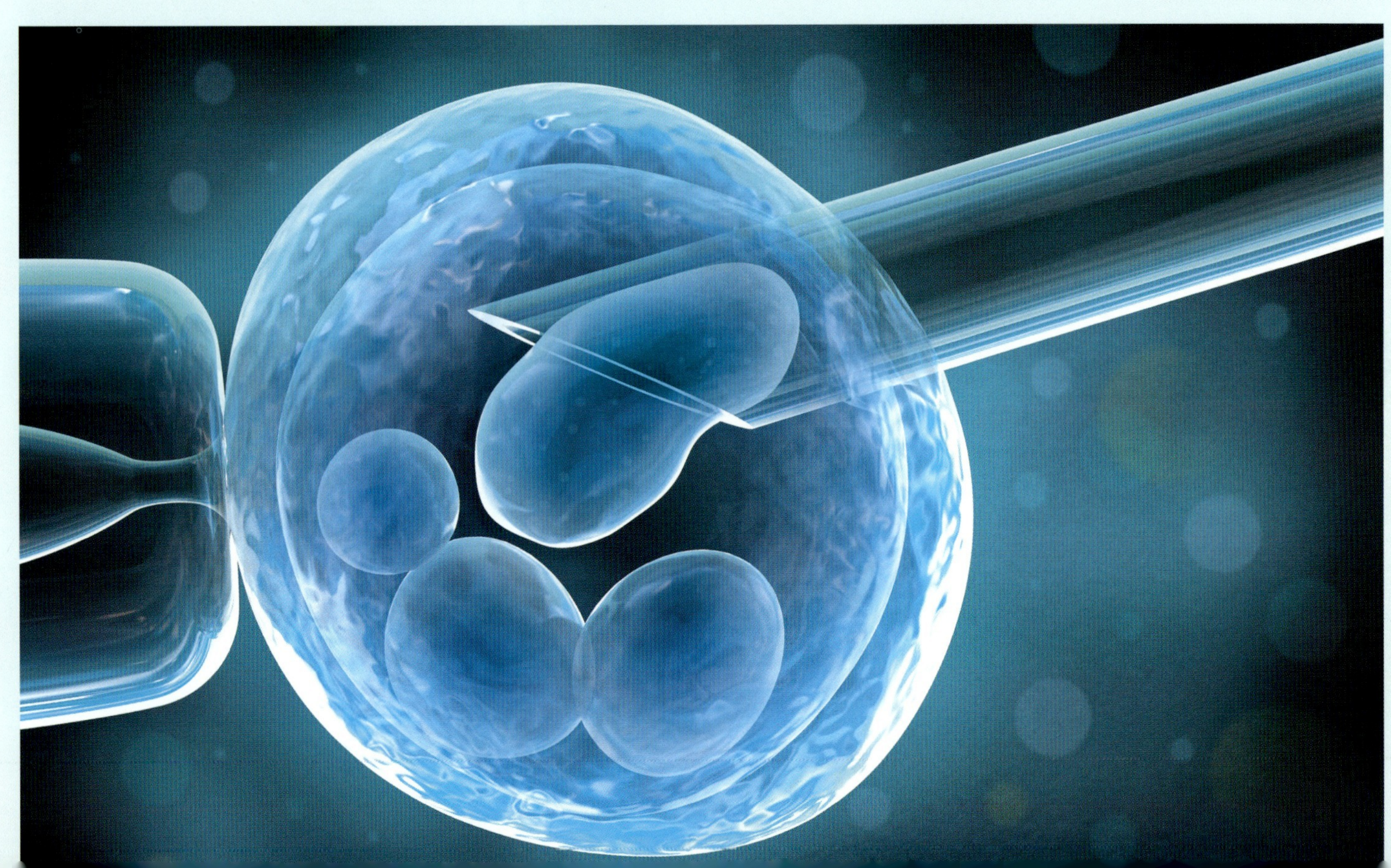

Revolution auf dem Acker

Mit der im 19. Jahrhundert erstmals entwickelten künstlichen Düngung wurden in der Landwirtschaft die Erträge erheblich gesteigert. Die Kehrseite war eine wachsende Belastung der Umwelt und die Auszehrung der Böden.

Liebig – Begründer der Agrochemie

Seit Tausenden von Jahren wurden in der Landwirtschaft die Felder mit stickstoffhaltigen tierischen und menschlichen Ausscheidungen bestreut, um die Erträge zu steigern. Erst im 19. Jahrhundert gaben die Bauern ihren Äckern auch Asche, Kalk und Mergel als Dünger hinzu. Zum Pionier der künstlichen Düngung wurde der deutsche Chemiker Justus von Liebig (1803–1873). Im Jahr 1840 publizierte er sein wegweisendes Werk über die Agrikulturchemie. In „Chemischen Briefen" brachte er ab 1841 den Lesern der „Augsburger Allgemeinen Zeitung" wissenschaftliche Themen nahe. Liebig wies nach, dass der Einsatz von Stickstoff, Phosphaten und Kalium das Wachstum von Pflanzen fördert. Stickstoff wurde damals aus den Exkrementen von Seevögeln (Guano) aus Südamerika gewonnen. Doch diese Vorräte waren begrenzt und reichten zur Steigerung der Erträge nicht aus. Um die Versorgung der wegen der Industrialisierung wachsenden Stadtbevölkerung mit Nahrungsmitteln zu sichern, wurden Methoden erforscht, Nitrate synthetisch zu erzeugen. Es dauerte zwei Jahrzehnte, bis Liebigs wissenschaftliche Erkenntnisse sich durchsetzten. Mit den aus bergmännischem Abbau gewonnenen Rohstoffen für die mineralische Düngerherstellung und der industriellen Produktion von Kunstdünger stiegen die Ernteerträge in der Landwirtschaft enorm. So verdoppelte sich in Deutschland die Agrarproduktion von 1873, Liebigs Todesjahr, bis zum Beginn des Ersten Ersten Weltkriegs (1914).

> ***„Das Geheimnis all derer, die Erfindungen machen, ist, nichts für unmöglich anzusehen.***
> Justus von Liebig, Chemiker

Die Grenzen des Wachstums

Einen weiteren Schub erhielt die Landwirtschaft durch die von dem Chemiker Fritz Haber (1868–1934) bis 1908 realisierte Ammoniaksynthese. Der Industrielle Carl Bosch (1874–1940) stellte daraufhin Ammoniak tonnenweise her. Das Haber-Bosch-Verfahren legte die Basis für die Produktion von künstlichem Stickstoffdünger. Nach 1945 brachte die Industrie noch effizientere chemische Düngemittel auf den Markt. Doch gegen Ende des 20. Jahrhunderts geriet der synthetische Dünger in die Kritik. Die exzessive Verwendung führte zu Auszehrung des Bodens, Sauerstoffmangel und Artensterben. Seitdem sank der Verbrauch mineralischer Dünger in Deutschland.

Kunstdünger auf einem Getreidefeld

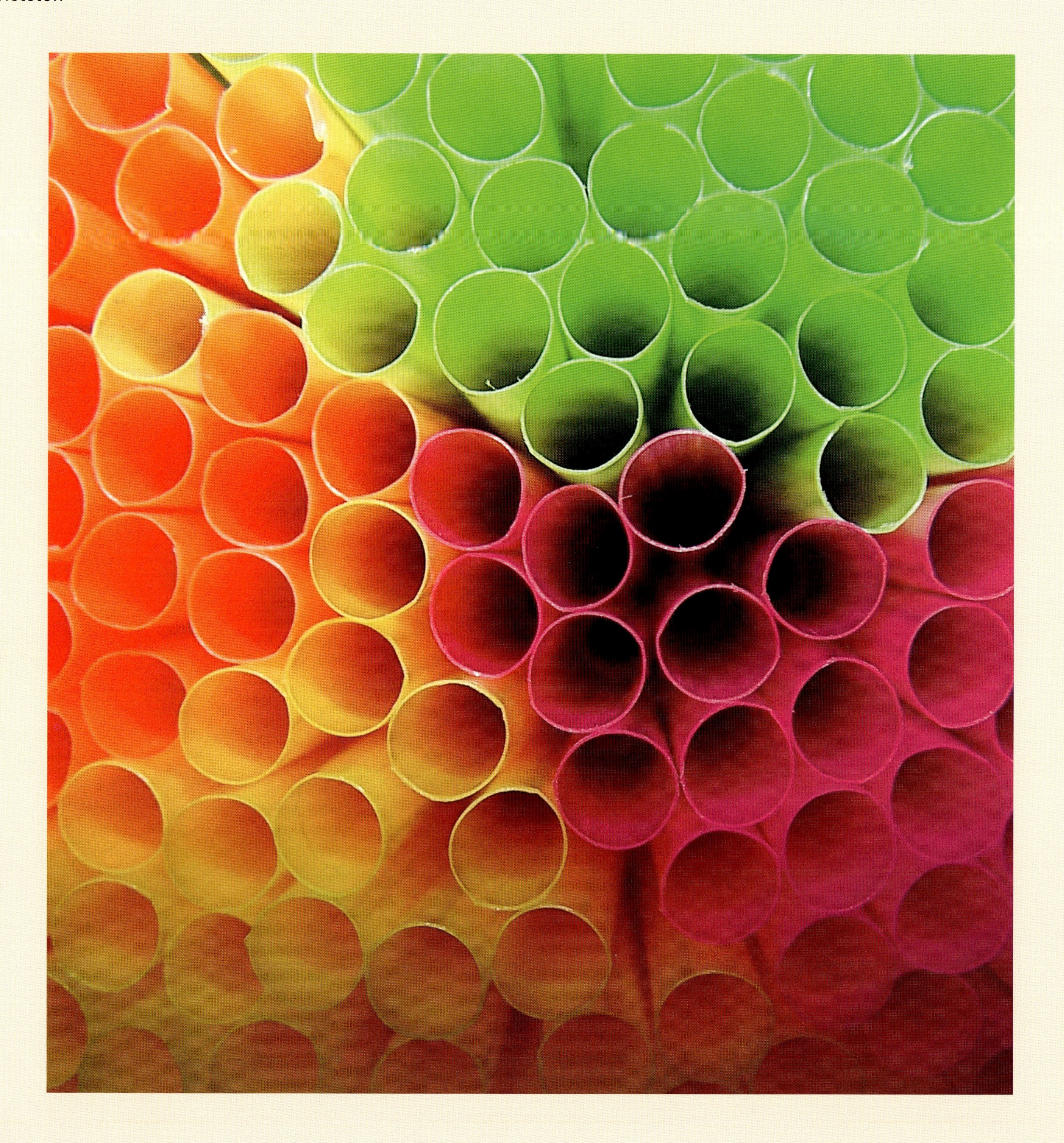

Plastik erobert den Alltag

Die ersten Kunststoffe wurden Mitte des 19. Jahrhunderts erfunden. Doch erst nach dem Zweiten Weltkrieg wurden sie weltweit in fast allen Lebensbereichen zum Massenartikel.

Die ersten formbaren Kunststoffe

Der britische Chemiker Alexander Parkes (1813–1890) entdeckte 1855 durch Zufall einen ersten Kunststoff – das Parkesin, das später Zelluloid genannt wurde. Parkes führte Experimente mit Schießbaumwolle durch. Als er die stickstoffreiche Zellulose in Alkohol auflöste und erhitzte, gab es nicht die erwartete Explosion. Nach dem Verdampfen des Lösungsmittels blieb eine feste Masse übrig, die nach erneutem Erwärmen weich wurde und sich formen ließ. Dieser erste thermoplastische Kunststoff wurde aber noch nicht industriell genutzt. Unabhängig von Parkes entwickelte der Amerikaner John Hyatt (1837–1920) im Jahr 1869 das Zelluloid; es wurde u. a. als durchsichtiges Trägermaterial in der beginnenden Fotoindustrie verwendet.

„Nicht mit Erfindungen, sondern mit Verbesserungen macht man ein Vermögen."
Henry Ford, Unternehmer

Künstlich erzeugte Stoffe und Fasern

Im 20. Jahrhundert wurden die heute bekanntesten Kunststoffe entwickelt. Aus Silizium-Sauerstoff-Ketten baute Frederick Kipping (1863–1949) im Jahr 1900 die erste künstlich hergestellte Seide auf. Ein Meilenstein der Kunststoffentwicklung war das Bakelit (1909), benannt nach seinem Erfinder, dem belgischen Chemiker Leo Baekeland (1863–1944). Der hitzestabile Werkstoff auf der Basis von Phenolharz war der erste industriell produzierte Kunststoff. 1913 erzeugten deutsche Chemiker den ersten Kunststoff aus Polyvinylchlorid (PVC), 1927 kam Buna auf den Markt, eine Verbindung aus Butadien und Natrium. Das 1935 von Wallace Carothers (1896–1937) entwickelte Nylon wurde in den 1950er- und 1960er-Jahren in der Textilindustrie für Kleidung verwendet. Ab 1938 produzierten die DuPont-Werke in den USA den Kunststoff Teflon, der z. B. als Antihaftbeschichtung in Bratpfannen und Kochtöpfen Verwendung fand. Der erste weiche, formbare PVC-Belag wurde 1943 in Deutschland hergestellt.

Wiederverwendung alter Materialien

Mit dem wachsenden Umweltbewusstsein in den westlichen Industrienationen rückte das Recycling von Kunststoffen immer stärker in den Blickpunkt. In Deutschland werden Kunststoffe seit 1990 im Rahmen des dualen Entsorgungssystems getrennt gesammelt. Das Aufkommen an kunststoffreichen Verbrauchsabfällen in der EU liegt bei jährlich mehr als 20 Mio. Tonnen. Fast zwei Drittel davon sind Verpackungen.

Eckdaten zur Entwicklung der Kunststoffe

1870	Zelluloid gilt als einer der ersten industriell genutzten Kunststoffe
1909	Das von Leo Baekeland erfundene Bakelit wird später vor allem zur Produktion von Küchen- und Haushaltsgeräten eingesetzt
1928	Die von Otto Diels entwickelte Synthese zur Erzeugung organischer Moleküle prägt die Herstellungsverfahren zahlreicher Kunststoffe
1935	Das erstmals hergestellte Nylon ist eine praktische Kunstseide
1938	Der Kunststoff Teflon dient vor allem zur Oberflächenbeschichtung
1970	Im Flugzeugbau werden Kunststoffe mit Mineralfasern eingesetzt
1975	Die ersten Methoden zum Kunststoffrecycling werden erprobt

Stark vergrößerte Trinkhalme (links) und Stühle aus Kunststoff

Die Kraft des Lichtes

Ein halbes Jahrhundert nach ihrer Erfindung werden Laser heute in vielen Bereichen der industriellen Fertigung, der Medizin und der Unterhaltungselektronik eingesetzt.

Frühe Formen der Lichtverstärkung

„Lichtverstärkung durch stimulierte Emission von Strahlung". Damit ist das Prinzip des Lasers umschrieben, der in den 1950er-Jahren entwickelt wurde. Der Physikdoktorand Gordon Gould (1920–2005) hatte den Laser 1957 erfunden, ihn aber verspätet zum Patent angemeldet. Die Lorbeeren für diese Erfindung ernteten Charles Townes (* 1915) und sein Schwager Arthur Schawlow (1921–1999), die ein Jahr später ein ähnliches Gerät entwickelten. Townes erhielt 1964 den Physiknobelpreis und Schawlow 1981. Goulds Patentansprüche wurden erst 1986 anerkannt. Der Laser ist ein Verstärker für elektromagnetische Wellen im ultravioletten, sichtbaren und Infrarotbereich. Der von Townes schon 1953 entwickelte Maser arbeitet dagegen im Mikrowellenbereich und bildete die Grundlage für Mikrowellenherde und -geräte.

Weiterentwicklungen der Lasertechnik

Der von dem Amerikaner Peter Sorokin und dem Deutschen Fritz Schäfer im Jahr 1966 unabhängig voneinander entwickelte Farblaser

Lasershow bei der Eröffnung des neuen Berliner Hauptbahnhofs, 2006

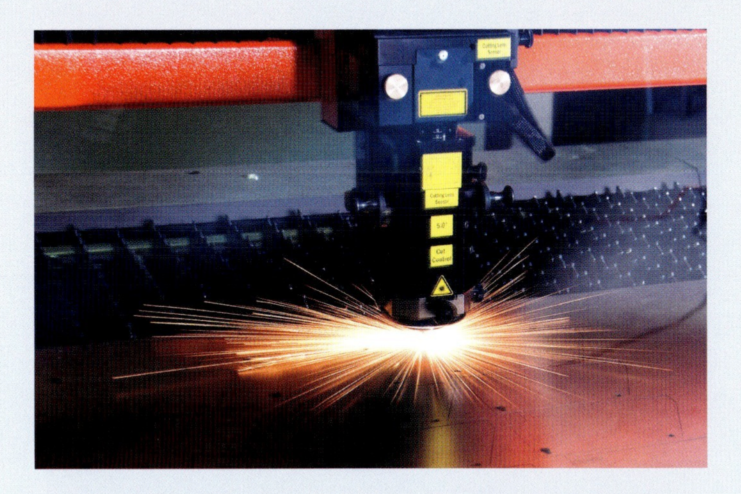

Elektronisch gesteuerter Laserstrahl bei der Metallverarbeitung

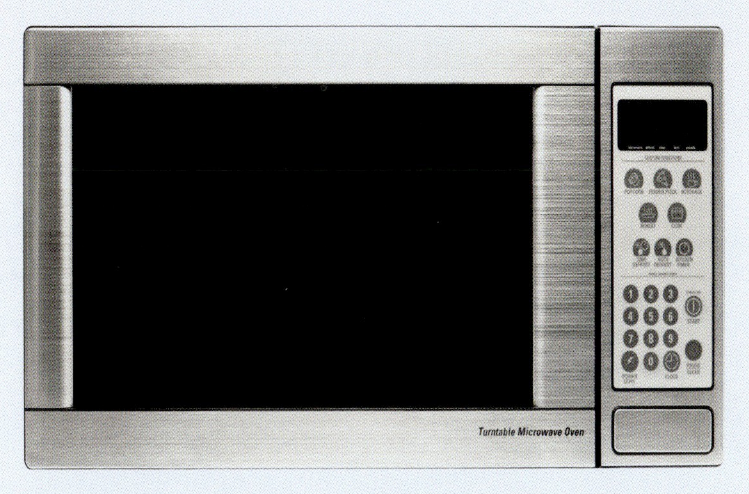

Das Maserprinzip im Haushalt – Mikrowellenherd

Zeigegerät Laserpointer mit Schlüsselanhänger

Eckdaten zur Laser- und Masertechnik

1913	Mit seinem Atommodell, wonach Elektronen auf Bahnen den Kern umkreisen, liefert Niels Bohr die Grundlage für die Lasertechnik
1953	Charles Townes baut den ersten Mikrowellenverstärker (Maser)
1957	Gordon Gould begründet das Verfahren der Lasertechnik
1960	Theodore Maiman baut das erste Lasergerät, den Rubin-Laser; im selben Jahr wird in den USA der erste Gaslaser entwickelt
1964	In New York findet die erste Operation mit einem Laserskalpell statt
1966	Peter Sorokin (USA) und Fritz Schäfer (BRD) erfinden den Farblaser
1975	IBM bringt den ersten leistungsfähigen Laserdrucker auf den Markt
1981	Digitale Plattenspieler mit laserabgetasteten CDs werden produziert

erlaubte eine Variation der Wellenlänge des Laserlichtes in einem breiten Raum. Er wird bei der Untersuchung von Atom- und Molekülstrukturen sowie bei Messungen in extrem kurzer Zeit (Milliardstel Sekunden) eingesetzt. 1973 erforschten Wissenschaftler am Lawrence Livermore Laboratory in Kalifornien die Kernfusion mit Laserstrahlen. Dabei wurden Deuteriumkugeln während des freien Falls aus 50 m langen Laserkanonen mit Energieblitzen beschossen und einzelne Atomkerne verschmolzen.

„Der Laser ist eine Lösung auf der Suche nach einem Problem.“
Theodore Maiman, Physiker

Anwendungen: Industrie, Medizin, Alltag

Laserlicht wird heute technisch u. a. zur genauen Messung von Entfernungen, zum Schneiden und Schweißen, als punktgenauer optischer Zeiger oder bei aufwendigen Lichtshows genutzt. In der Medizintechnik werden mit Laserlicht schwer heilende Verletzungen behandelt, Augenoperationen an der Netzhaut durchgeführt oder chirurgische Eingriffe vorgenommen. Der Mitte der 1970er-Jahre auf den Markt gekommene Laserdrucker arbeitet mit sich überlappenden Lichtpunkten, die auf einer elektrostatisch aufgeladenen Trommel fixiert und von dort auf das Druckpapier wiedergegeben werden. Auch die um 1980 entwickelten optischen Datenspeicher nutzen die Lasertechnik. Die Bildplatten werden wie Audio-CDs mit dem Laserstrahl beschrieben und abgetastet.

Der Traum vom Fliegen

Seit Jahrhunderten träumten die Menschen vom Aufstieg in die Lüfte. Über Ballonflüge und erste Flugversuche im 19. Jahrhundert begann nach 1900 die motorisierte Luftfahrt.

Die Pioniere der modernen Luftfahrt

In seinem bahnbrechenden Werk „Der Vogelflug als Grundlage der Fliegekunst" (1889) beschreibt Otto Lilienthal (1848–1896) seine Erfahrungen mit Flugversuchen. Nach Hunderten von Gleitflügen verunglückte er vor den Toren Berlins tödlich. Beim Motorflug war der Deutsch-Amerikaner Gustav Weißkopf der Schnellste. 1901 flog er in Connecticut motorisiert rund 800 m weit. Doch den Ruhm als Pioniere des Motorflugs strichen die Brüder Orville (1871–1948) und Wilbur Wright (1867–1912) ein. Im Dezember 1903 hob ihr Doppeldecker „Flyer 1" am Strand von North Carolina für wenige Sekunden ab. Bei weiteren Versuchen flogen sie Strecken bis zu 300 m.

Lindbergh und andere tollkühne Flieger

Den ersten Flug über den Ärmelkanal 1909 durch den Franzosen Louis Blériot (1872–1936) übertraf der Amerikaner Charles Lindbergh (1902–1974) noch. Im Jahr 1927 überflog er allein und ohne Zwischenlandung in 33,5 Stunden den Atlantik über Südirland und England nach Paris. Traurige Berühmtheit erlangten die Lindberghs 1932 durch die Entführung und Ermordung ihres 20 Monate alten Sohns; der mutmaßliche Täter, ein Deutsch-Amerikaner, wurde 1936 hingerichtet. Zu den weiblichen Pionieren der Fliegerei zählen die Amerikanerin Amelia Earhart (1897–1937), die 1928 als erste Frau den Atlantik überquerte, und die Deutsche Elly Beinhorn (1907 bis 2007) mit ihren Langstreckenflügen nach Afrika und um die Welt.

Skizze der Gebrüder Wright für ihr erstes Motorflugzeug „Flyer 1"

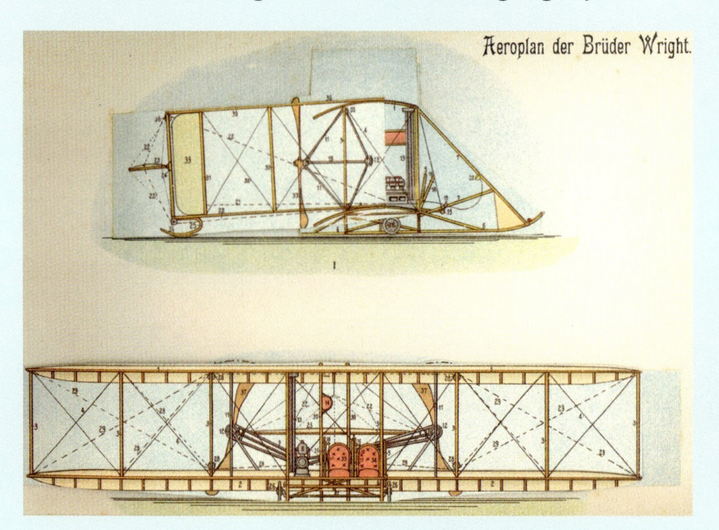

„Seit es Flugzeuge gibt, sind die entfernten Verwandten auch nicht mehr das, was sie einmal waren."
Helmut Qualtinger, Kabarettist

Grenzen des internationalen Flugverkehrs

War das Fliegen vor dem Zweiten Weltkrieg überwiegend nur eine Reisemöglichkeit für Wohlhabende, entwickelte sich das Flugzeug in den 1960er-Jahren zum Massenverkehrsmittel. 2010 wurden weltweit über 5 Mrd. Passagiere gezählt. Die infolge der sog. Billigflieger rapide gestiegene Frequenz bringt erhebliche Umweltbelastungen mit sich. Wegen Luftverkehrsabgaben und erhöhter Sicherheitsaufwendungen nach den Terroranschlägen mit entführten Flugzeugen 2001 in den USA stiegen die Preise zuletzt.

Eckdaten zur Geschichte der Luftfahrt

1783	Die Brüder Montgolfiere steigen erstmals in einem Heißluftballon auf
1811	Der „Schneider von Ulm" stürzt bei einem Flugversuch in die Donau
1891	Otto Lilienthal unternimmt erste Flugversuche mit einem Gleitflugzeug
1901	Gustav Weißkopf steigt als Erster mit einem Motorflugzeug auf
1903	Die Brüder Wright führen ihre ersten motorisierten Flüge durch
1907	Paul Cornu unternimmt den ersten bemannten Hubschrauberflug
1909	Louis Blériot überfliegt mit einem Eindecker als Erster den Ärmelkanal
1927	Charles Lindbergh überfliegt als Erster allein und nonstop den Atlantik
1939	Igor Sikorsky baut den ersten flugtauglichen Hubschrauber der Welt
1969	Die Boeing 747 ist das erste Großraumflugzeug (Jumbo Jet), das Überschallverkehrsflugzeug „Concorde" absolviert den Jungfernflug
2005	Der „Superjumbo" Airbus A380 startet zu seinem ersten Flug

Oben links: Leichter Hubschrauber, oben rechts: Großraumflugzeug Airbus A380, unten: Cockpit eines modernen Verkehrsflugzeugs

Giganten des Himmels

Einige Jahrzehnte setzte die Passagierfliegerei vor allem auf Luftschiffe. Doch mit der Katastrophe der „Hindenburg" im Jahr 1937 war diese Ära abrupt beendet. Eine Wiedergeburt erlebten die „fliegenden Zigarren" in den 1990er-Jahren.

Von der Idee zur Jungfernfahrt

Das erste lenkbare Luftschiff ging bereits 1852 in Frankreich in die Höhe. Es wurde von einer Dampfmaschine angetrieben, was sich nicht als praktikabel erwies. Weitere Versuche mit Elektro- und Benzinmotoren folgten. Anfang des 20. Jahrhunderts setzten sich die Luftschiffe des Grafen von Zeppelin (1838–1917) durch. Sie boten den Passagieren ausreichend Platz sowie Komfort und waren schnell genug, um mit den ersten Flugzeugen konkurrieren zu können. Nach zahlreichen Versuchen mit Konstruktionen und Materialien – Zeppelin entschied sich schließlich für ein Aluminiumskelett mit Stoffhülle, Dieselantrieb und Wasserstoff als Traggas – erfolgte im Juli 1900 mit der „LZ 1" von Friedrichshafen am Bodensee aus der Jungfernflug. Trotz einiger Rückschläge entwickelte sich die Luftschifffahrt rasch weiter. Zeppeline wurden sogar militärisch im Ersten Weltkrieg für Bombenabwürfe eingesetzt. Die „LZ 126", das „Amerikaluftschiff", wurde 1923/24 im Auftrag der USA produziert.

„Man muss nur wollen und dran glauben, dann wird es gelingen."
Ferdinand Graf Zeppelin, Luftschiffpionier

Die Katastrophe von Lakehurst

Am 6. Mai 1937 explodierte das aus Frankfurt am Main kommende größte Luftschiff der Welt, „LZ 129 Hindenburg", kurz vor der Landung in Lakehurst bei New York. Nach der Atlantiküberquerung musste das Schiff durch heftige Gewitter fliegen. Nur wenige hundert Meter vom Ankermast entfernt ging der hintere Teil des Zeppelins in Flammen auf, 35 der 97 Menschen an Bord kamen ums Leben. Am nächsten Tag wurden alle Transatlantikflüge gestoppt, die Absturzursache konnte eine Expertenkommission nicht eindeutig klären. Das Ende der Luftschifffahrt war nicht nur wegen dieser Katastrophe besiegelt, sondern auch, weil die Passagierflugzeuge schneller waren. Seit den 1990er-Jahren werden moderne Luftschiffe für Rundfahrten, Werbezwecke und Lastentransporte eingesetzt.

Amerikanisches Luftschiff USS Akron (ZRS-4) über Manhattan, 1931

Ferdinand Graf von Zeppelin, Begründer der Luftschifffahrt

Die starke Kraft der Natur

Die Kräfte und Wirkungsweise des Magnetismus wurden erst im 19. Jahrhundert größtenteils erkannt. Damit begannen auch die ersten technischen Nutzungen der Magnetkraft.

Erkenntnisse und Entdeckungen

In seinem wegweisenden Buch „De magnete" (1600) berichtet der englische Naturforscher William Gilbert (1544–1603), dass die Erde ein großer Kugelmagnet sei. 150 Jahre später beobachtete sein Landsmann John Canton erstmals die Magnetstürme im Magnetfeld der Erde. Sein Landsmann John Mitchell (1724–1793) erkannte 1750, dass Elektrizität und Magnetismus mit ihren unterschiedlichen Polen miteinander verwandt sind. Er beobachtete, dass ein Eisenstab, der mit Strom durchflossenen Drahtschleifen umwickelt war, magnetisch wurde. 1845 beschrieb der britische Physiker Michael Faraday (1791–1867) zwei neue Arten von Magnetismus neben dem Ferromagnetismus, der um sich herum ein Magnetfeld aufbaut und im Alltag die am häufigsten zu beobachtende Ausprägungsform des Magnetismus ist. Die von Faraday zuerst erkannten diamagnetischen Stoffe erhalten erst in einem Magnetfeld eine Magnetisierung, die gegen die Feldstärke gerichtet ist, paramagnetische Stoffe werden proportional zur Feldstärke magnetisiert.

„Wir haben alle etwas von elektrischen und magnetischen Kräften in uns und üben, wie der Magnet selber, eine anziehende und abstoßende Gewalt aus."
Johann W. von Goethe, Dichter

Technische Nutzung magnetischer Kräfte

Eine der ersten großtechnischen Anwendungen des Magnetismus war die 1897 von Robert Bosch (1861–1942) erfundene Niederspannungs-Magnetzündung bei Automobilen. Ein von der Kurbelwelle angetriebener, sich drehender Magnet erzeugte die nötige hohe Zündspannung in der Spule. 1902 entwickelte Bosch das Prinzip zur heutigen Hochspannungs-Magnetzündung weiter. Eine faszinierende technische Anwendung magnetischer Kräfte ist die 1971 vorgestellte Magnetschwebebahn Transrapid. Sie wird auf einer Führungsschiene von einem Magnetkissen getragen und erlaubt Fahrgeschwindigkeiten bis zu 500 km/h. Ferromagnetische Werkstoffe werden z. B. in Elektromagneten, in denen sich bei Stromfluss ein magnetisches Feld bildet, sowie Transformatoren zur Erhöhung und Verringerung von elektrischen Wechselspannungen genutzt. Magnetische Wechselfelder können über die sog. Induktion einen elektrischen Strom im Gewebe von Lebewesen auslösen und in schwachem Maße auf das Nervensystem einwirken. Im Allgemeinen ist Magnetismus für den Menschen aber nicht schädlich.

An einem Magneten haftende Nägel

Die Magie der Zahlen

Die Mathematik als eine der ältesten Wissenschaften entstand aus der Lösung praktischer Probleme des Zählens, Rechnens und Feldvermessens. Bis heute trägt sie zur Bewältigung zahlreicher Aufgaben des Lebensalltags bei.

5000 Jahre logisches Denken

Ihre erste Blüte erlebte die Mathematik in Mesopotamien, Indien und China. In der griechischen Antike begann die Ausrichtung an logischen Beweisen; die Geometrie des Euklid (360–280 v. Chr.) schloss aus gesetzten Axiomen durch logische Schlüsse die weiteren Sätze ab. In der frühen Neuzeit eröffnete René Descartes (1596–1650) mit der Etablierung von Koordinaten einen rechnerischen Zugang zur Geometrie. Die Beschreibung von Tangenten und die Bestimmung von Flächeninhalten führte zur Infinitesimalrechnung des deutschen Gelehrten Gottfried Wilhelm Leibniz (1646–1716) und seines englischen Kollegen Isaac Newton (1643–1727). Der Deutsche Georg Cantor (1845–1918) begründete Ende des 19. Jahrhunderts mit der Mengenlehre ein neues, grundlegendes Teilgebiet der Mathematik. Sein Landsmann David Hilbert (1862–1943) entwickelte um 1900 eine Liste von 23 mathematischen Problemen, mit denen sich viele Kollegen jahrzehntelang beschäftigten. Die Grundlagen der modernen Algebra schuf die Deutsch-Amerikanerin Emmy Noether (1882–1935). Im 20. Jahrhundert entwickelte sich die Mathematik mit zunehmendem Abstraktionsgrad zu einer Wissenschaft, welche die Eigenschaften und Muster der selbst geschaffenen abstrakten Strukturen untersucht. Die Gültigkeit ihrer Erkenntnisse kann, anders als in den Naturwissenschaften nicht durch empirische Experimente überprüft und als falsch verworfen werden. Mathematische Aussagen sind rein gedankliche Operationen, müssen aber streng logisch bewiesen werden.

„Die Zahl ist das Wesen aller Dinge.“
Pythagoras, Mathematiker

Praktische Anwendungen bis heute

Mathematische Berechnungen werden u. a. bei der Verkehrs- und Produktionsplanung, der Steuerung technischer Anlagen, bei der Wettervorhersage oder der Festlegung von Versicherungspolicen benötigt. Fast alle Naturwissenschaften und immer stärker auch die

Meister der Mathematik: Euklid (links) und Gottfried Wilhelm Leibniz

Geisteswissenschaften nutzen mathematische Modelle, um Fragestellungen formulieren und lösen zu können. Ein Großteil der Berechnungen wird wegen ihrer Komplexität jedoch schon lange nicht mehr von Menschen, sondern von Maschinen (Computern, Taschenrechnern etc.) durchgeführt.

Eckdaten zur Geschichte der Mathematik

1800 v. Chr.	Die Sumerer nutzen in der Arithmetik die ersten Zahlentabellen
520 v. Chr.	Pythagoras formuliert seinen Satz über rechtwinklige Dreiecke
300 v. Chr.	Euklid fasst das geometrische Wissen seiner Zeit zusammen
Um 810	Die Araber begründen ihre Algebra mit Dezimalsystem
Um 1550	Der Deutsche Adam Ries verfasst Bücher über das Rechnen
1637	René Descartes begründet die analytische Geometrie
1654	Pierre de Fermat entwickelt die Wahrscheinlichkeitsrechnung
1669	Gottfried W. Leibniz begründet die Infinitesimalrechnung
1679	Leibniz' Binäralgebra bildet die Grundlage der modernen EDV
1727	Die eulersche Zahl e ist Basis des natürlichen Logarithmus
1890	Der Deutsche Georg Cantor entwickelt die Mengenlehre
1903	Der Franzose Jules Poincaré begründet die Chaostheorie

Oben: Mathematische Formeln auf einer Schultafel, unten: Winkelmesser, Rechenschieber und Satz des Pythagoras (von links)

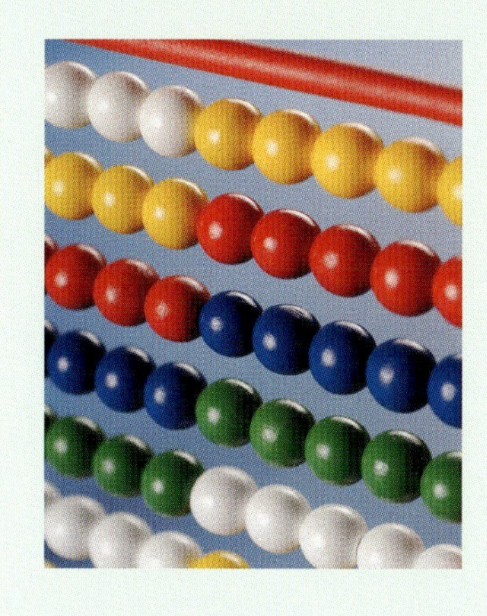

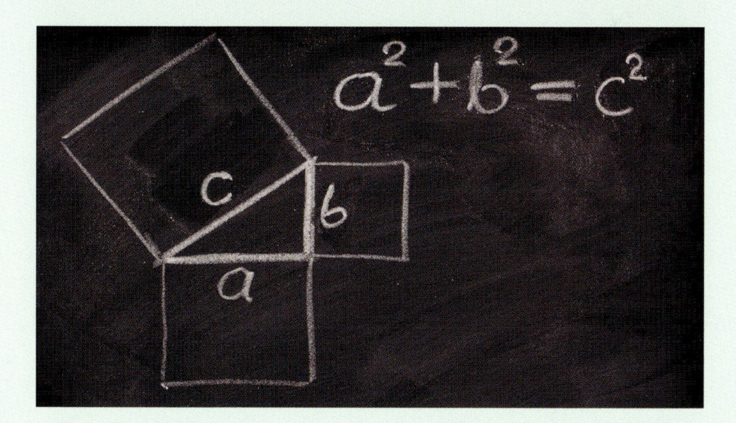

Tiefseeschnecke und Falterfische in einem Korallenriff

Geheimnisse des Meeres

Die moderne Meeresforschung begann im 19. Jahrhundert mit ersten Expeditionsfahrten. Mit neuen Geräten stießen Wissenschaftler nach 1945 in ungeahnte Tiefen vor.

Erkenntnisse und Entdeckungen

Die erste größere meereskundliche Expedition unternahm 1698 der Engländer Edmond Halley (1656–1742), um die Abweichung zwischen geografischer und magnetischer Nordrichtung zu untersuchen. 1725 veröffentlichte der Italiener Luigi Marsigli (1658–1730) mit seiner „Physikalischen Geschichte des Meeres" die erste ozeanografische Abhandlung. 1868 startete der Brite Charles Thomson (1830–1882) seine Untersuchungen der Tiefsee und bewies, dass auf dem Boden der Weltmeere Lebensformen existieren. Vier Jahre später brach er mit dem Forschungsschiff „Challenger" zu einer Expedition durch den Atlantik, den Indischen und den Pazifischen Ozean auf. Neben der Vermessung von Küsten sowie Untersuchungen über Meerestiefen, Strömungen, Salzgehalt, Temperaturen und Sedimentschichten ließ er zahlreiche Lebewesen der Tiefsee erfassen. Seine Textsammlung erschien 1880–85.

„Die beste Weise, Fische zu beobachten, besteht darin, selber zum Fisch zu werden."
Jacques Cousteau, Meeresforscher

Neue Geräte für die Arbeit unter Wasser

Zu den Pionieren der modernen Meeresforschung gehört der Franzose Jacques Cousteau (1910–1997). Er konstruierte 1946 das erste Pressluftauchgerät „Aqualunge". Für die französische Marine entwickelte er ein motorisiertes Fortbewegungsmittel unter Wasser. Es folgten U-Boote für Forschungszwecke sowie eine tiefseetaugliche Fotokamera. Seine auf den Weltmeeren gesammelten Erfahrungen schilderte er in der ARD-Fernsehserie „Geheimnisse des Meeres". Sein Schweizer Kollege Auguste Piccard (1884–1962) tauchte 1953 mit seinem „Bathyscaphe" im Mittelmeer 3150 m hinab. Im Jahr 1960 tauchten sein Sohn Jacques Piccard (1922–2008) und der amerikanische Marineleutnant Don Walsh (* 1931) mit der „Trieste" im Marianengraben im Pazifik sogar in eine Tiefe von 10 916 m.

Tiefseetaucher Jacques Piccard (rechts) und Ernest Virgil mit der „Trieste" 1959 im Pazifik, links ein alter Taucherhelm

Das rechte Maß für jeden

Seit mindestens 5000 Jahren verwenden die Menschen Messgeräte, um Gewichte, Flächen, Entfernungen und Mengen zu bestimmen.

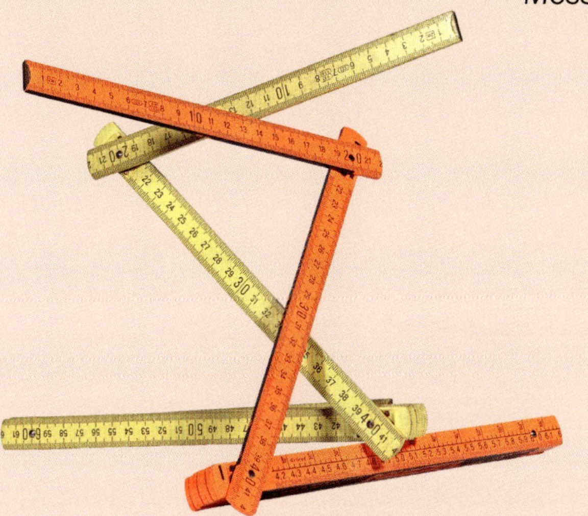

Gliedermaßstab Zollstock, schon bei den alten Römern bekannt

Vielfalt und Willkür in frühen Zeiten

Schon im dritten Jahrtausend v. Chr. entwickelten die Bewohner Mesopotamiens die Grundlagen der Feldmesskunst. Der griechische Mathematiker Theodoros von Samos begründete um 532 v. Chr. das Winkelmaß. Der chinesische Kaiser Shi Huang Ti versuchte um 220 v. Chr, die verschiedenen Maße und Gewichte seines Reiches zu vereinheitlichen. Oft wurden die Maße von den Herrschern selbst festgesetzt, so z. B. um 1100 durch den englischen König Heinrich I. (um 1068–1135), der das damalige Normalmaß der Elle durch das Yard (0,91 m) ersetzte, das er nach der Länge seines Arms bestimmte. Der im 14. Jahrhundert erfundene Jakobsstab war ein zuverlässiges Winkelmessgerät zur Ortsbestimmung auf See. Das Barometer zum Messen des Luftdrucks geht auf den Italiener Evangelista Torricelli (1608–1647) zurück. 1833 entwickelte der Mathematiker Carl Friedrich Gauß (1777–1855) das erste Einheitensystem mit Zentimeter, Gramm und Sekunde, das 1881 in Paris zur Grundlage der elektrotechnischen Maßeinheiten bestimmt wurde.

Oben: Alte Waage, unten: Barometer zum Messen des Luftdrucks

„Zwischen zu viel und zu wenig liegt das richtige Maß."
Französisches Sprichwort

Die Bestimmung des Gewichtes

Schon vor über 7000 Jahren bestimmten die Menschen im Handel mit Rohstoffen die Warenmenge. Die ersten Waagen wurden wahrscheinlich für den Handel mit Edelmetallen wie Gold entwickelt. In einem ägyptischen Grab wurde eine Balkenwaage aus der Zeit um 5000 v. Chr. gefunden. Die Babylonier benutzten Waagen im dritten vorchristlichen Jahrtausend für verschiedene Zwecke schon mit Vergleichsgewichten. Um 1400 v. Chr. wurde in Ägypten die Laufgewichtswaage mit zwei Armen bekannt; auf dem längeren Arm ließ sich ein Gesicht verschieben. Auf die Waagetypen der Neuzeit (Tafelwaage, 1669; Federwaage, 1709; Neigungswaage 1765; Brückenwaage, 1822; preisrechnende Waagen, 1895) folgten schließlich im 20. Jahrhundert Präzisionsgeräte mit Quarzkristallen und Genauigkeitswerten von 99,99 Prozent.

Der Blick ins Unsichtbare

Mit der Entwicklung der Optik im 16. Jahrhundert wurde den Wissenschaftlern die bis dahin unsichtbare Mikrowelt erschlossen. Neueste hochauflösende Geräte erlauben Einblicke in die Welt der atomaren Strukturen.

Die ersten Meilensteine der Optik

Schon der römische Dichter Seneca (4 v. Chr.–65 n. Chr.) entdeckte, dass eine mit Wasser gefüllte Glaskugel die Beobachtungsobjekte vergrößert. Jahrhundertelang nutzten die Optiker nur Sammellinsen, deren Auflösung stark begrenzt war. Mit einem einfachen Verfahren gelang Hans Janssen in den Niederlanden um 1590 der Durchbruch: Er setzte zwei Sammellinsen im Abstand voneinander in ein Röhrchen aus Pappe ein. Die frühen Mikroskope hatten noch Farbfehler und waren nicht auf der gesamten Beobachtungsfläche scharf. Die Objekte wurden wegen der Aberration, optischen Abbildungsfehlern, noch verzerrt. Hier sorgte der Engländer Joseph Lister (1827–1912) mit einer Erfindung für Verbesserung. Er wählte zwei Linsen aus verschiedenen Glassorten und glich Bildfehler aus.

Der Weg in die Moderne

Mit den von Ernst Abbe (1840–1905), Otto Schott (1851–1935) und Carl Zeiss (1816–1888) nach 1880 produzierten Hochleistungsmikroskopen waren bereits 2000-fache Vergrößerungen möglich. Zwischen Objekt und Linse befand sich klares Öl. Das erste Ultramikroskop der Zeiss-Werke mit seitlich beleuchteten Objekten wurde 1904 fertiggestellt. Damit ließen sich Teilen beobachten, die kleiner als ein Hundertstel Millimeter waren. Ein neuer Meilenstein war die Erfindung des Elektronenmikroskops 1931. Die deutschen Pioniere Ernst Ruska (1906–1988) und Max Knoll (1897–1969) tasteten winzige Objekte mit Elektronenstrahlen ab. Heutige Rasterelektronenmikroskope erlauben millionenfache Vergrößerungen.

> ***„Es ist wichtiger, dass jemand sich über eine Rosenblüte freut, als dass er ihre Wurzel unter das Mikroskop bringt.“***
> Oscar Wilde, Schriftsteller

Antrieb für die Naturwissenschaften

Die Erfindung des Mikroskops gab der Entwicklung der Biologie und Medizin einen enormen Anstoß. Zum ersten Mal waren Zellen und Mikroorganismen zu erkennen. Im 19. Jahrhundert wurden die Erreger vieler Infektionskrankheiten wie Tuberkulose und Cholera gefunden. Das 1986 von den Nobelpreisträgern Gerd Binnig (* 1947) und Heinrich Rohrer (* 1933) entwickelte Rastertunnelmikroskop zeigt Oberflächenstrukturen von Festkörpern im Atombereich.

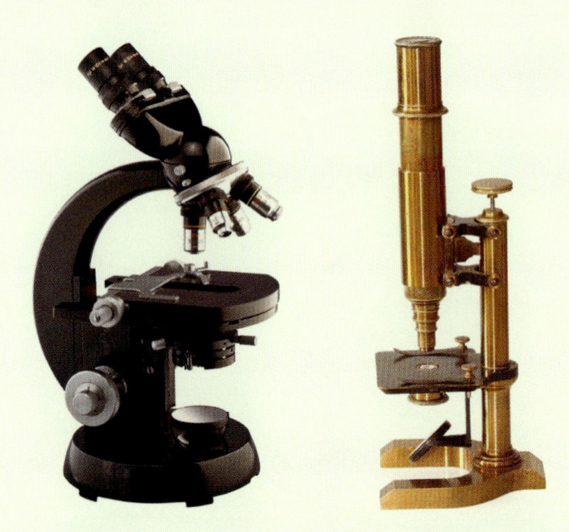

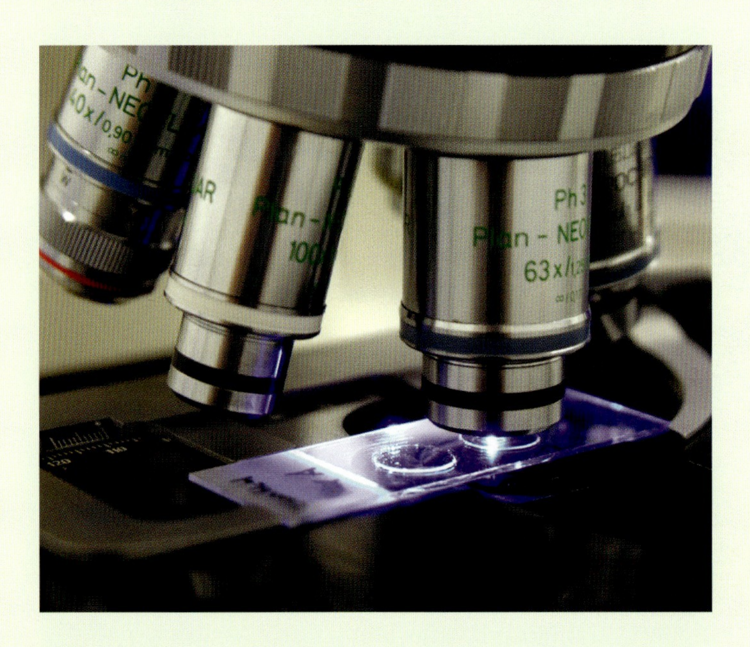

Von links: Zeiss-Mikroskop, Messing-Mikroskop, Fluoreszenzmikroskop

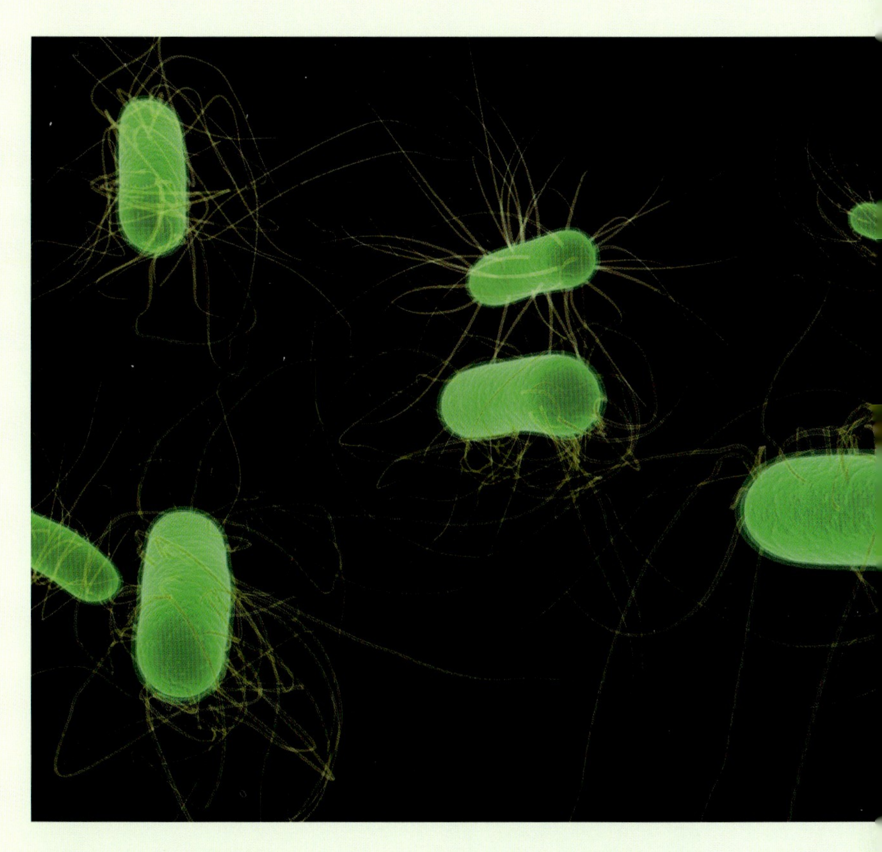

Oben: Bakterien unter dem Mikroskop, links Streptokokken, unten: modernes Rasterelektronenmikroskop

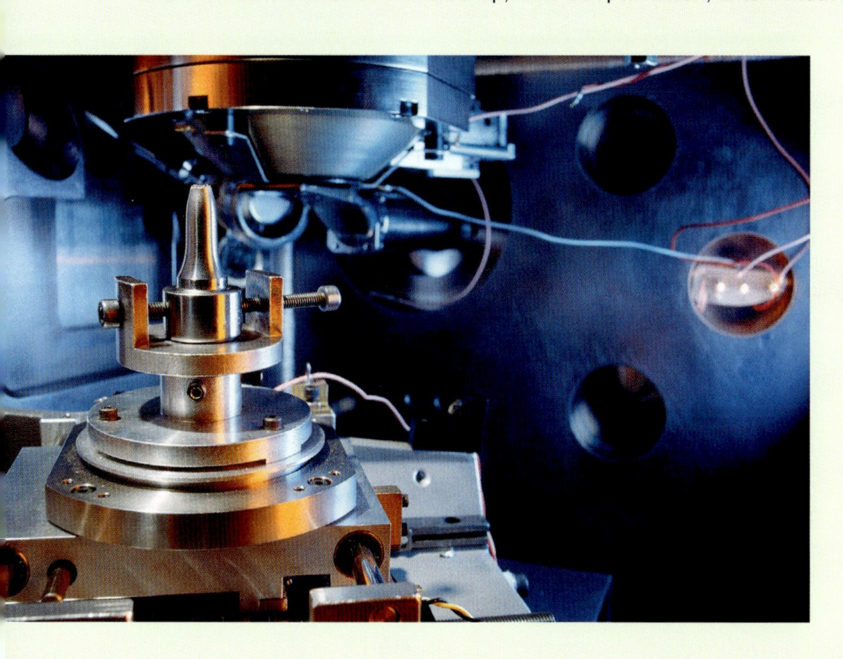

Eckdaten zur Geschichte der Mikroskopie

1538	Der Italiener Girolamo Fracastoro beschreibt, dass sich mit der Kombination zweier Linsen stärkere Vergrößerungen erzielen lassen
1590	Hans Janssen baut das erste Mikroskop; 1609 erfindet sein Landsmann Jan Lippershey es unabhängig von ihm neu
1676	Antoni van Leeuwenhoek erzielt mit Linsen 300-fache Vergrößerungen
1827	Der Italiener Giovanni Amici erreicht mit einem Tropfen Wasser zwischen Objekt und Linse stärkere Vergrößerungen
1886	Otto Schott entwickelt hochwertige Linsen für Präzisionsmikroskope
1913	Das Stereomikroskop von Ernst Leitz ermöglicht räumliches Sehen
1931	Ernst Ruska und Max Knoll erfinden das Elektronenmikroskop
1938	Fritz Zernike konstruiert das erste Phasenkontrastmikroskop
1959	Mit seinem Interferometer untersucht Wladimir Linnik Oberflächen

Naturprinzip nachgeahmt: Oberflächenbeschichtung auf einem Lotosblatt (oben) und auf einer Silizium-Halbleiterscheibe (Wafer)

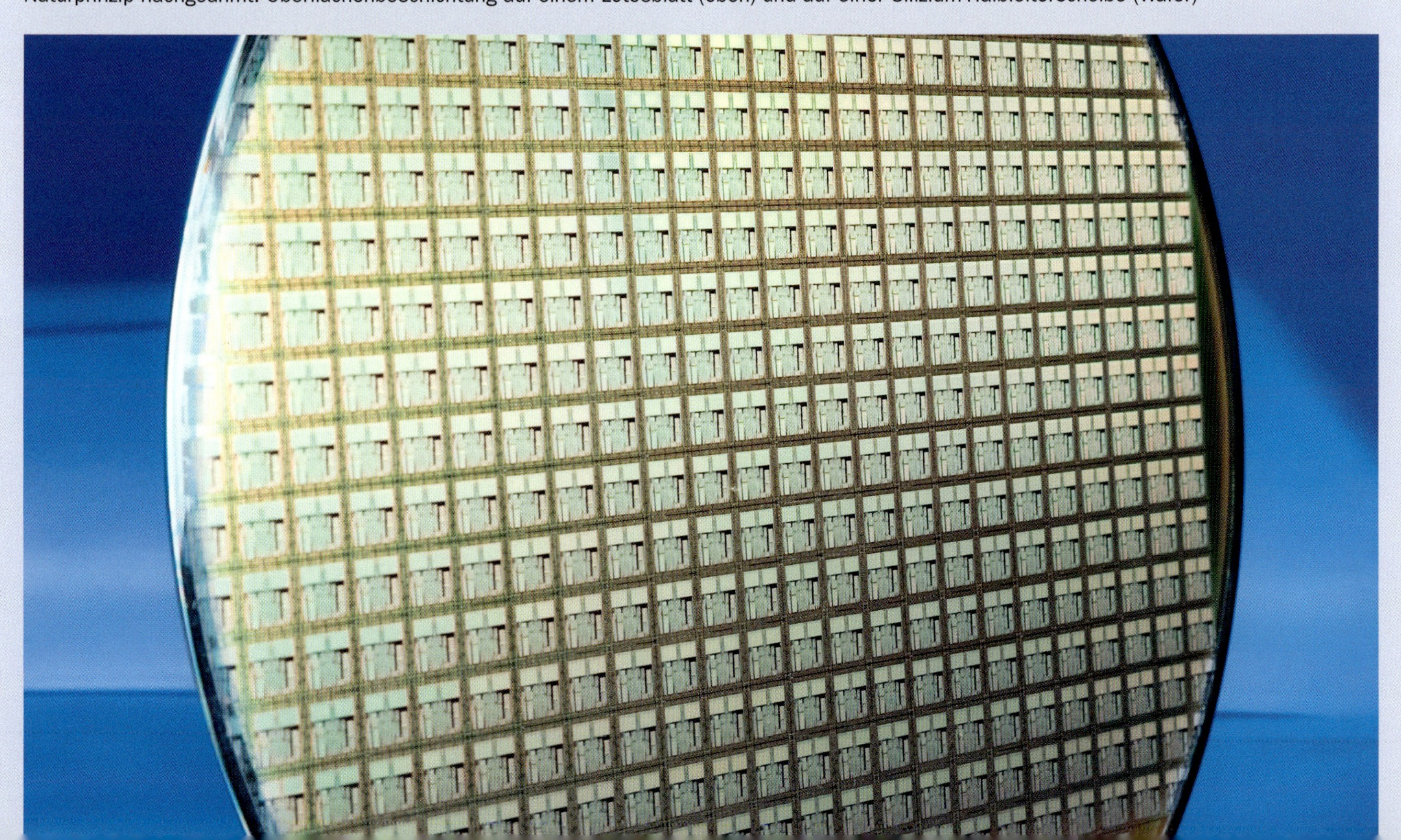

Die Welt der Winzlinge

Seit wenigen Jahrzehnten beschäftigt sich ein Forschungs- und Anwendungsbereich mit Produktion und Verarbeitung von Strukturen, die kleiner als ein Millionstel Millimeter sind.

Maschinen und Geräte im Miniformat

Der Begriff Nano (griech. nánnos = Zwerg) bezieht sich auf eine fast unvorstellbar kleine Welt. Ein Nanometer (nm) ist ein Millionstel Millimeter; ein menschliches Haar ist etwa 80 000 nm dick. Nanoeffekte kommen auch in der Natur vor: Wegen seiner winzig dünnen Beine kann eine Fliege an Decken und Wänden laufen. Wegen ihrer besonderen, sich selbst reinigenden Oberflächenstruktur perlt auf einer Lotosblume Wasser ab und es bleiben kaum Schmutzpartikel haften. Der Japaner Norio Taniguchi (1912–1999), der den Begriff erstmals 1974 verwendete, beschrieb die Nanotechnologie vor allem als „Prozess des Trennens, der Zusammenfügung und der Veränderung von Materialien durch ein Atom oder ein Molekül." 15 Jahre zuvor sprach der amerikanische Physiker Richard Feynman (1918–1988), Nobelpreisträger von 1964, von der Welt der winzigen Teilchen, die ganz neue Möglichkeiten schaffe.

„Die Neigung der Menschen, kleine Dinge für wichtig zu halten, hat sehr viel Großes hervorgebracht."
Georg Christoph Lichtenberg, Schriftsteller

Anwendungen, Chancen und Risiken

Mithilfe der Nanotechnologie können Oberflächen extrem genau bearbeitet und besonders dünne Schichten erzeugt werden. So können z. B. im Energiebereich Produkteigenschaften von Batterien, Solar- oder Brennstoffzellen verbessert werden. In der Umwelttechnik tragen Nanoteilchen zur Optimierung von Materialkreisläufen, zur Entsorgung und Reinigung bei. Extrem dichte Speicher und leistungsfähige Prozessoren bereichern die Informationstechnik, im Automobil- und Maschinenbau werden sog. Nanolöcher als Einspritzsysteme verwendet. In der Medizin können mit Nanopartikeln neue Diagnoseverfahren und Therapeutika entwickelt werden, z. B. Kontrastmittel für Computertomographie oder Magnetresonanztomographie. Bei manchen Medikamenten transportieren Nanopartikel den Wirkstoff an die vorgesehene Stelle im Körper.

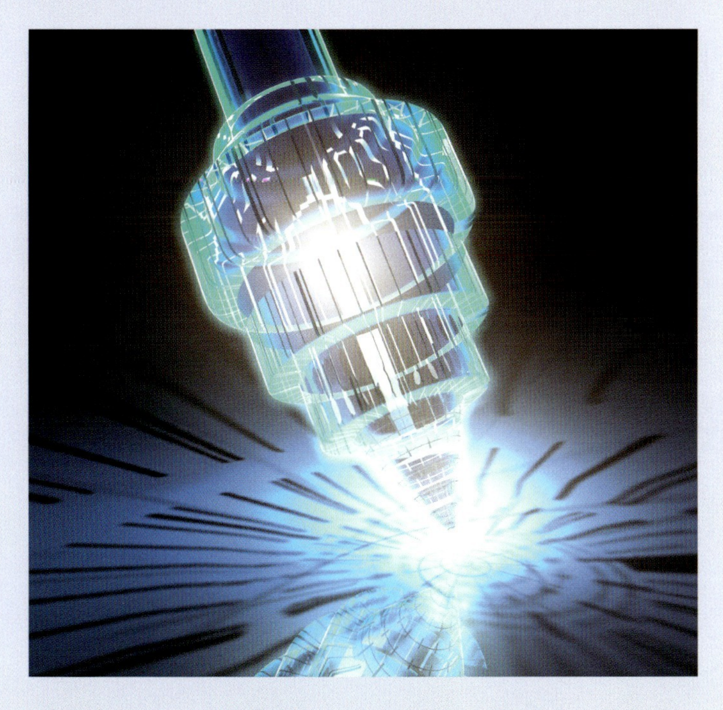

Nanomikroskop zur Beobachtung ultraschneller Vorgänge

Nanopartikel werden auch in Kosmetika, Textilien, Reinigungsprodukten, Filtern, Farben und bei der Versiegelung von Oberflächen angewendet. Dennoch werden auch Probleme gesehen. Die möglichen Gefahren und Risiken für Gesundheit und Umwelt sind erst wenig erforscht. Für zahlreiche Stoffe im Nanometerbereich ergeben sich völlig neue physikalische und chemische Eigenschaften. Viele Fragen über die Aufnahme, Verteilung, Umwandlung und Ausscheidung von Nanoteilchen im Körper sind noch offen.

Eckdaten zur Entwicklung der Nanotechnologie

1959	Der spätere Nobelpreisträger Richard Feynman gilt mit seinem Vortrag „Ganz unten ist eine Menge Platz" als Vater der Nanotechnologie
1974	Norio Taniguchi (Japan) benutzt erstmals den Begriff Nanotechnologie
1986	Eric Drexler veröffentlicht seine Schrift „Engines of Creation"; 1991 gibt er ein Lehrbuch zur Nanotechnologie („Nanosystems") heraus
2000	Der Amerikaner Carlo Montemagno entwickelt eine Maschine, die nur unter dem Elektronenmikroskop erkennbar ist, den Nanokopter

Operation ohne Schmerz

Mit der Äthernarkose begann Mitte des 19. Jahrhunderts die weitgehend schmerzfreie Operation. Sie gab der modernen Chirurgie wegweisende Impulse.

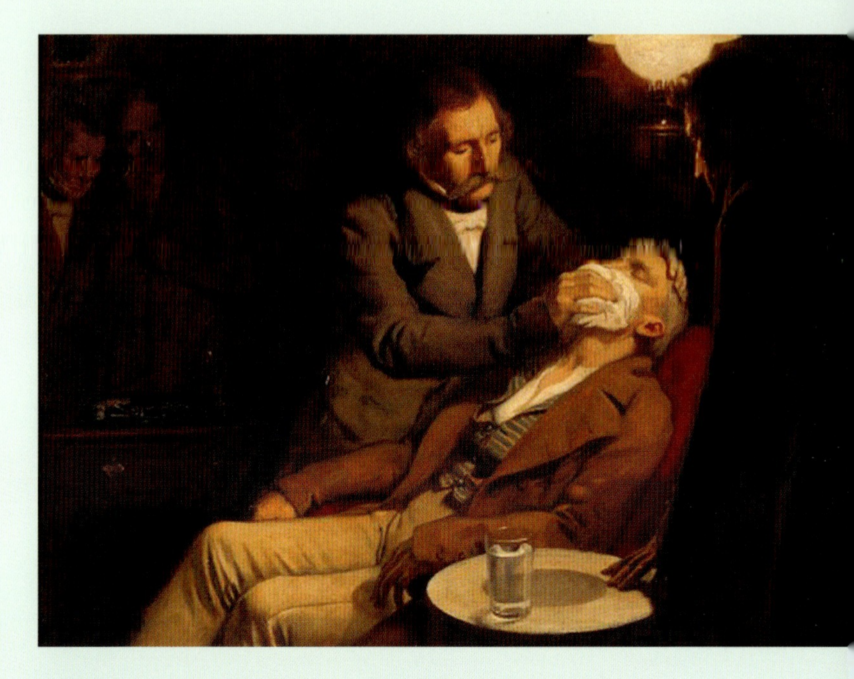

William Thomas Morton bei einer Äthernarkose im Jahr 1846

Von der Qual zur Behandlung im Schlaf

Seit Jahrhunderten versuchten die Mediziner, die Schmerzen von Patienten bei Operationen zu lindern, um sie vor einem tödlichen Schock zu bewahren. Dazu benutzten sie mit Opium getränkte Schwämme, Haschisch, Kräuter, Alkohol sowie Kälte oder Hitze. Dennoch blieb jede Operation ein schwer zu ertragender Eingriff. Später dienten Lachgas (ab 1799) und Chloroform (um 1832) als Narkosemittel. Als erster Chirurg führte Crawford Long 1846 eine Operation unter Vollnarkose durch. Bei der Entfernung eines Tumors verwendete er ein Betäubungsmittel, doch er veröffentlichte seine Erfahrungen nicht. Deshalb ist der Nachwelt sein Landsmann, der Zahnarzt William Thomas Morton (1819–1868), als Narkosepionier überliefert. Im gleichen Jahr betäubte er in Boston einen Patienten mit Schwefeläther und zog ihm einen Zahn. Kurze Zeit später führte er sein Narkoseverfahren bei einer Tumorentfernung im Massachusetts General Hospital öffentlich vor. Die neue Methode erleichterte die Chirurgie erheblich. Zur lokalen Betäubung wurde erstmals 1884 das Rauschmittel Kokain eingesetzt; der Österreicher Carl Koller (1857–1944) machte bei einer Augenoperation die Hornhaut mit diesem Stoff unempfindlich. 1898 spritzte der deutsche Arzt August Bier (1861–1949) einem Patienten Kokain ins Rückenmark.

„Wenn ein Arzt hinter dem Sarg seines Patienten geht, folgt manchmal tatsächlich die Ursache der Wirkung.“
Robert Koch, Mediziner und Biologe

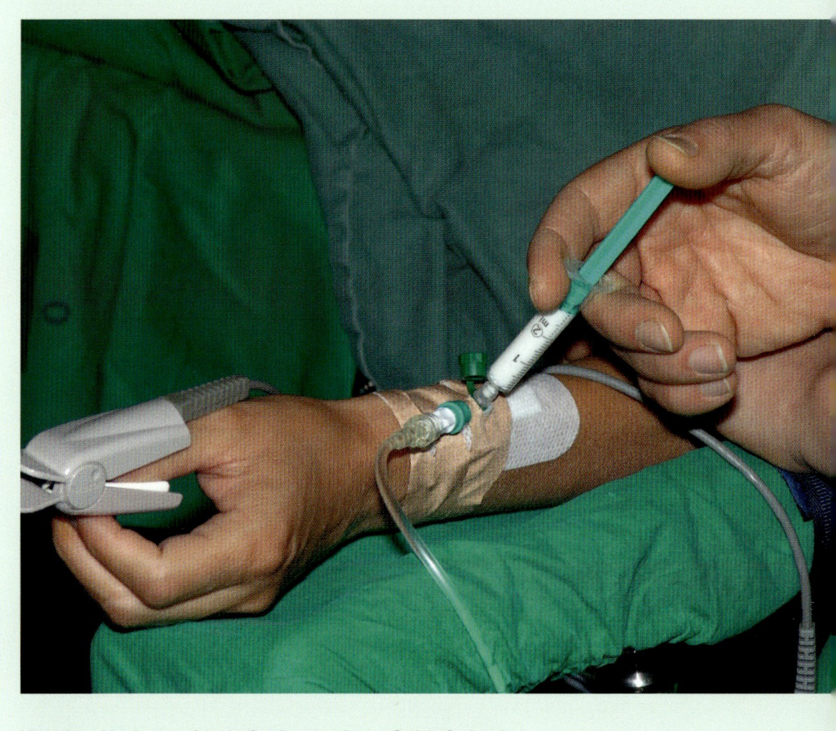

Heutige Narkose durch Spritzen eines Schlafmittels

Moderne Verfahren – weniger ist mehr

Heute können die Narkosemittel und die Dosierung sehr genau auf den Patienten abgestimmt werden, damit er wenig belastet wird und Nebenwirkungen möglichst vermieden werden. Als Narkosegas werden meist Lachgas und Xenon verwendet. Bei der Injektion spritzt der Anästhesist eine Mischung verschiedener Narkosemittel wie Barbiturate und Opiate. Bei kleinen Operationen werden gelegentlich auch Hypnose und Akupunktur angewandt.

Die Faser, die alles kann

Mit der ersten Kunstfaser setzte eine Revolution in der Textilindustrie ein, die bis heute nachwirkt.

Dehnbarkeit aus Prinzip

Millionen Frauenherzen schlugen höher, als der amerikanische Chemiekonzern DuPont den ersten synthetischen Stoff in der Geschichte der Mode ankündigte: Nylon. Zuerst wurden Zahnbürsten mit dem neuen Stoff versehen. Im Mai 1940 wurde der Nylonstrumpf in den Bekleidungsgeschäften der USA zum Verkaufsschlager. Erfunden hatte die Kunstfaser Anfang der 1930er-Jahre der Chemiker Wallace Carothers (1896–1937), der sie 1935 zum Patent anmeldete. Im Labor von DuPont mischte er mit seinen Kollegen Polymere (Kettenmoleküle). Er entwickelte eine Kunstfaser, die ähnliche Eigenschaften wie die natürliche Seide besaß. Aus Diaminen und Dicarbonsäuren stellte Carothers eine Faser her, die noch fester war als die Naturseide. Im Zweiten Weltkrieg wurde Nylon für Fallschirme, Seile, Zelte und Autoreifen verarbeitet. Nach dem Krieg kamen Strümpfe, Hemden, Blusen und zahlreiche andere Kleidungsstücke aus Nylon heraus.

> ***„Man darf anders denken als seine Zeit, aber man darf sich nicht anders kleiden."***
> Marie von Ebner-Eschenbach, Schriftstellerin

Ein Stoff, der überall im Einsatz ist

Der größte Teil der Produktion von Polyamiden wie Nylon wird heute noch für Textilien verwendet: Büstenhalter, Dessous, Kittel, Strümpfe, Sportbekleidung wie Turnhosen und Trainingsanzüge, Fliegerjacken und Parka. Aus Nylon werden künstliche Schwämme, Angelschnüre, Mähfaden für Rasentrimmer, Seile, Sprungtücher für Trampoline, Borsten für Zahnbürsten, technische Gewebe, Tennis- und Gitarrensaiten oder Teppichböden hergestellt. Polyamide sind Grundmaterialien für Haushaltsgegenstände und technische Teile wie Dübel, Schrauben, Gehäuse, Gleitlager, Isolationsteile, Kabelbinder, Klebesockel, Knotenstücke für Sanitätszelte, Küchenutensilien wie Kellen und Löffel sowie Maschinenteile wie Abdeckungen, Zahnräder, Lager und Laufrollen. Aufgrund seiner Beständigkeit gegen Schmier- und Kraftstoffe bei bis zu 150 °C werden sie im Fahrzeugbau für Ansaugsysteme und Kraftstoffleitungen eingesetzt.

Super elastisch – Nylonstrumpfhose

Eingriff in den Körper

Die Transplantationstechnik hat sich von einer Randexistenz zu einer der führenden Bereiche der modernen Medizin gewandelt. Manche Kritiker sehen die Gefahr, dass der Körper zu einer Art Ersatzteillager reduziert werde.

Im Notfall bereit – Hubschrauber zum Organtransport

Anfänge, Schwierigkeiten und Erfolge

Mit einer Schilddrüsentransplantation begann 1883 der Versuch, innere Krankheiten durch den Ersatz geschädigter Organe zu behandeln. Der französische Chirurg und Medizinnobelpreisträger Alexis Carrel (1873–1944) erkannte, dass eine Organverpflanzung innerhalb des menschlichen Körpers funktionierte, z. B. bei Hauttransplantationen. Die Übertragung eines Organs von einem Menschen auf einen anderen scheiterte jedoch. Deshalb wurde die Idee der Transplantation in den 1920er-Jahren zunächst aufgegeben. Nach dem Zweiten Weltkrieg verpflanzten Mediziner in den USA mehrere menschliche Nieren; doch das Abwehrsystem des Empfängers zerstörte jedes fremde Organ. 1954 verpflanzten Ärzte in Boston erfolgreich eine Niere bei eineiigen Zwillingen; der Bruder lebte mit der neuen Niere noch acht Jahre und starb an einem Herzinfarkt. 1963 wurden die erste Leber und die erste Lunge erfolgreich transplantiert. Zwei Jahre später verpflanzten Mediziner die erste Bauchspeicheldrüse. Für Furore sorgte 1967 die erste Herztransplantation durch Christiaan Barnard (1922–2001) in Südafrika, die der Patient jedoch nur 18 Tage überlebte.

„Die Seele ist Ursache und Prinzip des lebenden Körpers.“
Aristoteles, Philosoph

Medikamente gegen die Abwehrreaktion

Nachdem Versuche, die Abstoßungsreaktion nach der Transplantation durch radioaktive Bestrahlung zu verhindern, bei der viele Patienten starben, fehlgeschlagen waren, entwickelten US-Forscher in den 1960er-Jahren Arzneimittel gegen die Immunabwehr. Mitte der 1970er-Jahre gelang der Durchbruch: Mit der aus einem Pilz hergestellten Substanz Ciclosporin konnte die Abstoßung des transplantierten Organs gezielt unterdrückt werden. Die Überlebensrate der Empfänger stieg um rund ein Fünftel. Der 1984 entdeckte Stoff Tacrolimus erzielt eine ähnliche Wirkung. Um die Chancen einer Transplantation zu verbessern, wurden Spender und Empfänger mit ähnlichem Gewebe ermittelt, wodurch die Abwehrreaktion des Empfängers geringer ist.

Individuelle Entscheidung und Kritik

Heute gibt es deutlich zu wenige Organe für den wachsenden Bedarf, die Spendenbereitschaft der Bevölkerung ist gering. Aus christlicher Sicht wurde die Transplantation in Deutschland lange Zeit u. a. wegen des Verstümmelungsverbotes des Leichnams kritisiert. Heute wird sie als individuelle Entscheidung zur Nächstenliebe akzeptiert. Betont wird jedoch der würdevolle Umgang mit dem toten Spender sowie das Recht auf Autonomie des Spenders und Freiwilligkeit seiner Spende.

Eckdaten zur Entwicklung der Organtransplantation

1883	Theodor Kocher (Schweiz) verpflanzt einem Mann Schilddrüsengewebe
1900	Nach der Entdeckung der Blutgruppen durch Karl Landsteiner sind erste erfolgreiche Bluttransfusionen möglich
1933	In der Ukraine lebt eine Patientin vier Tage mit einer fremden Niere
1950	Wenige Monate nach einer Nierentransplantation in den USA werden die Organe durch die Immunabwehr zerstört
1954	Eine Nierentransplantation bei Zwillingen ist erstmals erfolgreich
1967	Die erste Herzverpflanzung in Südafrika überlebt der Patient 18 Tage
1976	Das Medikament Ciclosporin gegen die Immunabwehr wird entwickelt
1989	In den USA erhält eine Patientin erstmals Herz, Leber und Niere
1998	In Lyon (Frankreich) wird erstmals eine komplette Hand transplantiert

Körperaufnahme mit rot markierten Nieren

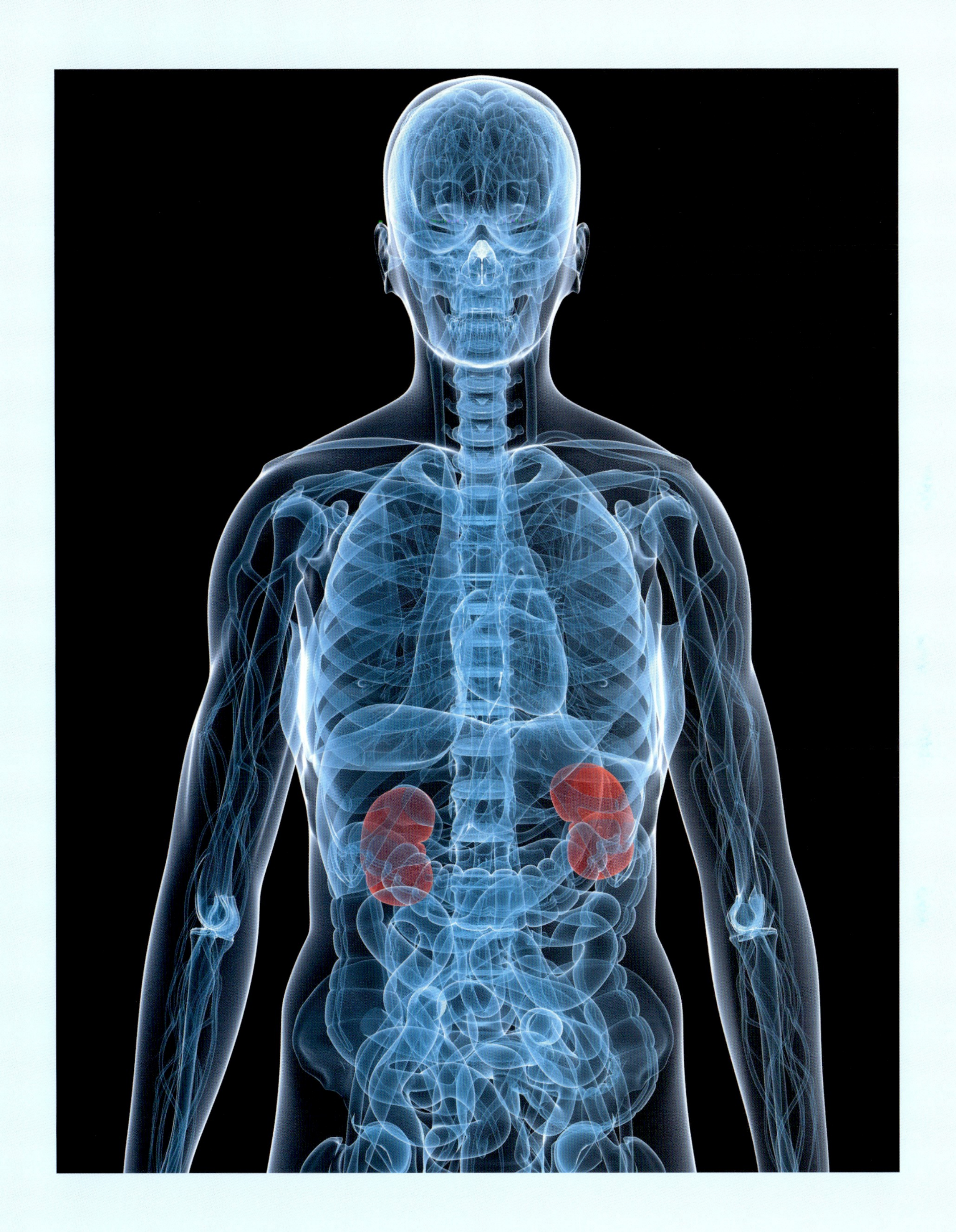

Die schützende Schicht

1985 wurde bekannt, dass die schützende Ozonschicht über der Antarktis zurückgeht. Seitdem werden weltweit Maßnahmen zum Abbau des Ozonlochs durchgeführt.

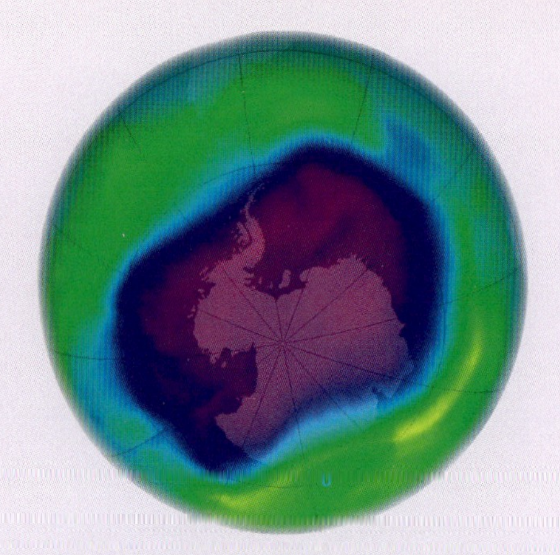

Größte Ausdehnung des Ozonlochs über der Antarktis, 24.9.2006

Der Mensch gilt als Verursacher

Seit den 1960er-Jahren befasste sich der Niederländer Paul Crutzen (* 1933) mit der Chemie der Atmosphäre. Er wies nach, dass die Hauptursache für den Abbau der Ozonschicht in rund 50 km Höhe, welche die Erde vor der schädlichen ultravioletten Strahlung schützt, von Menschen verursacht wird. Besonders bedrohlich wirkten sich Luftverunreinigungen durch Industriestoffe und Autoabgase aus. 1985 entdeckten Crutzen und andere Forscher einen ungewöhnlich großen Rückgang der Ozonmenge über der Antarktis seit 1977. Auch über der Nordhalbkugel wurde seitdem eine Ausdünnung der Ozonschicht beobachtet. Mit der Veröffentlichung des Ozonlochs wurde die Weltöffentlichkeit wachgerüttelt. Crutzen erhielt 1995 den Chemienobelpreis.

„Das große Thema des 21. Jahrhunderts ist die Klimaveränderung durch den Ausstoß von Treibhausgasen."
Paul Crutzen, Entdecker des Ozonlochs

Reaktionen und Gegenmaßnahmen

Obwohl anfangs manche Wissenschaftler und Politiker die Gefahren des Ozonlochs bezweifelten und einen natürlichen Vorgang annahmen, trug Crutzen wesentlich dazu bei, dass weltweite Maßnahmen zum Schutz der Ozonschicht eingeleitet wurden. 1989 trat das völkerrechtlich verbindliche Abkommen von Montreal (Kanada) zum Schutz der Ozonschicht in Kraft. Die Unterzeichnerstaaten verpflichten sich zur Reduzierung und schließlich zur vollständigen Abschaffung der Emission von chlor- und bromhaltigen Chemikalien, die stratosphärisches Ozon zerstören. 1990 einigten sich die Delegierten einer internationalen Ozonkonferenz, den Einsatz der klimaschädlichen Fluorchlorkohlenwasserstoffe (FCKW) bis zum Jahr 2000 zu verbieten. In Deutschland dürfen FCKW seit 1995 nicht mehr hergestellt werden, in der EU seit 1997. Schätzungen u. a. der NASA gehen davon aus, dass die Ozonschicht über der Antarktis sich erst zwischen 2050 und 2075 wieder stabilisiert.

Industrieschornstein – Mitverursacher der Umweltverschmutzung

Autoverkehr – Verunreinigung der Atmosphäre durch Abgase

Die Ordnung der Elemente

Das von einem Russen und einem Deutschen aufgestellte Periodensystem war für die Vorhersage der Entdeckung neuer Elemente und deren Eigenschaften von großer Bedeutung.

Gleiches zu Gleichem in einem System

Im Jahr 1869 stellten der deutsche Chemiker Julius Lothar Meyer (1830–1895) sowie sein russischer Kollege Dmitri Mendelejew (1834–1907) jeweils ein Periodensystem der chemischen Elemente auf. Schon der britische Wissenschaftler Alexander Newlands (1837–1898) hatte wenige Jahre zuvor erkannt, dass sich bei der Auflistung der Elemente nach ihren Atommassen das Mengenverhältnis (Valenzen) wiederholte. Die Perioden waren aber nicht gleich lang. Meyer und Mendelejew ordneten die Elemente nicht wie ihr englischer Kollege tabellarisch in Siebenergruppen an, sondern in unterschiedlich großen Gruppen (Perioden). Deshalb blieb Wasserstoff in der ersten Periode allein stehen. Danach folgten zwei Perioden mit jeweils sieben und zwei Perioden mit jeweils 17 Elementen. 1871 erweiterte Mendelejew sein System noch: Damit sich die Valenzen sowie die chemischen und physikalischen Eigenschaften der Elemente möglichst genau ähnelten, ließ er in seinem System drei Stellen frei. Niemand glaubte damals seiner Aussage von der Existenz der neuen Elemente Bor, Silizium und Aluminium, die laut Mendelejew noch nicht entdeckt worden seien..

Periodensystem mit Abkürzungen für die chemischen Elemente

„Bestimmte charakteristische Eigenschaften der Elemente können von ihren Atomgewichten vorhergesagt werden.“
Dmitri Mendelejew, Chemiker

Eine Ordnung, die sich bewährt hat

Das Periodensystem gilt im Wesentlichen bis heute, jeder Schüler lernt es im Chemieunterricht kennen. Es umfasst Metalle, Halbmetalle und Nichtmetalle, künstliche Elemente, Feststoffe, Flüssigkeiten, Gase und radioaktive Stoffe. Zu den Hauptgruppen zählen die 44 Elemente, bei deren Atomen die äußersten Schalen mit negativ geladenen Elektronen aufgefüllt werden. Die anderen 65 Elemente gehören zu den Nebengruppen. Anfängliche Unstimmigkeiten in der Reihenfolge wurden durch die spätere Feststellung aufgehoben, dass nicht die Atommasse, sondern die Ordnungszahl für die chemischen Eigenschaften die maßgebende Größe ist.

Dmitri Mendelejew, einer der Begründer des Periodensystems

Weißes Gold in Europa

Im 18. Jahrhundert entwickelte sich von Meißen in Sachsen aus die Porzellanherstellung in Europa, die in China bereits seit Jahrhunderten bekannt war.

Die Ursprünge im Reich der Mitte

Die weiße Tonerde Kaolin, einer der wichtigsten Bestandteile des echten Porzellans, war in China vermutlich schon im ersten vorchristlichen Jahrtausend bekannt. Während der Han-Dynastie um 200 v. Chr. entstanden grün glasierte Gefäße und Figuren aus einem porzellanähnlichen Stoff. Seit dem siebten nachchristlichen Jahrhundert handelten die Chinesen mit dem weißen Gold, das der italienische Reisende Marco Polo (1254–1324) kennenlernte und mit nach Europa brachte. Im 17. Jahrhundert wurde Porzellan an den Höfen des Abendlandes zum Statussymbol und es wuchs die Begehrlichkeit, das kostbare Produkt selbst herzustellen.

Johann Friedrich Böttger, Erfinder des europäischen Porzellans

Porzellan für den prunksüchtigen König

Der junge deutsche Alchemist Johann Friedrich Böttger (1682–1719) stand im Ruf, Gold herstellen zu können. Das ließ den prunkliebenden sächsischen Barockfürsten August II., den Starken (1670–1733), aufhorchen. Er zwang Böttger kurzerhand, das begehrte Edelmetall herzustellen. Natürlich scheiterte der junge Chemikalienzauberer, doch erhielt er von dem Naturforscher Walter von Tschirnhaus (1651–1708) anregende Hinweise für Experimente. In einem Weichporzellanansatz tauschte er den Glasbestandteil durch Feldspat aus und erhielt beim Brennen eine vollständig sich verdichtende (sinternde) Masse. Böttger hatte als Erster in Europa Hartporzellan hergestellt.

> ***„Schön ist eigentlich alles, was man mit Liebe betrachtet."***
> **Christian Morgenstern, Dichter**

Meisterwerke aus der Meißener Manufaktur

Auf der Albrechtsburg in Meißen wurde 1710 die erste europäische Porzellanmanufaktur gegründet. Nach dem Willen des Fürsten August sollte der Betrieb sich selbst rentieren. Nicht nur wegen

Eckdaten zur Porzellanherstellung in Europa

1709	Johann G. Böttger erzeugt in Dresden das erste europäische Porzellan
1710	In Meißen entsteht die erste Porzellanmanufaktur (ab 1830 staatlich)
1717	In Wien entsteht eine Porzellanmanufaktur, die 1744 staatlich wird
1738	Die in Vincennes gegründete Manufaktur wird 1753 Staatseigentum
1747	In Bayern wird eine Manufaktur gegründet (ab 1761 in Nymphenburg)
1751	Preußenkönig Friedrich II. erteilt dem Kaufmann Caspar Wegely das Recht zur Porzellanherstellung, 1763 wird die Manufaktur staatlich
1779	Josiah Wedgwood stellt erstmals weißes Porzellan in England her

fehlenden Kapitals, sondern auch wegen der vielen Fehlbrände gab es anfangs große Probleme. Bald löste sich die Herstellung von den chinesischen Vorbildern und die Meißener schufen einen eigenen, kunstvollen Stil. Ab 1731 modellierte dort der Künstler Johann Joachim Kändler (1706–1775) seine Porzellanplastiken, die weltberühmt wurden. 1830 übernahm der sächsische Staat die Manufaktur mit den gekreuzten Schwertern im Schild.

Teetasse mit handbemaltem Blumendekor

Meißener Porzellan mit Goldverzierung aus der Barockzeit

Teilchen oder Welle?

Mit der Idee, dass im Bereich der Moleküle, Atome und Elementarteilchen physikalische Vorgänge nicht stetig, sondern sprunghaft verlaufen, revolutionierte die Quantentheorie die Physik.

Theorie über die Abgabe von Strahlung

Im Jahr 1900 begründete der deutsche Physiker Max Planck (1858–1947) auf einer Tagung der physikalischen Gesellschaft in Berlin die Quantenphysik. Er löste ein rechnerisches Problem, dass Physiker vor ihm nicht klären konnten. Planck nahm an, dass Energie in Form von Strahlung nicht kontinuierlich abgegeben wird, sondern in kleinsten Partikelchen (Quanten). Die Größe der Quanten wächst proportional zur Frequenz der Strahlung. Dafür führte Planck das plancksche Wirkungsquantum (h) ein. Zunächst konnte der Physiker seine Hypothese noch nicht experimentell beweisen, doch erwies sie sich rasch als bahnbrechend. Seine Naturkonstante spielt bei fast allen Gesetzen der Atom-, Kern- und Elementarteilchenphysik eine wichtige Rolle. Mit seiner Theorie leitete Planck von der klassischen zur modernen Physik über. Im Jahr 1918 erhielt er den Physiknobelpreis.

„Wissenschaft kann die letzten Rätsel der Natur nicht lösen. Sie kann es deswegen nicht, weil wir selbst ein Teil der Natur und damit auch ein Teil des Rätsels sind, das wir lösen wollen."

Max Planck, Physiker

Fotoeffekt und Unschärferelation

Kein Geringerer als Albert Einstein (1879–1955) wandte 1905 die Quantentheorie auf die Erklärung des fotoelektrischen Effektes an. Auch die elektromagnetische Strahlung (Licht) besteht laut Einstein aus kleinsten atomaren Teilchen (Photonen). Er interpretierte den Fotoeffekt, d. h. die Ablösung von Elektronen an der Oberfläche eines Metalls, das mit Licht bestrahlt wird. Der Effekt wird praktisch verwendet in den Fotozellen zur Umwandlung von Licht in elektrischen Strom – dem Prinzip der Solarzelle. Werner Heisenberg (1901–1976) leitete 1927 aus Plancks Theorie seine „Unschärferelation" ab: Ort und Impuls (Masse x Geschwindigkeit) eines atomaren Teilchens lassen sich nicht gleichzeitig mit absoluter Genauigkeit bestimmen; je genauer die Ortskomponente, umso ungenauer die Impulskomponente und umgekehrt. Quantenphysikalische Effekte spielen in der modernen Technik bei zahlreichen Anwendungen eine zentrale Rolle. Dazu gehören u. a. Laser, Elektronenmikroskop, Atomuhr und bildgebende Verfahren in der Medizin wie Röntgenstrahlung und Kernspinresonanz. Die Untersuchung von Halbleitern führte zur Erfindung der Diode und des Transistors, welche die Elektronik revolutionierten.

Elementarteilchen auf ihren Bahnen

Quantentheoretiker Werner Heisenberg (links) und Max Planck

Eckdaten zur Entwicklung der Quantenphysik

1900	Nach Max Planck strahlen Stoffe Licht nur in „Portionen" (Quanten) ab
1913	Laut Niels Bohr umkreisen Elektronen Atomkerne auf Bahnen; beim Sprung auf andere Bahnen nehmen sie Energie auf oder geben sie ab
1929	W. Heisenberg und Wolfgang Pauli formulieren die Quantenfeldtheorie
1943	Diverse Forscher entwickeln eine Quantenelektrodynamik (bis 1948)
1972	Murray Gell-Mann weist den Quanten eine Art Farbladung zu
1980	Klaus von Klitzing entdeckt, dass elektrische Widerstände sich nicht kontinuierlich, sondern sprunghaft verändern (Quanten-Hall-Effekt)

Das Prinzip der Mobilität

Das Rad gilt als eine der ersten und wichtigsten Erfindungen des Menschen. Es entlastete ihn von der reinen Muskeltätigkeit und sorgte für Bewegung.

Nutzung des runden Prinzips

Es ist anzunehmen, dass die ersten primitiven Räder für Karren in der Landwirtschaft eingesetzt wurden; es waren einfache, von Baumstämmen abgeschnittene Scheiben. Ein solches Rad war auch die Töpferscheibe, wie 5000 Jahre alte Funde aus Mesopotamien zeigen. Um 3200 v. Chr. wurde dort das Wagenrad erfunden, das zumindest einigermaßen befahrbare Wege und Straßen voraussetzte. Um 2000 v. Chr. wurden die schweren Holzräder durch Speichen wesentlich leichter. Etwa im vierten vorchristlichen Jahrhundert verwendeten die Griechen und Ägypter bei ihren Wasserschöpfwerken Zahnräder, ein weiteres Jahrhundert später wurden Zahnräder in Übersetzungsgetrieben eingesetzt. Die ersten bekannten Wasserräder sind im dritten vorchristlichen Jahrhundert in Babylon nachgewiesen. Auch die Kriegstechnik trieb die Radentwicklung voran, kam es doch in der Schlacht auf Schnelligkeit und Beweglichkeit an. Die Wohlhabenden fuhren schon in der Antike gern auf Prunkwagen. Damit waren schon damals die wichtigsten Funktionen des Rades ausgearbeitet: zur Kraftübertragung und als Fahrwerk. Seitdem wurden die Techniken in zahlreichen Varianten verfeinert und erweitert. Das Rad wurde als eines der wichtigsten Kulturerzeugnisse der Menschheitsgeschichte bestätigt.

Kraftübertragung und Antrieb mit Präzision – Zahnräder

„Kleine Räder müssen auf weichem Gras rollen."
Properz, Dichter

Erweiterungen antiker Formen

Der Engländer George Cayley (1773–1857) schuf um 1800 die ersten Räder mit Drahtspeichen. Eine wegweisende Erfindung war 1888 der luftgefüllte Gummireifen des Engländers John Boyd Dunlop (1840–1921); ein Vorgängermodell von 1846, ebenfalls aus England, war längst in Vergessenheit geraten. Die ersten brauchbaren Fahrradspeichen aus Draht baut James Starley (1830–1881) im Jahr 1870 in sein Hochrad. Mit dem Aufkommen der Automobile im frühen 20. Jahrhundert erhielt die Reifenentwicklung einen beträchtlichen Schub. 1947 führte das Unternehmen Goodyear die ersten schlauchlosen Autoreifen ein.

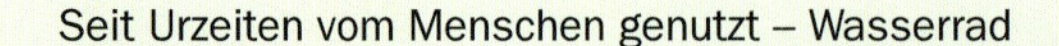

Seit Urzeiten vom Menschen genutzt – Wasserrad

Wagenräder aus Holz mit Eisenummantelung

Bei Nacht und Nebel

Seit seiner Erfindung im frühen 20. Jahrhundert hat die Bestimmung von Objekten mithilfe elektromagnetischer Wellen vielfältige technische Anwendungen gefunden.

Reflexion zwischen Sender und Objekt

Ein Schotte gilt als Erfinder des Radars. 1935 konstruierte Robert Watson-Watt (1892–1973) ein Verfahren zur Ortung von Flugzeugen bei Nacht und Nebel. Damals stand die militärische Abwehr im Blickpunkt. So war es nur konsequent, dass Watson-Watt im Zweiten Weltkrieg maßgeblich an der Entwicklung der britischen Radaranlagen beteiligt war. Das Radarprinzip ist allerdings noch etwas älter. Schon 1904 präsentierte der Deutsche Christian Hülsmeyer (1881 bis 1957) ein „Telemobiloskop" zur Verkehrsüberwachung. Das gleichnamige Patent sprach von einem „Verfahren, um entfernte metallische Gegenstände mittels elektrischer Wellen einem Beobachter zu melden." Das Gerät erfasste die Laufzeit der Wellen von einem Sender bis zu einem Metallgegenstand, von dem sie reflektiert wurden, und zurück. Aus den Messdaten ließ sich die Entfernung von Sender und Objekt berechnen und aus der Richtung der Antennen die Lage des Gegenstandes bestimmen.

„Technik ist die bewusste Herstellung und Anwendung von Mitteln."
Carl Friedrich von Weizsäcker, Physiker und Philosoph

Militärische und zivile Anwendungen

1936 wurde das französische Passagierschiff „Normandie" als Erstes mit einer vollständigen Radaranlage ausgestattet. Ein Jahr später begannen die Briten, an ihrer West- und Ostküste ein System von Radaranlagen zu installieren, um feindliche Flugzeuge schnell erkennen zu können; die markigen Worte aus dem nationalsozialistischen Deutschland hatten – begründete – Besorgnis ausgelöst. Heute werden sogar Satelliten und Weltraumschrott durch Radar überwacht. Radargeräte helfen bei der Ermittlung von Wetterdaten, vom Weltraum aus kann die Erde mithilfe von satellitengestützten Radaranlagen vermessen werden. Mittels radargestützter Bewegungsmelder werden Gebäude und Anlagen überwacht, allen Autofahrern ist das Radargerät im Straßenverkehr vertraut.

Radarantenne für den drahtlosen Empfang

Oben: Objekte auf dem Radarschirm zur Früherkennung
Unten: Radargerät zur Geschwindigkeitsmessung (links), Schiffsradar

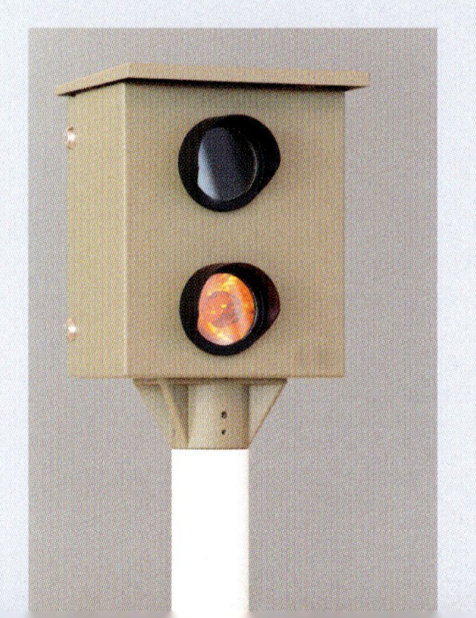

Das erste Massenmedium

Der gut 100 Jahre alte Rundfunk hat sich auch im digitalen Zeitalter behauptet – mit einer Mischung aus Information und Unterhaltung sowie regionalen Schwerpunkten.

Die Übertragung von Stimmen über Funk

Theoretisch geht das Radio auf das Jahr 1864 zurück. Damals postulierte der britische Physiker James Maxwell (1831–1879) die elektromagnetische Strahlung (Radiowellen). Praktisch wurde das Radio im Jahr 1906 geboren, als der Kanadier Reginald Fessenden (1866–1932) als Erster einen gesprochenen Text, eine Weihnachtsgeschichte, in die Atmosphäre schickte. Es war die erste Rundfunksendung der Welt. Mit der Erfindung des Verstärkers im gleichen Jahr schritt die Entwicklung rasch voran. 1920 strahlte ein Sender in Pittsburgh, Pennsylvania, das erste kommerzielle regelmäßige Rundfunkprogramm aus, zwei Jahre später sendete die BBC in London täglich aktuelle Programme wie Nachrichten und Wetterberichte. Das Radio entwickelte sich zum ersten Massenmedium und blieb auch politischen Demagogen nicht verborgen, wie sich bald in Deutschland zeigen sollte.

Das Medium der breiten Massen

Die Nationalsozialisten nutzten das Radio schon in der Weimarer Republik für Agitation. Der spätere Propagandaminister Joseph Goebbels (1897–1945) betrachtete es als das „allermodernste und allerwichtigste Instrument zur Massenbeeinflussung“. Nach der Machtübernahme 1933 führte das NS-Regime die ersten „Volksempfänger“ ein, um die Menschen täglich mit ihrer Ideologie zu füttern. Allerdings bot das Radio auch die Möglichkeit, Auslandssender zu hören und später im Krieg die wahre Situation des Landes berichtet zu bekommen; damit wurde „Feindsender hören“ zur großen Gefahr. Welche Suggestivkraft das Radio in seinen Kindertagen für die Massen besaß, zeigte sich auch 1938 in den USA, als Regisseur Orson Welles (1915–1985) eine fiktive Geschichte von der Landung der Marsmenschen auf der Erde vorlas und viele Amerikaner in Panik versetzte. Der Sensationssieg der deutschen Fußballer 1954 im WM-Finale in Bern gegen die favorisierten Ungarn war für Millionen von Fans zu Hause ein großes Radioereignis.

„Radio geht ins Ohr, Fernsehen ins Auge.“
Robert Lembke, Journalist

Vom analogen zum digitalen Rundfunk

Der Hörfunk der Zukunft wird digital sein. Damit verbunden sind zahlreiche zusätzliche Möglichkeiten wie Texte und Bilder auf einem Bildschirm zu übermitteln. Heute sind Hunderte von öffentlich-rechtlichen und privaten Programmen mit großer Spartenvielfalt auf Sendung. Ob im Auto, im Büro oder zu Hause – das Radio ist für Millionen ein täglicher Begleiter geworden.

Nostalgie-Mikrofon vor einem Kofferradio, 50er-Jahre

Oben links: Altes Radio aus Holz, oben rechts: Rundfunkempfänger mit Drucktasten, unten rechts: Transistorradio

Eckdaten zur Entwicklung des Rundfunks

1888	Heinrich Hertz weist die elektromagnetischen Wellen nach
1895	Der Italiener Guglielmo Marconi und der Russe Alexander Popow begründen fast gleichzeitig die drahtlose Telegrafie
1906	Reginald Fessenden überträgt erstmals einen gesprochenen Text
1911	Otto von Bronk konstruiert den Hochfrequenzverstärker
1920	KDKA in Pittsburgh sendet das erste regelmäßige Radioprogramm
1923	In Berlin nimmt der erste deutsche Radiosender seinen Betrieb auf
1933	Die ersten deutschen „Volksempfänger" werden herausgegeben
1954	Die Firma Regency bringt das erste Transistorradio auf den Markt
1963	Zwei Jahre nach den USA senden deutsche Programme stereofon
1980	Die ersten besonders klangtreuen HiFi-Rundfunkgeräte werden gebaut

Strahlende Energie

Mit der Entdeckung der natürlichen Radioaktivität wurde eine neue Energiequelle identifiziert, die später in friedlicher sowie in militärischer Ausprägung angewendet wurde.

Entdeckung einer neuen Strahlung

Der französische Physiker Antoine Henri Becquerel (1852–1908) beschäftigte sich 1896 in Experimenten mit den ein Jahr zuvor von Wilhelm Conrad Röntgen (1845–1923) entdeckten „X-Strahlen". Er wollte prüfen, ob auch fluoreszierende Stoffe unter Einwirkung von Sonnenlicht Röntgenstrahlen aussenden können. Dabei entdeckte er eine unsichtbare, die Materie durchdringende neue Strahlung auch ohne Sonnenlichteinwirkung und nannte sie „Uranstrahlen". Zwei Jahre später erkannte das Forscherehepaar Marie (1867–1934) und Pierre Curie (1859–1906), dass auch Thorium Uranstrahlung abgab, und nannte sie Radioaktivität. Alle drei Wissenschaftler erhielten 1903 den Physiknobelpreis. 1901 konnte Pierre Curie erstmals die vom Element Radium abgestrahlte Energiemenge messen; 1 Gramm Radium erzeugte stündlich eine Wärmemenge von 140 Kalorien und die Energieproduktion nahm nur in 1600 Jahren auf die Hälfte ab. Das war viel höher als bei allen damals bekannten chemischen Energiequellen. Die Forscher um die Jahrhundertwende nannten sie „Atomenergie". Sie wussten, dass sie auch als natürliche Radioaktivität in der Umgebung vorhanden war.

Die Nutzung der Radioaktivität

Im Jahr 1903 – sechs Jahre vor dem Nachweis von Atomkernen – entwickelten Ernest Rutherford (1871–1937) und Frederick Soddy (1877–1956) ihre Hypothese, nach der Radioaktivität bei der Umwandlung von Elementen entsteht. 1913 beschrieben Kasimir Fajans (1887–1975) und Soddy, dass sich die Massen- und Ordnungszahl beim Alpha- und Betazerfall verändern. Marie Curies Tochter Irène (1897–1956) und ihr Ehemann Frédéric Joliot-Curie (1900–1958)

Antoine Henri Becquerel (links) und Marie Curie beim Besuch der Standard Chemical Company im Jahr 1920

Radioaktivität – eine unsichtbare Gefahr

erzeugten 1933 erstmals radioaktive Elemente künstlich. Nachdem es Otto Hahn (1879–1968) und seinem Mitarbeiter Fritz Straßmann (1902–1980) im Jahr 1938 gelungen war, den Kern eines Uranatoms zu spalten, richteten sich die technischen Anwendungen nun auf die friedliche und bald auch auf die militärische Nutzung dieser ungeheuren Kräfte. Im Jahr 1943 wurde im US-Bundesstaat Tennessee der erste Kernreaktor der Welt in Betrieb genommen, bei dem die kontrollierte atomare Kettenreaktion und der Zerfall der radioaktiven Stoffe gelang. Bis zur ersten kommerziell zur Stromgewinnung nutzbaren Anlage dauerte es aber noch 15 Jahre; sie ging 1958 in Pennsylvania ans Netz. Die militärische Nutzung fand dagegen schon 1945 ihren schrecklichen Niederschlag: im Abwurf der amerikanischen Atombomben auf die japanischen Städte Hiroshima und Nagasaki, die nicht nur Zehntausende von Menschen das Leben kostete, sondern auch die Regionen für lange Zeit radioaktiv verseuchte. Bis heute sind die Spätfolgen dieser nuklearen Katastrophe im Erbgut einiger Nachfahren vorhanden.

„Ein Gelehrter in seinem Laboratorium ist nicht nur ein Techniker; er steht auch vor den Naturgesetzen wie ein Kind vor der Märchenwelt."
Marie Curie, Physikerin

Eckdaten zur Erforschung der Radioaktivität	
1896	Antoine Henri Becquerel entdeckt beim Uranzerfall die „Uranstrahlen"
1898	Marie und Pierre Curie benennen die Strahlen in Radioaktivität um
1901	Johann Elster und Hans Geitel messen sie in Steinen und in der Luft
1903	Ernest Rutherford und Frederick Soddy entdecken die bei der Umwandlung eines Elements in ein anderes freigesetzte Gammastrahlung
1906	Otto Hahn und Lise Meitner erforschen die Betastrahlen
1938	Hahn und Fritz Straßmann gelingt die erste Spaltung eines Urankerns
1958	In Pennsylvania (USA) geht der erste Versuchskernreaktor in Betrieb

Menschen auf dem Mond

Am 21. Juli 1969 um 3.56 Uhr Mitteleuropäischer Zeit war es so weit: Der amerikanische Astronaut Neil Alden Armstrong betrat als erster Mensch den Mond. Mit der erfolgreichen Apollo-11-Mission ging ein Menschheitstraum in Erfüllung. Die USA erzielten bei dem in den 50er-Jahren begonnenen technologischen Wettlauf mit der UdSSR in der Raumfahrt einen Prestigeerfolg.

„Ein kleiner Schritt für einen Menschen, aber ein großer Schritt für die Menschheit."
Neil Armstrong

Im „Meer der Ruhe", einem 800 km großen Krater auf der dunklen Seite des Erdtrabanten, setzte Armstrong (*1930) seinen Fuß auf die Mondoberfläche. Eine halbe Milliarde Fernsehzuschauer waren Zeugen, als er mit einem einzigen Satz die Bedeutung dieser Aktion ausdrückte. Etwa 20 Minuten später folgte sein Kollege Edwin Aldrin (*1930). Beide Astronauten hissten die US-Flagge und sammelten Mondgestein. Der dritte Astronaut Mike Collins (*1930) wartete in der Raumfähre „Eagle" auf seine Kameraden. Am folgenden Tag flogen alle drei zur Erde zurück und landeten am 24. Juli mit ihrer Raumkapsel wohlbehalten im Pazifik. In ihrer Heimat wurden sie als nationale Helden frenetisch gefeiert.

Von der ersten Landung zu weiteren Missionen

Bis 1972 starteten die USA sechs weitere Mondmissionen. Bei der fünften Landung am 26. Juli 1971 war mit dem „Lunar Rover" erstmals ein Fahrzeug dabei. Seitdem hat sich die Raumfahrt rasant entwickelt. Nach dem Ende des Kalten Krieges schwebt im All eine

Start der erfolgreichen Mondmission „Apollo 11" mit der Trägerrakete „Saturn V" am 16. Juli 1969 vom amerikanischen Raumfahrtzentrum Cape Canaveral in Florida

Internationale Raumstation, die von rund einem Dutzend Ländern betrieben wird. Als nächstes großes Ziel ab 2030 haben die Raumfahrtnationen den Planeten Mars im Visier.

Planungen, Visionen und Perspektiven

In Zukunft sollen kombinierte Luft- und Raumfahrzeuge die Startkosten reduzieren und die Raumfahrt wirtschaftlicher gestalten. Die Suche nach Leben außerhalb der Erde gewann in den letzten Jahren an Bedeutung. So wurden u. a. auf dem Mars Spuren von Wasser gefunden, das Voraussetzung für die Entstehung von Leben ist. Für wohlhabende Erdenbewohner ist ein Flug ins All eine realistische Attraktion des wachsenden Raumfahrttourismus geworden. Bei den immer knapper werdenden Rohstoffen auf der Erde rückt für die ferne Zukunft die Ressourcengewinnung auf fremden Planeten in den Blickpunkt, denn viele Himmelskörper enthalten seltene Metalle; allerdings gibt es noch keinerlei Vorstellungen, wie sie zu gewinnen wären. Die Idee der Kolonisierung des Weltraums durch den Menschen bleibt wohl noch für lange Zeit nur ein Thema der Science-Fiction.

Nächstes Ziel der bemannten Raumfahrt nach 2030: der „rote Planet" Mars. Hier haben Wissenschaftler vor Kurzem Spuren von Wasser gefunden.

Eckdaten zur Geschichte der Raumfahrt

1957	„Sputnik 1" (UdSSR) ist der erste künstliche Satellit im All
1960	Juri Gagarin (UdSSR) umkreist als erster Mensch die Erde
1963	Valentina Tereschkowa (UdSSR) fliegt als erste Frau ins All
1965	Alexei Leonow (UdSSR) schwebt als Erster frei im Orbit
1969	Neil Armstrong (USA) betritt als erster Mensch den Mond
1979	Die europäische Trägerrakete „Ariane 1" startet erstmals
1981	Der teilweise wiederverwendbare Raumtransporter „Columbia" (USA) fliegt zum ersten Mal ins All
1986	Bei der Explosion der Raumfähre „Challenger" (USA) kurz nach dem Start sterben alle sieben Astronauten
1998	Der Aufbau der Internationalen Raumstation beginnt
2003	Yang Liwei fliegt als erster Chinese in den Weltraum
2008	„Chandrayaan-1" ist die erste indische Mondmission

Der Taschenrechner hat seine Wurzeln in der Raumfahrt. In den mit Treibstoff prallgefüllten „Saturn"-Raketen war kein Platz für große Computer. Es wurden kleine Elektronikchips entwickelt, die später auch in Taschenrechnern Verwendung fanden. Die Teflonpfanne mit hitzebeständiger Kunststoffschicht wurde entgegen landläufiger Meinung schon vor den ersten Mondflügen entwickelt.

Ende des Wegwerfens

Die Idee der Wiederverwertung von Abfällen aller Art hat die industrielle Produktion stark verändert und zum schonenden Umgang mit begrenzten Ressourcen der Erde beigetragen.

Abfallbehandlung im Spiegel der Epochen

Im antiken Rom wurden Fäkalien eingesammelt und den Bauern als Dünger verkauft, in größeren Städten landeten sie in Kloaken. Danach waren Lumpensammler und Händler mit dem Sammeln, Sortieren und Weiterleiten von Abfällen beschäftigt. Im Mittelalter gab es einen Rückschritt, denn Abfälle aller Art landeten teilweise direkt auf der Straße, die zu einem ständigen Infektionsherd wurde. Die Idee einer sauberen Stadt kam erst wieder in der Renaissance auf. Mit der Industrialisierung waren ganz neue Formen des Abfalls verbunden. So entstanden u. a. in London die „Kehrichtöfen", später die ersten Deponien. Nach dem Zweiten Weltkrieg und der Ausbreitung allgemeinen Wohlstandes stieg vor allem das Volumen der Verpackungen an (Folien, Blechdosen, Kunststoffflaschen etc.). In den Industrieländern stapelten sich die Müllberge. Vor der Recyclingwelle erzeugte jeder Bundesbürger fast 1 kg Müll pro Tag.

Abfalltonnen zum getrennten Sammeln von Wertstoffen

Wertstofftrennung und -aufbereitung in einer Recyclinganlage

So viel wie möglich verwerten

Das systematische Sammeln von Abfällen und Wertstoffen ist gerade einmal 50 Jahre alt. Anfang der 1960er-Jahre bildeten sich Organisationen, die sich um die Sammlung und Wiederverwertung von Müll kümmerten. Umweltschutz und Abfallvermeidung wurden zu staatlichen Aufgaben erklärt und durch verschiedene Gesetze untermauert, in der Bundesrepublik Deutschland vom Abfallwirtschaftsgesetz (1971) bis zum Dualen System Deutschland (1990) zur organisierten Mülltrennung. Seitdem sollen Abfälle vermieden (u. a. durch Verbot von umweltgefährdenden Stoffen), zur Wiederverwertung vorbereitet (z. B. Pfandflasche), durch stoffliche Verwertung recycelt sowie verbrannt oder vergast werden, um Energie zu gewinnen. Der Rest landet auf Deponien. In Deutschland werden am häufigsten Altpapier, -glas, Verpackungen sowie Bioabfall, Batterien und Altautos wiederverwertet. Um die hohen Recyclingvorgaben erfüllen zu können, denken viele heutige Unternehmen schon vorher darüber nach, wie unnötige Abfälle vermieden und Herstellungsprozesse effizienter gestaltet werden können.

„Wir gehen mit dieser Welt um, als hätten wir noch eine zweite im Kofferraum."
Jane Fonda, Schauspielerin

Neue gesetzliche Grundlagen

Nach der 2011 verabschiedeten Novelle des deutschen Kreislaufwirtschaftsgesetzes sollen bis 2020 insgesamt 65 Prozent aller Siedlungs-

Oben: Mineralwasserabfüllung in Flaschen aus Kunststoff (PET), unten: Liste zur Einordnung von Abfallprodukten

abfälle recycelt sowie 70 Prozent aller Bau- und Abbruchabfälle stofflich verwertet werden. Damit liegt Deutschland über der von der EU vorgegebenen Recyclingquote. Ende 2016 soll geprüft werden, ob die Verwertungsquote für Bau- und Abbruchabfälle noch gesteigert werden kann. Ab 2015 müssen Bioabfälle sowie Papier-, Metall-, Kunststoff- und Glasabfälle getrennt gesammelt werden. Diese Pflicht steht jedoch unter dem Vorbehalt der technischen Möglichkeit und wirtschaftlichen Zumutbarkeit, um die Kommunen nicht zu überfordern.

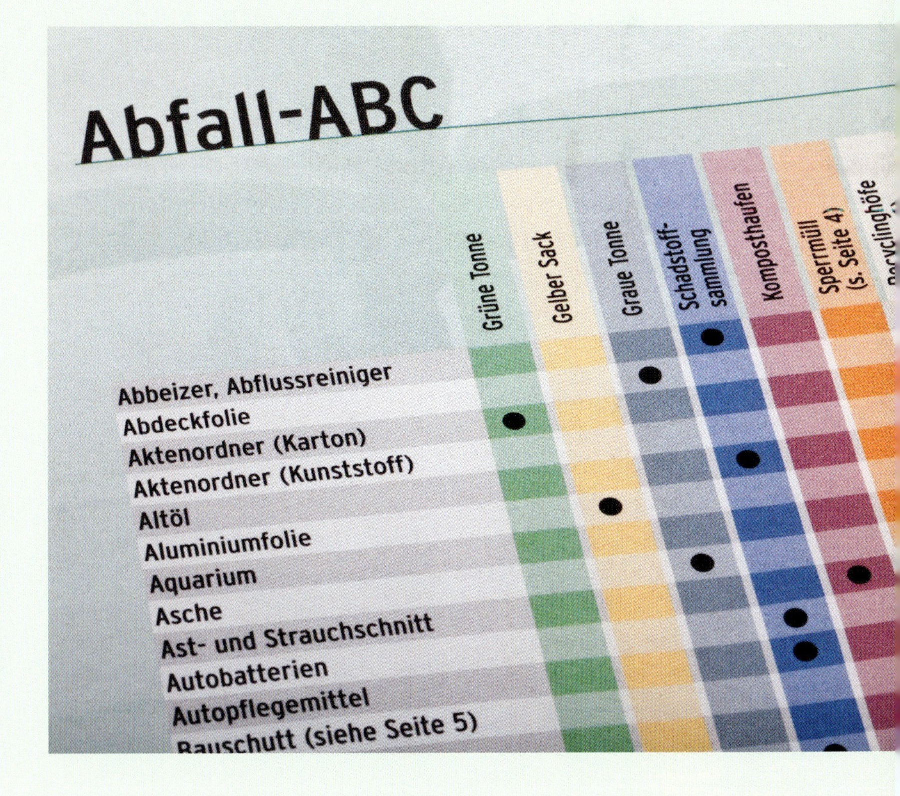

Eckdaten zur Entwicklung des Recyclings

1961	Gründung des Bundesverbandes der deutschen Entsorgungswirtschaft
1971	Erstes Abfallbeseitigungsgesetz in der Bundesrepublik Deutschland
1986	Technische Anleitung (TA) Luft zur Vermeidung schädlicher Emissionen
1990	Gründung des Dualen Systems Deutschland (Der Grüne Punkt)
1996	Kreislaufwirtschafts- und Abfallbeseitigungsgesetz in Kraft
2011	Letzte Novelle des deutschen Kreislaufwirtschaftsgesetzes

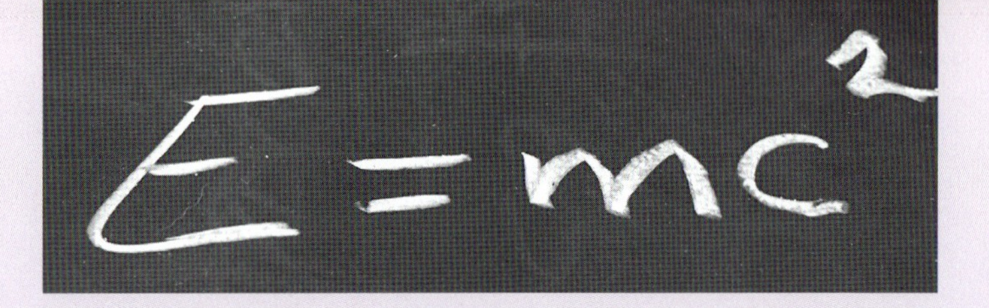

Die berühmteste Formel der Welt

Zeit und Raum sind relativ

Mit der Relativitätstheorie veränderte das Jahrhundertgenie Albert Einstein das moderne Weltbild. Seine Idee wurde teilweise experimentell bestätigt.

Ein neues Weltbild wird begründet

Als Angestellter beim Schweizer Patentamt in Bern erschütterte der junge Albert Einstein (1879–1955) im Jahr 1905 die Fachwelt. Er behauptete in seinem Aufsatz, dass jede Bewegung mit konstanter Geschwindigkeit relativ sei und dass die Zeit für Objekte mit konstanter Bewegung (ohne Beschleunigung) zueinander unterschiedlich schnell abläuft. Daraus leitete er die Äquivalenz von Masse (m) und Energie (E) ab und entwickelte seine Formel $E = mc^2$, wobei c für die Lichtgeschwindigkeit (ca. 300 000 km/h) steht. Jegliche auf Lichtgeschwindigkeit beschleunigte Materie wandelt sich laut Einstein in Energie um. 1915 erweiterte er seine Idee zur Allgemeinen Relativitätstheorie: Jede Bewegung wird von den geometrischen Verhältnissen des Raumes bestimmt, in denen sie stattfindet. Folglich muss von einer vierdimensionalen Geometrie ausgegangen werden.

> ***„Wenn ein Mann eine Stunde mit einem hübschen Mädchen zusammensitzt, kommt ihm die Zeit wie eine Minute vor. Sitzt er dagegen auf einem heißen Ofen, scheint ihm schon eine Minute länger zu dauern als jede Stunde. Das ist Relativität."***
> Albert Einstein, Physiker

Einsteins Theorie im Experiment

Nachdem schon in den 1920er-Jahren erste Indizien für Einsteins Annahmen zusammengetragen wurden, lieferte der deutsche Physiker Rudolf Mößbauer (* 1929) im Jahr 1960 erstmals einen empirischen Beweis für die Richtigkeit der Allgemeinen Relativitätstheorie: Werden Gammastrahlen z. B. durch einen Fahrstuhlschacht eines Hochhauses senkrecht nach unten gesendet, muss sich laut Einstein aufgrund der leicht höheren Erdanziehung am Schachtboden, der dem Erdmittelpunkt näher ist, die Wellenlänge minimal verändern. Dann werden die Gammastrahlen nicht mehr von dem dafür bereitgestellten Kristallgitter absorbiert. 1972 wurde Einsteins Behauptung bestätigt, dass sich die Zeit unter bestimmten Bedingungen zusammenziehe: Zwei Uhren bewegten sich in zwei schnellen Flugzeugen in Gegenrichtung um die Erde. Gegenüber bodenfesten Uhren verlor die ostwärts fliegende Uhr 59 Milliardstel Sekunden und die nach Westen fliegende Uhr 273 Milliardstel Sekunden. Die Unterschiede beruhten auf der Erdoration; beide Zahlen entsprachen ziemlich genau den von Einstein berechneten Werten. Nach diesem „Uhrenparadoxon" muss ein mit Lichtgeschwindigkeit reisender Astronaut bei der Rückkehr jünger sein als ein zur gleichen Zeit mit ihm geborener Mensch auf der Erde. Heute werden die Erkenntnisse der Relativitätstheorie vor allem bei feinsten physikalischen Messungen genutzt.

Der Jahrhundertphysiker Albert Einstein, 1921

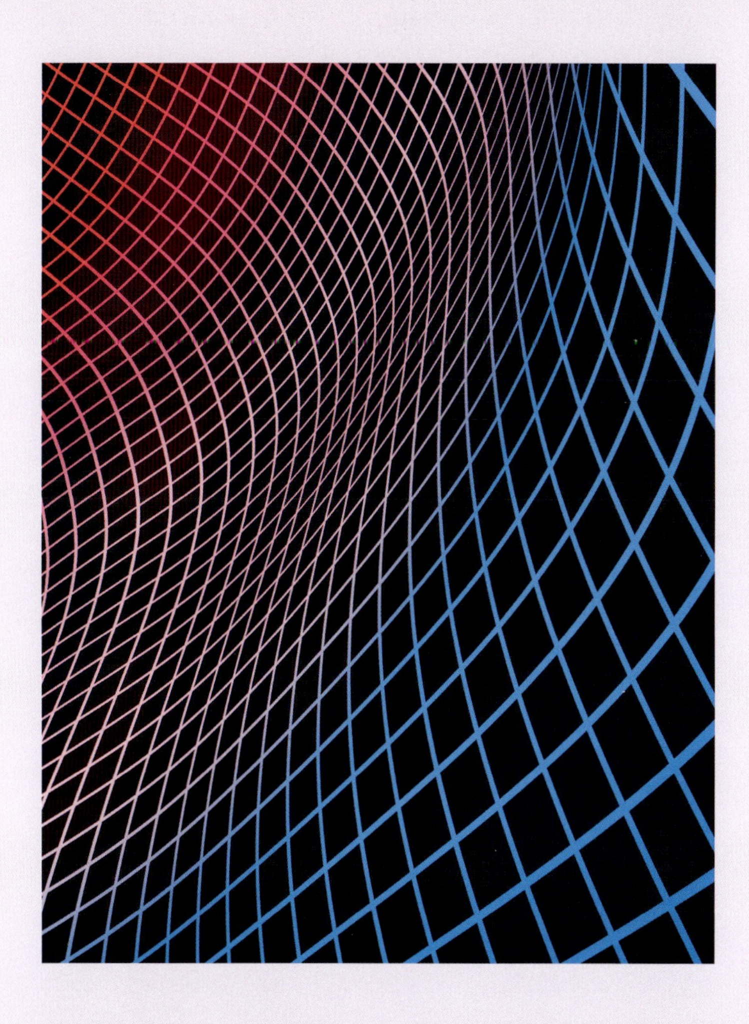

Oben: Grafische Darstellung der Krümmung von Raum und Zeit
Rechts: Einsteinturm in Potsdam zur Beobachtung des Himmels

Eckdaten zur Erforschung der Relativität

1881	Albert Michelson und Edward Morley beweisen, dass es keinen „Äther" gibt; Licht breitet sich in alle Richtungen gleich schnell aus
1892	Hendrik Antoon Lorentz leitet aus dem Michelson-Morley-Versuch ab, dass die Masse eines Körpers mit seiner Geschwindigkeit wächst
1905	Albert Einstein veröffentlicht seine spezielle Relativitätstheorie; sie gilt nur für die Bewegung von Körpern ohne Beschleunigung
1915	Einstein erweitert seine Ideen zur Allgemeinen Relativitätstheorie
1919	Ein britisches Team bestätigt Einsteins Lichtablenkungshypothese
1960	Rudolf Mößbauer weist die Verschiebungen im Erdschwerefeld nach
1988	Das Großteleskop Very Larage Aray entdeckt die von Einstein 1936 vorhergesagten ringförmigen Bilder von weit entfernten kosmischen Objekten, die durch die Gravitationslinsenwirkung verursacht werden

Der Blick in den Körper

Mit der Entdeckung einer neuen Strahlungsquelle gab Wilhelm Conrad Röntgen der medizinischen Diagnostik und der technischen Anwendung ein völlig neues Instrument.

Unsichtbare Strahlung mit Nebeneffekt

Im Jahr 1895 führte der deutsche Physiker Wilhelm Conrad Röntgen (1845–1923) Experimente mit Kathodenstrahlen durch. Obwohl die Elektronen im dunklen Labor eine mit schwarzem Papier umwickelte Röhrenwand nicht durchdringen konnten, leuchtete in der Nähe der Röhre ein mit einer Masse bestrichener Schirm auf. Nachdem Röntgen den Schirm in die Hand genommen und näher an die Röhre herangeführt hatte, waren die Knochen seiner Finger zu erkennen. Von der Röhre mussten unbekannte Strahlen ausgehen, die sogar feste Substanzen durchdrangen. Er nannte sie „X-Strahlen". Für seine Entdeckung erhielt er 1901 den Physiknobelpreis.

„Ich hatte von meiner Arbeit niemandem etwas gesagt; meiner Frau teilte ich nur mit, dass ich etwas mache, von dem die Leute, wenn sie es erfahren, sagen würden: ‚Der Röntgen ist wohl verrückt geworden.'"

Wilhelm Conrad Röntgen, Physiker

Anwendungen

In den ersten Monaten und Jahren nach Röntgens Entdeckung untersuchten viele Kollegen die neu entdeckten Strahlen, mit denen sich z. B. Knochenbrüche leicht erkennen ließen. 1897 erkannte der Amerikaner Walter Cannon (1871–1945), dass sich mit Kontrastmitteln auch innere Organe darstellen ließen. Die Röntgenstrahlen wurden aber nicht nur für die Diagnostik, sondern auch für die Behandlung bedeutsam. So können Röntgenstrahlen Geschwüre heilen sowie Bakterien und Viren töten. Erst Mitte des 20. Jahrhunderts wurde die Gefährlichkeit der Strahlung sichtbar, zumindest bei hohen Dosierungen und häufiger Anwendung. Eine Weiterentwicklung ist die 1971 eingeführte Computertomographie, die mithilfe von Röntgenstrahlen ein dreidimensionales Bild erzeugt und tiefer liegende Schichten des Körperinnern sichtbar macht. Röntgenstrahlung gelangt aus dem Weltraum auf die Erde; damit lassen sich optisch nicht sichtbare Himmelskörper beobachten.

Wilhelm Conrad Röntgen

Moderne Röntgenaufnahme einer menschlichen Hand

Von DDT zum Biohelfer

Mehrere Jahrzehnte setzte die industrielle Landwirtschaft bei der Bekämpfung von Pflanzenschädlingen vor allem auf chemische Mittel. Mit wachsendem Umweltbewusstsein rückten die biologischen Methoden in den Blickpunkt.

Chemiekeule in der Landwirtschaft

Der Schweizer Paul Hermann Müller (1899–1965), der beim Baseler Chemiekonzern Ciba Geigy angestellt war, erzeugte 1939 erstmals künstlich den Wirkstoff Dichlordiphenyltrichloräthan (DDT). Das Kontaktgift war ein höchst effizientes Mittel gegen Insekten und wurde ab 1942 als erste Agrochemikalie auf den Feldern der Welt eingesetzt, z. B. gegen den Kartoffelkäfer. Müller erhielt 1948 den Medizinnobelpreis. Für den Menschen ist DDT in kleinen Dosen relativ ungefährlich, für Insekten aller Art, auch nützliche, jedoch tödlich. Mit DDT wurden u. a. die gefährlichen Malariamücken bekämpft. Allerdings schädigte der massenhafte Einsatz den jeweiligen biologischen Lebensraum nachhaltig. Wegen seiner chemischen Stabilität und seiner Fettlöslichkeit reicherte es sich im Gewebe von Menschen und Tieren am Ende der Nahrungskette an. 1962 veröffentlichte die amerikanische Biologin Rachel Carson (1907–1964) ihr international erfolgreiches Sachbuch „Der stumme Frühling“ über die Risiken des Einsatzes von Pestiziden, das eine breite Diskussion über DDT auslöste. In den meisten Industrieländern wurde es in den 1970er-Jahren verboten bzw. sein Gebrauch wurde stark eingeschränkt.

„Wie man den Acker bestellt, so trägt er.“
Deutsches Sprichwort

Biologische Helfer gegen Schädlinge

Im Rahmen des ökologischen Landbaus seit den 1970er-Jahren wurde die biologische Schädlingsbekämpfung stärker propagiert. Sie orientiert sich an der Aufrechterhaltung einer Mindestartenvielfalt und siedelt im betroffenen Bereich z. B. Nützlinge wie insektenfressende Vögel an. Im Bioweinbau werden Marienkäfer gegen Blattläuse eingesetzt. Allerdings können die biologischen Schädlingsbekämpfungsmethoden bei falschem Einsatz das ökologische Gleichgewicht empfindlich stören. Diese Folgen traten z. B. durch Kaninchen- und Fuchsplagen in Australien auf.

Großflächige Schädlingsbekämpfung in der Landwirtschaft, im Hintergrund Windkraftanlagen zur umweltfreundlichen Stromerzeugung

Vom Grammofon zu MP3

Mit der neuen Aufzeichnungsmöglichkeit von Tönen wurden im 19. Jahrhundert die technischen Voraussetzungen für die Entwicklung der modernen Musikindustrie geschaffen. Inzwischen wird das analoge Aufnahmeverfahren vom digitalen abgelöst.

Eine Walze mit Trichter von Edison

Es begann mit einer guten Idee und einer einfachen Walze. 1877 entwickelte der amerikanische Multi-Erfinder Thomas Alva Edison (1847–1931) den Phonografen zur Aufzeichnung und Wiedergabe von Tönen. Edison hatte eine Metallwalze mit Stanniolpapier umwickelt und mit einer Handkurbel versehen. Ein Trichter führte den Schall zur Aufnahmemembran, die in Schwingungen versetzt wurde. Eine Stahlnadel übertrug die Schwingungen in Form von Rillen auf die Walze – fertig war der krächzende Sound. Edison hatte das Grundprinzip aller Schallplattenspieler erfunden, ohne den die moderne Musikindustrie sich nicht hätte entwickeln können.

Grammofon und Schallplatte

Der Deutsch-Amerikaner Emil Berliner (1851–1929) verbesserte die Edison-Walze, indem er eine flache Scheibe benutzte. Seine erste Schallplatte bestand aus Glas, auf die er eine Schicht aus Ruß und Öl aufgetragen hatte. Ein Schreibstift kratzte Tonrillen hinein, danach härtete Berliner die Schicht mit Schellack, einer harzigen Substanz aus Gummilack. Zum Abspielen der Platten entwickelte er das Grammofon, dessen Abtastnadel den Tonrillen von innen nach außen folgte und die Schwingungen auf die Membran eines großen

Nostalgischer Hörgenuss – Trichtergrammofon

Doppel-Plattenspieler in einer Diskothek

Schalltrichters übertrug. Um 1892 begann Berliner mit dem Aufbau der Schallplattenindustrie. Einer der ersten großen Stars, die millionenfach runde Tonträger verkauften, war der italienische Tenor Enrico Caruso (1873–1921). Das Koffergrammofon und die Schellackplatten waren Sinnbilder der lebenslustigen 20er-Jahre, die heute als „goldene" Zeit der Unterhaltungskultur gelten.

„Man wird von meinen Platten so viele Kopien machen können, wie man will, und prominente Sänger, Sprecher und Schauspieler werden durch den Verkauf ihrer 'Phonoautogramme' zu einem Tantieme-Einkommen gelangen können."

Emil Berliner, Grammofon-Erfinder

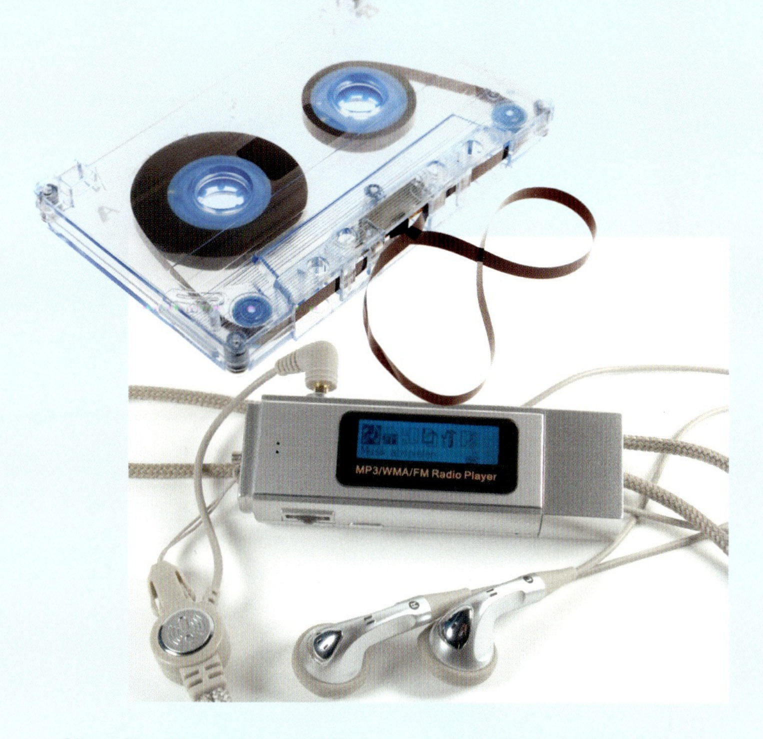

Oben: Musikkassette und MP3-Player, unten: Englische Single-Auswahl auf Schallplatte

Die Welt der digitalen Aufzeichnung

Ein Jahrhundert lang prägten Schallplatten die Tonträgerindustrie – bis sich Anfang der 1980er-Jahre mit der Compact Disc die digitale Aufzeichnung durchsetzte. Abgetastet wird die Musik von einem Laserstrahl. Doch die CD bekam wesentlich schneller Konkurrenz als die Schallplatte. Mit dem Speichern von Audiodateien im MP3-Format und der Wiedergabe auf tragbaren kleinen Geräten, den 1998 auf den Massenmarkt gekommenen MP3-Playern, setzte sich ein neues Gerät durch, auf dem Hunderte von Titeln gespeichert werden können. Auch diese Entwicklung ist nicht zu Ende. Sicher wartet bald ein findiger Tüftler mit noch besserer Klangqualität und größerem Speichervolumen auf.

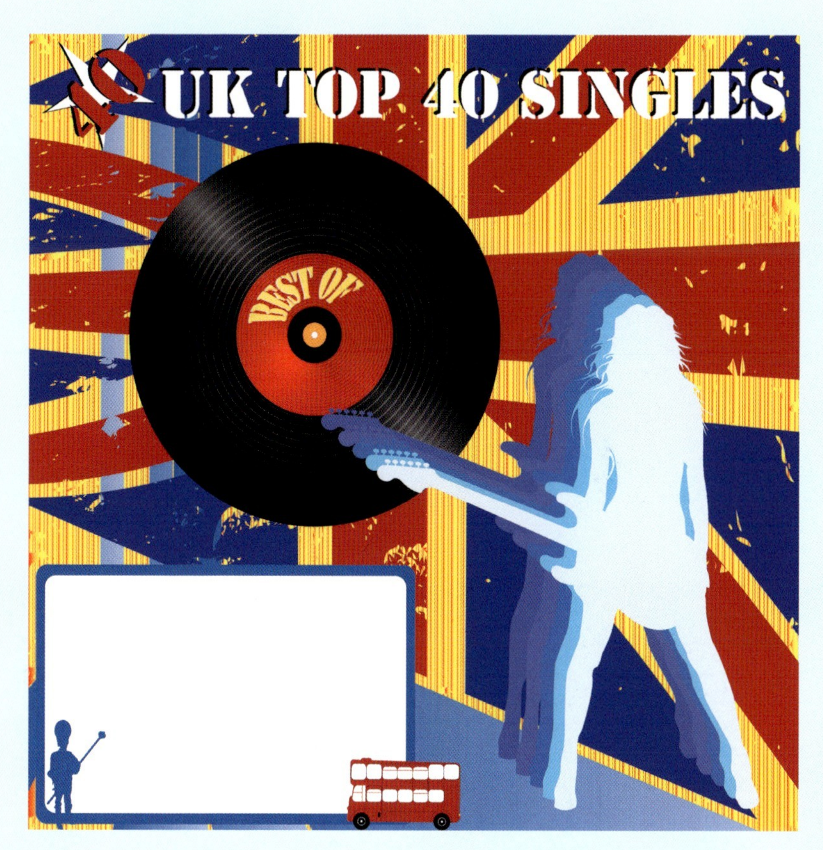

Eckdaten zur Geschichte der Tonträger

1877	Thomas A. Edisons Phonograf ist der Vorläufer der Schallplattenspieler
1887	Mit dem Grammofon begründet Emil Berliner die Schallplattenindustrie
1896	Berliner ersetzt das Hartgummi der Schallplatte durch Schellack
1948	Aus dem Kunststoff PVC werden erste Langspielplatten hergestellt
1982	Die ersten digitalen Compact Discs (CDs) kommen auf den Weltmarkt
1998	Mit dem Programm MP3 lassen sich Audiodateien komprimieren

Auf den Meeren zu Hause

Seit Urzeiten ist Wasser der wichtigste Transportweg des Menschen. Bis heute wird der weitaus größte Teil des Handels über die Meere abgewickelt. Im Passagierbereich gewinnen die Kreuzfahrtschiffe immer mehr an Bedeutung.

Frühe Boote, Flöße und Schiffe

Schon vor 8000 Jahren waren die Menschen mit einfachen Schiffen unterwegs – in Kiefernkanus, Schilfbündelbooten und Flößen. Um 5000 v. Chr. fuhren in Mesopotamien die ersten Schiffe mit Mastbaum und Segel, auf dem Nil verkehrten hölzerne Segelschiffe. Die Phönizier erfanden um 1000 v. Chr. für ihren Handel hochseetaugliche Kielschiffe bis zu 20 Metern Länge. Die attische Triere mit mehr als 150 Ruderern war in der Antike allen Kriegsschiffen überlegen. Um 600 v. Chr. sollen die Phönizier erstmals Afrika umschifft haben, um 300 v. Chr. wurden die Segel erstmals in Längsrichtung des Schiffes gesetzt, sodass sie vom Rückenwind unabhängig wurden und auf hoher See kreuzen konnten. Mit ihren schnellen Schiffen starteten die Wikinger im 8. Jahrhundert ihre Raubzüge in Europa.

> ***„Wenn Du ein Schiff bauen willst, … lehre die Männer die Sehnsucht nach dem weiten, endlosen Meer.“***
> Antoine de Saint-Exupéry, Schriftsteller

Rechts: Historische Segelschiffe bei einer Regatta
Unten: Seefahrerdenkmal im Hafen von Lissabon

Von den Seglern bis zu den Kreuzfahrtschiffen

Die großen Seefahrernationen Spanien, Portugal, England und Holland eroberten seit dem 16. Jahrhundert mit ihren Segelschiffen fast jeden Winkel der Erde und teilten die Handelsschifffahrt unter sich auf. Die Navigation wurde durch Kompass, Quadranten, Kartenprojektion und andere Erfindungen wesentlich erleichtert. Im frühen 19. Jahrhundert begann das Zeitalter der Dampfschifffahrt. Damit kamen auch die ersten „Ozeanriesen" auf, die sich bis 1900 gegen die Großsegler durchsetzten. Danach begann die große Zeit der Dieselmotoren in der internationalen Schifffahrt. Die heutige Handelsschifffahrt ist vor allem gekennzeichnet durch gigantische Tanker, Massenfrachtgut- und Containerschiffe für die wachsenden Warenströme auf den Weltmeeren. Über 90 Prozent des Welthandels werden über den Seeweg abgewickelt. In der Passagierschifffahrt haben die großen Kreuzfahrtschiffe bis zu 8000 Personen an Bord.

Eckdaten zur Geschichte der modernen Schifffahrt	
1807	Robert Fulton unternimmt mit der „Clermont" von New York nach Albany und zurück die erste lange Fahrt mit einem Dampfschiff
1843	Die „Great Britain" ist das erste vollständig aus Eisen gebaute Schiff
1867	Der Suezkanal in Ägypten wird für die Handelsschifffahrt freigegeben
1912	Beim Untergang der „Titanic" kommen 1503 Menschen ums Leben
1914	Der Panamakanal in Mittelamerika verbindet Atlantik und Pazifik
1957	Die sowjetische „Lenin" ist das erste Handelsschiff mit Atomantrieb
1985	Schiffe navigieren fortan mit geostationären Satellitensystemen
2008	Als größtes Kreuzfahrtschiff läuft die „Oasis of the Seas" vom Stapel

Kreuzfahrtschiff „Queen Mary 2" im Hamburger Hafen

Die Revolution im Büro

Nur mit der Schreibmaschine konnte die zunehmende Korrespondenz und Dokumentation von Großunternehmen bewältigt werden – Tippen wurde zur weiblichen Domäne.

Von der Feder zur Schreibmaschine

Die erste brauchbare Schreibmaschine konstruierte im Jahr 1867 der Amerikaner Christopher Sholes (1819–1890); sie wurde ab 1874 vertrieben. Mit ihr ließen sich nach entsprechender Übung Schriftsätze erstmals schneller schreiben als mit der Hand. Doch war wegen des Unteranschlags die geschriebene Zeile noch nicht zu sehen. Weitere Innovationen für das Büro waren die erste elektrische Schreibmaschine der US-Firma Blickensderfer 1902 und acht Jahre später das Modell „Underwood", bei welcher der Abdruck der Buchstaben sofort zu sehen war. 1961 wurde der Typenhebel durch den legendären, sich drehenden Kugelkopf von IBM ergänzt. Das amerikanische Unternehmen war es auch, das 1964 den ersten Schreibautomaten auf den Markt brachte, bei dem der getippte Text vor dem Ausdruck auf einem Magnetband gespeichert werden konnte. Fließend vollzog sich in den späten 1980er-Jahren der Übergang vom hochpreisigen Spitzenmodell der Schreibmaschine zum ersten Personal Computer.

„Autoren, die auf der Schreibmaschine nur mit zwei Fingern tippen, sind im Vorteil, weil sie dabei in aller Ruhe denken können."
Fernando Arabal, Schriftsteller

Frauen erobern die Schreibtische

Bis weit in das 19. Jahrhundert hinein prägten Schreiber und Kopisten mit Feder und Tinte am Stehpult das Büro. Die moderne Büroarbeit entstand in den 1880er-Jahren, als die kapitalstarken Unternehmen deutlich wuchsen. Die mit der Geschäftstätigkeit steigende Korrespondenz sowie die Zunahme interner Aufzeichnungen und Berichte führten zu einer Flut von Schreibarbeiten. Mit der Maschine konnte nicht nur schneller geschrieben werden, sondern es konnten gleich mehrere Durchschläge für die Ablage erstellt werden. Schreibarbeit war Frauensache – auch weil sie weniger Lohn erhielten als ihre männlichen Kollegen. Die Herren der Schöpfung diktierten und die Frauen griffen in die Tasten. Die frühen Schreibmaschinen mussten noch mit viel Kraftaufwand betätigt werden. Erst mit den leichten elektrischen Schreibmaschinen entwickelte sich manche Sekretärin zum Tippwunder. Bis heute wird die klassische Schreibarbeit noch weitgehend von Frauen erledigt. Die Schreibmaschine ist aber inzwischen aus den Büros verschwunden.

Historische Schreibmaschine mit eingelegtem Papierblatt

Neuere Schreibmaschine aus den 50er-/60er-Jahren

Am Anfang war das Wort

Das geschriebene Wort ist rund 5000 Jahre alt. Heute ist menschliche Kommunikation und die Teilhabe an der Gesellschaft ohne Lesen und Schreiben kaum vorstellbar.

Von den Felsbildern zu den Schriftzeichen

Die abstrakte Schrift entstand vermutlich aus gemalten Motiven und Symbolen, die immer stärker vereinfacht und verallgemeinert wurden. So bildeten sich formelhafte Zeichen für Objekte aus der Lebenswelt des Frühmenschen (Pflanzen, Tiere, Gegenstände) aus. In den ersten Stadtstaaten wie Uruk in Mesopotamien entstand aus frühen Formen einer Bilderschrift im dritten vorchristlichen Jahrtausend die Keilschrift. Etwa um die gleiche Zeit entwickelten ägyptische Priester die Hieroglyphen, die oft für ganze Wörter standen. Die ältesten Schriftzeugnisse in China stammen aus der Zeit um 1200 v. Chr. Für die Entwicklung der europäischen Schriften von herausragender Bedeutung war das erste vollständige Alphabet, das die Griechen um 800 v. Chr. mit Vokalen und Konsonanten entwickelten. Sie passten das Zeichensystem der Phönizier ihrer Sprache an. Um 600 v. Chr. bildeten die Maya in Mittelamerika eine einfache Schrift aus, im zweiten nachchristlichen Jahrhundert entstand in Germanien die Runenschrift. Die arabische Schrift ist erstmals für das 7. Jahrhundert nachgewiesen.

> ***„Das Ziel des Schreibens ist es, andere sehen zu machen."***
> **Joseph Conrad, Schriftsteller**

Kulturtechniken Lesen und Schreiben

Lange Zeit war Lesen und Schreiben das Privileg von Herrschern, Wissenschaftlern, Gelehrten und Mönchen. Mit der Erfindung des Buchdrucks mit beweglichen Lettern (um 1450) verbesserten sich die Möglichkeiten des Zugangs zu Schriften, doch erst der Aufbau des Schulwesens, z. B. in Preußen durch die Einführung der Schulpflicht (1717), schuf die Voraussetzungen für die Verbreitung der Schrift. In der Industriegesellschaft wurden Lesen und Schreiben zu wichtigen Grundbedingungen, um am gesellschaftlichen Leben teilnehmen zu können. In der Dritten Welt ist der Analphabetismus noch weitverbreitet. Nach Schätzungen der Vereinten Nationen konnten 2010 rund 750 Mio. Menschen weder lesen noch schreiben.

Schriftzeichen in Arabisch, einer der großen Weltsprachen

Altägyptische Hieroglyphen, entstanden vor rund 5000 Jahren

Tafel in der vorderasiatischen Keilschrift, ca. 5000 Jahre alt

Die Energie der Sonne

Mit dem absehbaren Ende der fossilen Energieträger rückt die Sonne als unerschöpfliche Energiequelle der Zukunft ins Zentrum. Vielen Ländern steht eine Energiewende bevor.

Solarzellen und Sonnenkollektoren

Durch Kernfusion werden in der Sonne große Mengen Energie freigesetzt, die als Solarstrahlung (elektromagnetische Strahlung) zur Erde gelangen. Im Jahr 1954 entwickelten Physiker der Bell Telephone Laboratories in New Jersey (USA) die ersten Silizium-Solarzellen. Sie wandelten die Strahlungsenergie des Sonnenlichts in elektrische Energie um. Die erste technische Anwendung fanden sie 1955 bei der Stromversorgung von Telefonverstärkern. Später wurden sie zur Energieversorgung kleiner elektronischer Geräte wie Taschenrechnern eingesetzt und erzeugten vor allem für Satelliten und Sonden im Weltall Strom. Nach dem Ölpreisschock 1973 durch die Organisation Erdöl exportierender Staaten (OPEC) stieg das Interesse an der Solartechnik, auch wenn zunächst noch die Energieversorgung über große zentrale Kernkraftanlagen im Vordergrund stand. Gegen Ende der 1990er-Jahre arbeiteten die ersten Solarkraftanlagen mit fotoelektrischen Wandlern für Forschungsstationen und Privathäuser. Um sonnenscheinlose oder -arme Phasen bei Solarkraftwerken zu überbrücken, wurde 1991 in Almeria (Spanien) ein Verfahren vorgestellt, bei dem die Sonnenenergie mithilfe von Methan chemisch gespeichert und später durch eine Rückreaktion wieder abgegeben wird. Zur Wärmegewinnung werden Sonnenkollektoren eingesetzt, die das Sonnenlicht auffangen und in Wärme umwandeln. Kollektoren sind der Kern einer sog. thermischen Solaranlage und wurden bis in die 1990er-Jahre fast ausschließlich zur Warmwasserbereitung genutzt. Heute werden sie auch für die Raumheizung eingesetzt. Bei einem modernen Niedrigenergiehaus mit Wärmespeicher erfolgt die Raumheizung vollständig durch Solarkollektoren.

Eckdaten zur Entwicklung der Sonnenenergie

1954	Amerikanische Wissenschaftler stellen die ersten Solarzellen her
1958	Ein US-Satellit fliegt mit einer Batterie und Solarzellen ins All
1976	Australien betreibt sein Telekommunikationsnetz im Landesinnern (Outback) mit fotovoltaisch gestützten Batteriestationen
1980	Solarmodule mit wiederaufladbaren Batterien betreiben Signalanlagen auf kleinen, unbemannten Ölbohrinseln im Golf von Mexiko
1991	Das deutsche Stromeinspeisungsgesetz verpflichtet Energieversorger, Strom aus kleinen regenerativen Kraftwerken in ihr Netz einzuspeisen
2000	Per Gesetz werden die deutschen Energieversorger verpflichtet, für eingespeiste regenerative Energie eine Mindestvergütung zu zahlen

Anlage zur großflächigen Nutzung der Sonnenenergie in Südeuropa

Solarzellen auf dem Dach eines Privathauses

„Die Sonne leuchtet allen.“
Titus Petronius, Politiker

Das Energiereservoir der Zukunft

Mit dem 2011 beschlossenen Ausstieg der Bundesrepublik Deutschland aus der Atomenergie bis 2022 – eine Folge der Reaktorkatastrophe in Fukushima (Japan) – ist eine massive Förderung der erneuerbaren Energien (Wind, Wasserkraft, Sonnenenergie, Erdwärme, Biomasse u. a.) verbunden. Im Jahr 2010 trugen sie weltweit bereits ein Fünftel zur Stromversorgung bei. In vielen Entwicklungsländern ohne Stromnetz ist die Fotovoltaik eine preisgünstige Möglichkeit, dauerhaft und umweltfreundlich elektrischen Strom zu erzeugen. Als ein mögliches Szenario zur Versorgung Europas mit Sonnenenergie wird u. a. die Energiewandlung im sonnenreichen Nordafrika und die Übertragung in Hochspannungsleitungen diskutiert.

Anschluss unter Nummern

Das Telefon hat die Kommunikation grundlegend verändert. Mit der Weiterentwicklung zum Mobilfunk wurde die Telekommunikation ortsunabhängig und multimedial.

Eine neue Form der Kommunikation

Der deutsche Volksschullehrer Johann Philipp Reis (1834–1874) stellte 1861 in Frankfurt am Main sein Magnettelefon vor. Ein Geber, dem menschlichen Ohr nachempfunden und mit einer Membran aus Tierhaut versehen, sowie ein Empfänger, eine mit Draht umwickelte Stricknadel mit einem Geigenkasten als Resonanzkörper, waren durch zwei Drahtleitungen miteinander verbunden. Diesen kuriosen Apparat entwickelten verschiedene Techniker und Tüftler weiter. Der Schnellste und Erfolgreichste war der Amerikaner Alexander Graham Bell (1847–1922). Mit einer groß angelegten Vermarktungswelle machte er seinen Apparat, den er 1876 zum Patent anmeldete und auf der Weltausstellung in Philadelphia präsentierte, populär. Zunächst noch mit geringer Reichweite und störenden Nebengeräuschen eingeschränkt nutzbar, sorgten weitere Verbesserungen wie Induktionsspulen gegen Störeinflüsse und bis zu 3000 km Reichweite für den rasanten Siegeszug des Telefons. Lange Zeit mussten die Menschen das „Fräulein vom Amt“ zur Vermittlung von Gesprächspartnern anwählen. Der direkte Telefonverkehr mit Selbstwählen war in Deutschland ab 1923 möglich.

Oben: Johann Philipp Reis, Erfinder des ersten brauchbaren Telefons
Unten: Historische Apparate aus der Frühzeit des Fernsprechens

„Das Telefon gehört zu den Unentbehrlichkeiten, die nicht gekannt zu haben, ein rohes Zeitalter adelt.“
Richard von Schaukal, Dichter

Der Sprung in die Informationsgesellschaft

Ein technischer Meilenstein in der Weiterentwicklung des Fernsprechens war 1966 die Erfindung des Glasfaserkabels in Großbritannien. Statt der üblichen 30 waren nun 40 000 Telefongespräche und sogar Videobilder gleichzeitig übertragbar. Dabei werden die Informationen als kurze Laserlichtimpulse gesendet. In den 90er-Jahren wurden erste größere Glasfasernetze eingerichet. Das klassische stationäre Schnurtelefon bekam Konkurrenz durch schnurlose Apparate mit maximal ein paar hundert Metern Entfernung zur installierten Basis und schließlich in den 1980er-Jahren durch die ersten Mobiltelefone, die nicht mehr über Kabel, sondern über Funk mit dem Telefonnetz kommunizieren. Die Handys haben sich zu multimedial verwendbaren Kommunikationswundern im Westentaschenformat entwickelt, die neben Telefonieren u. a. Fotografie, Internetsurfen und Nachrichtenübermittlung erlauben.

Eckdaten zur Entwicklung des Telefonierens	
1861	Johann Philipp Reis präsentiert das erste funktionsfähige Telefon
1876	Alexander Graham Bell baut das erste industriell herstellbare Telefon
1881	Mülhausen im Elsass richtet das erste Fernsprechamt der Welt ein
1884	Die erste Telefonfernleitung führt von Boston nach New York (300 km)
1928	London und New York verbindet die erste Transatlantik-Telefonleitung
1956	Das erste Transatlantik-Telefonkabel führt von Schottland nach Kanada
1962	Telstar ist der erste Fernmeldesatellit zwischen Europa und den USA
1966	In England werden die ersten schnellen Glasfaserkabel getestet
1970	Zwischen Europa und den USA ist Telefon-Direktwahl möglich
1983	Die US-Firma Motorola stellt das erste kommerzielle Mobiltelefon her

Links: Älteres Telefon mit einer Wählscheibe aus Bakelit
Rechts: Modernes Bürotelefon und Mobiltelefon

Von Morse zum Breitband

Die Telegrafie ermöglichte erstmals den Nachrichtenverkehr über große Entfernungen. Die elektrische Übertragung wurde Anfang des 20. Jahrhunderts vom Funk ersetzt.

Optische Telegrafie mit Flügeln

In früheren Zeiten waren die Menschen bei der Übermittlung von Nachrichten erfindungsreich. So erzählt der griechische Dichter Homer, dass im 12. Jahrhundert v. Chr. der Feldheer Agamemnon seine Gattin Klytämnestra mit Signalfeuern über Hunderte von Kilometern vom Fall der Stadt Troja informiert habe. Die Römer und später die Engländer benutzten Rauchsignale zur Kommunikation, Seeleute verständigten sich mit Signalflaggen. Der Durchbruch in der Telegrafie vollzog sich 1791, als der französische Priester und Techniker Claude Chappe (1763–1805) zwischen zwei 14 km entfernten Dörfern eine Linie mit „Flügeltelegrafen" in Betrieb nahm. Ein Jahr später bestand seine überarbeitete Version aus fünf beweglichen Zeigern, mit denen sich bis zu 90 Wörter über 150 km übertragen ließen. Im Jahr 1793 wurde bei Paris die erste öffentliche Telegrafenlinie der Welt eingerichtet.

„In einer Fünftelsekunde kannst du eine Botschaft rund um die Welt senden. Aber es kann Jahre dauern, bis sie von der Außenseite eines Menschenschädels nach innen dringt."
Charles Kettering, Unternehmer

Vom Morsecode zur Funktechnik

Anfang des 19. Jahrhunderts begannen die ersten Versuche mit elektrischer Nachrichtenübertragung über Kabel. Doch erst dem Maler Samuel Morse (1791–1872) gelang 1837 ein überzeugendes System, nachdem er einen Wettbewerb des US-Kongresses gewonnen hatte. Morse entwickelte ein Alphabet zur Übertragung von

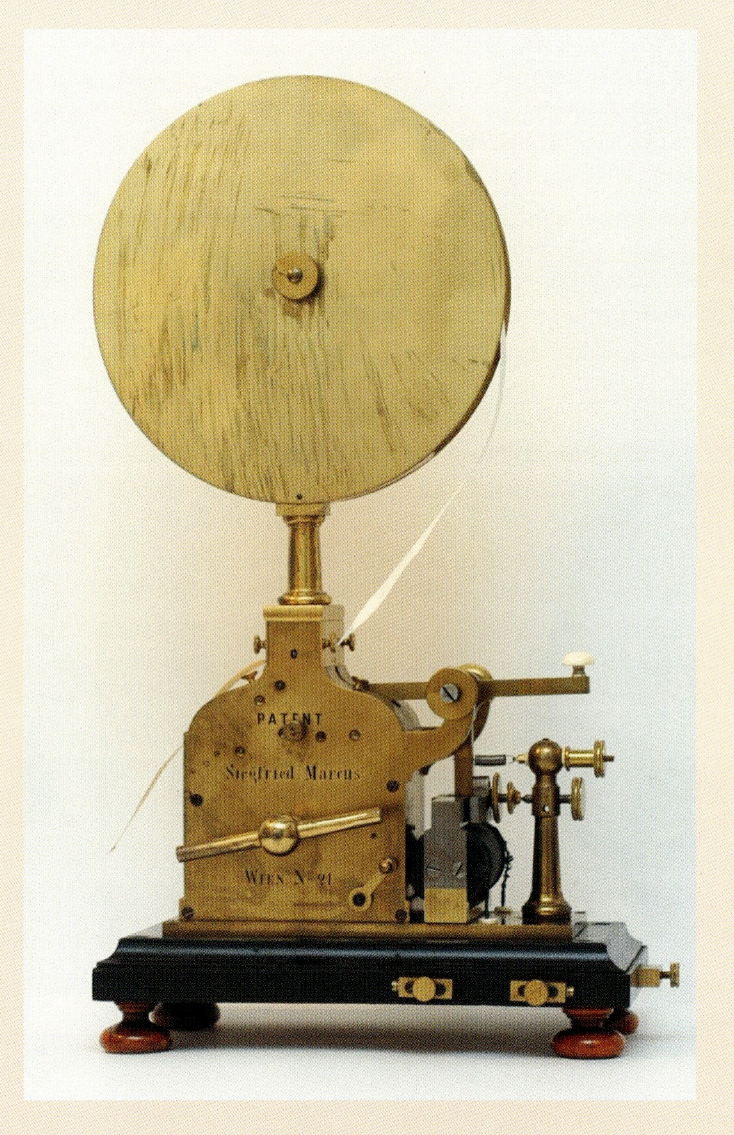

Links: Morsetelegraf, oben: Reliefschreiber von 1861

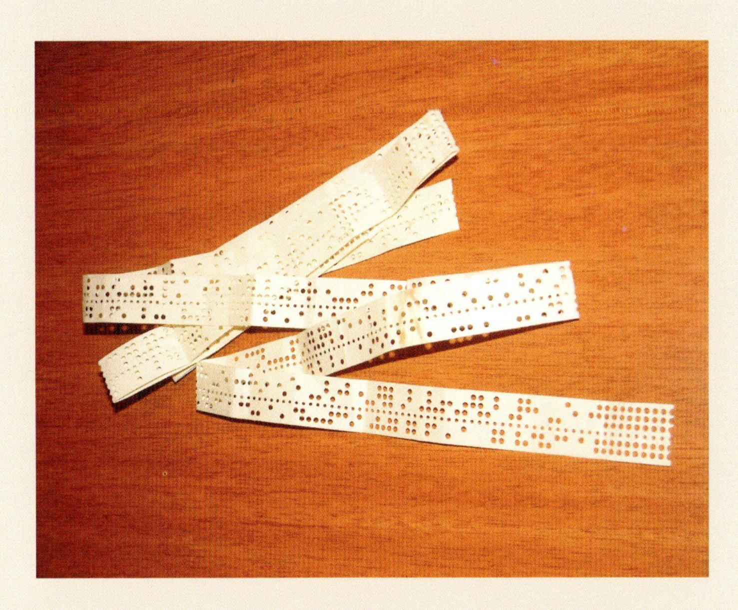

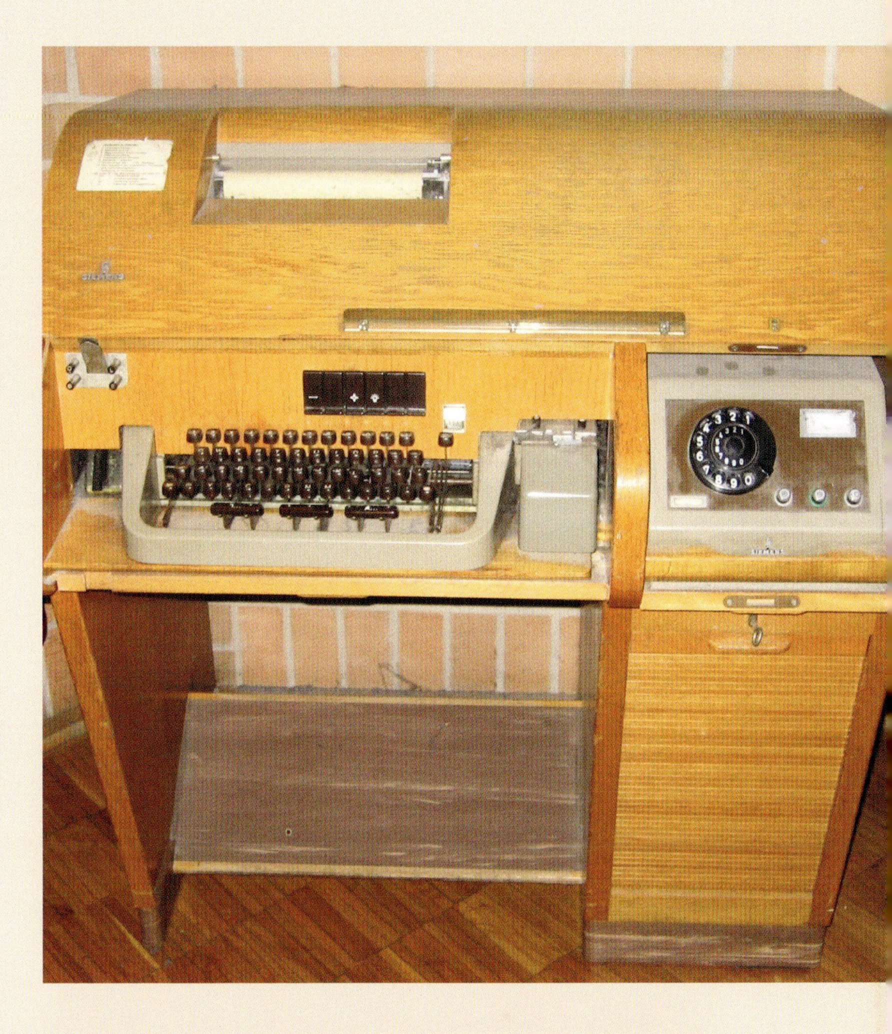

Oben: Lochstreifen zur Datenübermittlung in der frühen Telegrafie
Rechts: Fernschreiber Telex T100 von Siemens, 60er-Jahre

Zeichen aus Strichen und Punkten. 1851 wurden von Dover nach Calais die ersten Seekabel verlegt. Der Versuch, eine Verbindung zwischen Europa und Nordamerika zu schaffen, gelang zwar 1858, doch wurde das Kabel wenige Wochen später unbrauchbar. Erst 1866 wurde zwischen Irland und Neufundland in Kanada eine dauerhafte Telegrafenleitung über Kabel eingerichtet. Der deutsche Physiker Karl Ferdinand Braun (1850–1918) stellte 1898 im Elsass die erste „Funkenverbindung" auf. Der Italiener Guglielmo Marconi (1874–1937) schaffte ein Jahr später die Errichtung der ersten kabellosen Verbindung über den Ärmelkanal und 1901 über den Atlantik von England nach Neufundland an der kanadsichen Ostküste; der Funk hatte die elektrische Telegrafie abgelöst.

Vom Funk zur digitalen Kommunikation

Nachdem jahrzehntelang die Funktelegrafie dominierte, übernahmen mit der Entwicklung von Breitbandkabeln moderne Kommunikationsmedien wie Fax und E-Mail die früheren Aufgaben der Telegrafie. Im Jahr 2010 wurden nach Schätzungen ca. 107 Billionen E-Mails verschickt – allerdings waren davon fast 90 Prozent unerwünschte Botschaften meist werbenden Charakters (Spams).

Eckdaten zur Entwicklung der Telegrafie

1791	Claude Chappe errichtet die erste optische Telegrafenlinie
1809	Samuel von Sömmering überträgt eine Nachricht elektrisch über 3 km
1837	Samuel Morse entwickelt sein Alphabet aus Strichen und Punkten
1855	David Hughes erfindet in den USA einen ersten Schreibtelegrafen
1858	Charles Wheatstone überträgt Nachrichten mit dem Lochbandsystem
1899	Guglielmo Marconi telegrafiert erstmals drahtlos über den Ärmelkanal
1931	Die US-Firma AT & T baut ein Fernschreibernetz für Privatnutzer auf

Die globale Erwärmung

Der Anstieg der Temperatur in der Atmosphäre wird seit Beginn der Industrialisierung beobachtet und durch die Spurengase mitverursacht. Folgen sind u. a. das Schmelzen des Inlandeises und der Anstieg des Meeresspiegels.

Kohlendioxid und Wasserdampf

Die Gefahren des Treibhauseffektes erkannte schon vor rund 150 Jahren der britische Physiker John Tyndall (1820–1893). Im Jahr 1863 wies er darauf hin, dass Gase wie Kohlendioxid und Wasserdampf das einfallende Sonnenlicht zwar durchlassen, nicht jedoch die Infrarotstrahlung, die normalerweise an die Atmosphäre abgegeben wird. Tyndall schloss daraus, dass die Zunahme solcher Gase die Atmosphäre genauso erwärmen könne wie die Glasabdeckung eines Treibhauses. Der natürliche Treibhauseffekt, also die Erwärmung des Erdbodens durch Sonnenstrahlen und die Abgabe von Wärmestrahlung an die Atmosphäre, ist für das Leben auf dem Planeten unerlässlich. Durch die Verfeuerung der fossilen Brennstoffe wie Öl oder Kohle entstehen jedoch große Mengen an zusätzlichem Kohlenstoffdioxid. Sie verstärken den natürlichen Treibhauseffekt und zerstören das Klimagleichgewicht der Erde.

„Der Unverstand ist die unbesiegbarste Macht auf Erden."
Anselm Feuerbach, Maler

Folgen der Erwärmung und Maßnahmen

Die langfristigen Folgen des von menschlicher Tätigkeit erzeugten Treibhauseffektes sind aller Wahrscheinlichkeit nach dramatisch. Die Temperaturerhöhung lässt den Meeresspiegel der Weltmeere ansteigen. In den letzten 3000 Jahren stieg er konstant um 0,1 bis 0,2 mm pro Jahr. Im 20. Jahrhundert beschleunigte sich der Prozess auf 1–2 mm pro Jahr, seit 1993 sogar um 3 mm. Die Temperaturerhöhungen haben den Meeresspiegel in den letzten 100 Jahren bereits um 15–20 cm ansteigen lassen, bis 2100 wird mit einem weiteren Anstieg gerechnet. Flache Inselgruppen in der Südsee und Länder mit großen Flutzonen wie Bangladesch werden schon bei einem

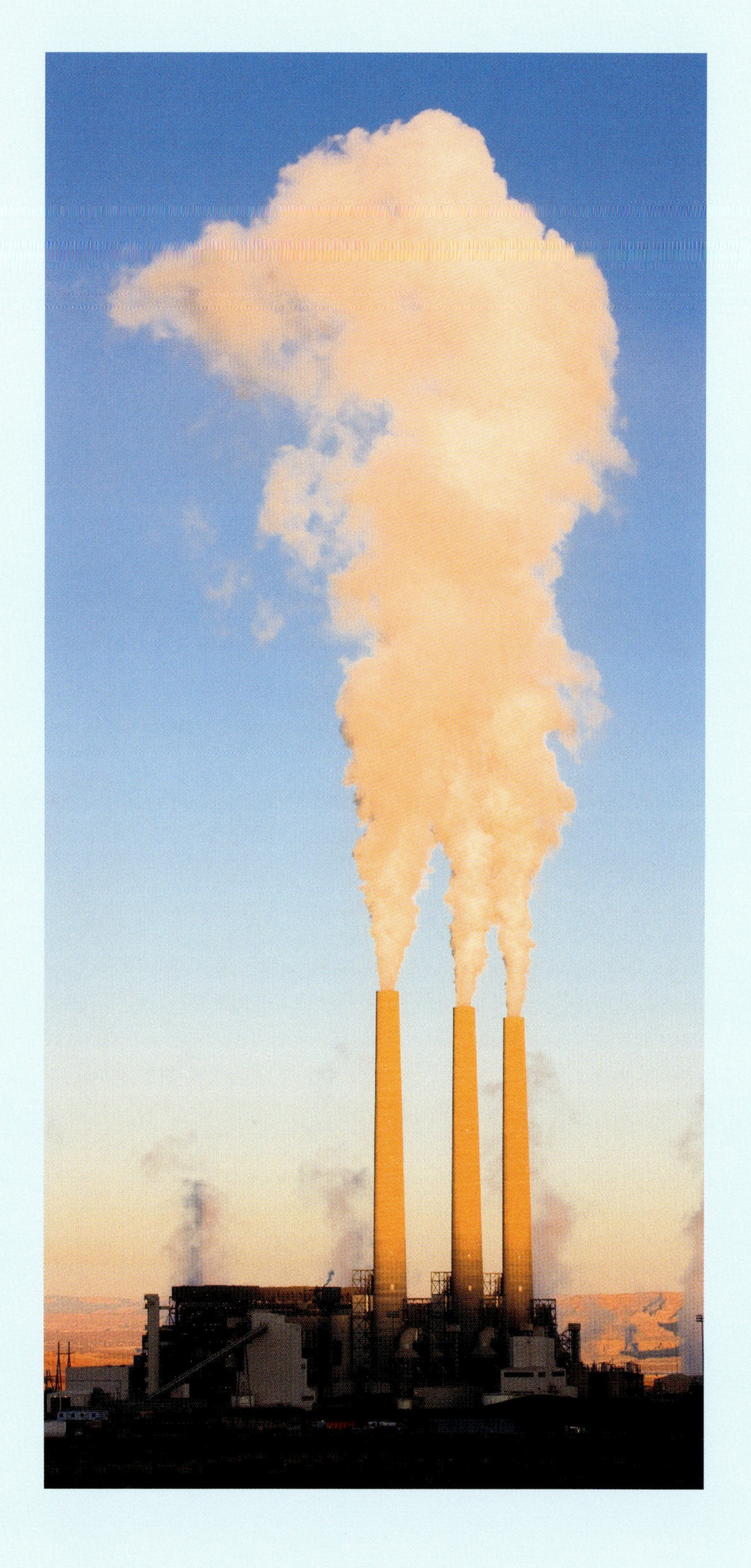

Industrieabgase – Beschleuniger des Treibhauseffektes

Vom Treibhauseffekt bedroht – Gletscher auf Island

geringen Anstieg massiv überschwemmt. Das Abschmelzen des Eises bedroht die Lebenswelt der Eisbären, da sie in den nördlichen Meeren ihre Eisbrücken für Wanderungen verlieren. Darüber hinaus sind Küstenregionen und tiefer gelegene Landstriche in aller Welt durch einen steigenden Meeresspiegel gefährdet. Durch die erhöhten Temperaturen ändert sich das Weltklima. Die Austrocknung der Böden bewirkt eine Ausweitung der Wüsten in ohnehin kargen Regionen, in gemäßigten Regionen wie Deutschland ist dagegen mit deutlich mehr Niederschlägen zu rechnen. Auf Klimaschutzkonferenzen haben sich zahlreiche Staaten verpflichtet, den Ausstoß an Treibhausgasen zu begrenzen. Zur Verminderung tragen auch erneuerbare Energien wie Solar- und Wasserkraft bei, die in den Industrienationen stark ausgebaut werden sollen.

Eckdaten zur Diskussion über den Treibhauseffekt

1863	John Tyndall beschreibt erstmals die möglichen negativen Folgen der Zunahme von Treibhausgasen in der Erdatmosphäre
1913	In Bern findet die erste internationale Naturschutzkonferenz statt
1941	Hermann Flohn betont, dass der Mensch am Klimawandel beteiligt sei
1972	In Stockholm tagt die erste Umweltkonferenz der Vereinten Nationen
1988	Der Weltklimarat beginnt das globale Wissen über die Veränderungen der Atmosphäre zu sammeln
1992	Auf der UN-Konferenz für Umwelt und Zusammenarbeit in Rio de Janeiro unterzeichnen 154 Staaten die Klimarahmenkonvention
1997	Das Kyoto-Protokoll schreibt verbindliche Zielwerte für den Ausstoß von Treibhausgasen fest; es tritt 2005 in Kraft und gilt bis 2012

Fahren unter der Erde

Um die wachsenden Verkehrsströme als Folge der Industrialisierung steuern zu können, richteten die europäischen Metropolen unterirdische Bahnen ein – anfangs mit Dampfkraft wie in London, später elektrisch.

„Zukünftig wird es nicht mehr darauf ankommen, dass wir überall hinfahren können, sondern, ob es sich lohnt, dort anzukommen."
Hermann Löns, Schriftsteller

Strategie gegen verstopfte Straßen

Mit dem starken Bevölkerungswachstum in vielen europäischen Metropolen im Zuge der Industrialisierung waren immer mehr Berufspendler zu transportieren. Nachdem die Straßen mit Pferdedroschken, Trambahnen und Fußgängern verstopft waren, gingen die Verkehrsplaner unter die Erde. 1863 wurde in London die erste Untergrundbahn der Welt eröffnet; sie fuhr noch mit Dampfantrieb. Anlagen für den Luftabzug und Schornsteine sorgten für Zirkulation. Die Fahrt war noch kein Vergnügen. In den Wagen der Metrobahn flackerte nur spärliches Licht, manchmal war es sogar stockfinster. Männer und Frauen waren getrennt, um in der schummrigen Atmosphäre keine Belästigungen aufkommen zu lassen. Die U-Bahn ermöglichte einen schnellen Transport großer Menschenmassen über mehrere Kilometer. Industriefirmen mussten ihr Betriebsgelände nicht mehr nur in der teuren City anlegen, sondern konnten auf den Stadtrand ausweichen. Ganze Stadtviertel wurden nach den Erfordernissen der Untergrundbahn konzipiert. Ab 1890 fuhr die Londoner U-Bahn elektrisch.

U-Bahn-Boom in den Metropolen

Dem Beispiel der britischen Hauptstadt folgten bald andere europäische Metropolen. Die zweite elektrische Metro der Welt war

Eckdaten zur Geschichte der U-Bahn

1863	Die erste U-Bahn in London fährt mit Dampfkraft (ab 1890 elektrisch)
1896	Budapest führt die erste U-Bahn auf dem europäischen Kontinent ein
1898	Die neue Wiener Stadtbahn fährt noch bis 1925 mit Dampfantrieb
1900	Zur Weltausstellung in Paris fahren die ersten Metrozüge der Stadt
1902	In Berlin wird das erste Teilstück der unterirdischen Metrobahn eröffnet
1904	Die elektrische U-Bahn in der Weltmetropole New York wird eröffnet
1912	In Hamburg geht die unterirdische elektrische Schnellbahn in Betrieb
1927	Die erste U-Bahn Asiens wird in der japan. Hauptstadt Tokio eröffnet
1935	Schmuckstück der Moskauer Metro sind die prachtvollen Stationen

Stationsschild der Pariser Metro im Jugendstil

Stationsschild der Londoner U-Bahn

1893 die als Hochbahn fahrende Liverpool Overhead zwischen Stadtzentrum und Hafen. Budapest war 1896 die erste Stadt auf dem Kontinent mit (elektrischer) unterirdischer Schnellbahn. Geplant hatte sie der Elektroingenieur Werner von Siemens (1816–1892) eigentlich für Berlin, doch die städtische Bürokratie brauchte für den dynamischen Unternehmer zu lange. Die deutsche Reichshauptstadt erhielt neun Jahre später ihre erste U-Bahn. Einen Sonderfall des innerstädtischen Schienenverkehrs stellte die 1901 in Elberfeld und Barmen (heute Wuppertal) eröffnete Schwebebahn dar; an der Hochbahn hängen die Wagen. Die 1904 auf zunächst 15 km eröffnete New Yorker U-Bahn ist heute mit mehr als 330 Streckenkilometern eine der größten der Welt. Das mit 420 km längste und mit am schnellsten wachsende U-Bahn-System der Welt wurde 1995 in der chinesischen Millionenstadt Shanghai in Betrieb genommen.

Einfahrt eines Zuges der Pariser U-Bahn, deren Streckennetz mit 500 m Entfernung von einer Station zur anderen besonders dicht ausgebaut ist

Mit der Zeit leben

Die moderne Zeitmessung begann im 16. Jahrhundert mit den Vorläufern der Taschenuhren, den ersten mobilen Zeitmessern. Im 20. Jahrhundert wurden die mechanischen Präzisionsgeräte durch Quarz- und Digitaluhren abgelöst.

Peter Henlein – Vater der tragbaren Uhr

Die mechanischen Uhren des Mittelalters waren wuchtig, schwer und nicht zu transportieren. Sie standen senkrecht, weil sie durch Gewichte mit Schwerkraft angetrieben wurden, und brauchten viel Platz. Solche Uhren standen vor allem in öffentlichen Gebäuden und Kirchen. Der Nürnberger Mechaniker Peter Henlein (um 1485–1542) arbeitete dagegen mit kleinen Uhrfedern, wodurch der Antrieb unabhängig von der Lage der Uhr wurde. Seine ab 1510 entwickelten, eiförmigen Zeitmesser waren so klein, dass sie in Dosen getragen werden konnten. Diese Uhren konnten sich nur wenige leisten, denn sie waren sehr aufwendig gearbeitet. Dennoch sorgten Henleins Vorläufer der Taschenuhren für einen regelrechten Produktionsschub und fanden im 16. Jahrhundert viele Nachahmer. Ab Mitte des 17. Jahrhunderts wurden die ersten Taschenuhren mit Spindelhemmung hergestellt. Große Uhrmacher in England, Frankreich und Deutschland produzierten Stücke höchster Qualität. In Amerika setzten pragmatische Uhrmacher dagegen seit dem frühen 19. Jahrhundert auf industrielle Massenproduktion und preiswerte Taschenuhren.

„Die tragbare Uhr ist, mehr noch als die Dampfmaschine, die eigentliche Protagonistin der industriellen Revolution.“
Lewis Mumford, Wissenschaftler

Die wertvolle Uhr als Statussymbol

Kunstvolle Uhren auf dem Tisch oder an der Wand waren seit der Renaissance eine geeignete Möglichkeit, um Reichtum, Kunstsinn und hohen gesellschaftlichen Status darzustellen. Das galt später auch für die Taschen- und Armbanduhren. Nicht jeder konnte sich eine tragbare Uhr am Handgelenk leisten, die renommiertesten feinmechanischen Hersteller der Welt produzierten wertvolle und langlebige Geräte, die viele Monatsgehälter kosteten. Im Zeitalter der Quarz- und Digitaltechnik greift mancher Nostalgiker und Statusbewusste gern auf diese mechanischen Meisterwerke zurück, um sich von der Masse abzuheben. Gegenüber früheren Epochen ist

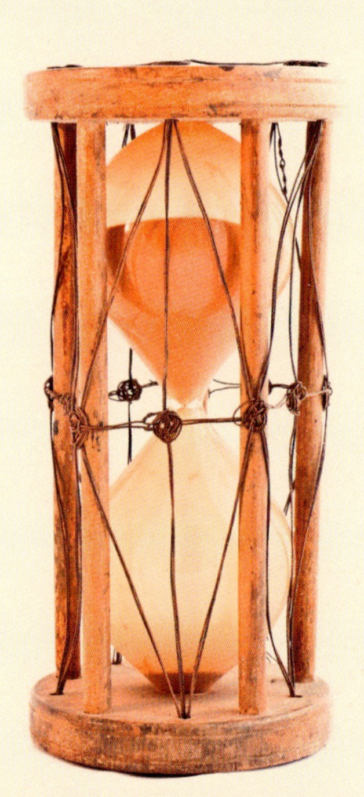

Links: Historische Sanduhr aus Holz und Glas, Mitte: Sonnenuhr mit römischen Ziffern, rechts: Taschenuhr

die Uhr aber nicht mehr in erster Linie ein Repräsentationsobjekt, sondern im hektischen Alltag ein fast unverzichtbares Mittel, um seine knappe Zeit effektiv zu organisieren. Heute ist die Uhr zum unverzichtbaren Begleiter in den unterschiedlichsten Bereichen des Alltags geworden. Die Armbanduhr stellt für jeden eine ständig verfügbare Zeitanzeige dar. Elektronische Uhren finden sich in Alltagsgegenständen wie Fernseher, Funkwecker, Computer und Handy. In der Arbeitswelt bestimmt die Zeitmessung Produktionsabläufe und die Länge des Arbeitstages. Ob als praktisches Werkzeug oder Schmuckstück, die Uhr repräsentiert in all ihren technischen Varianten und optischen Geschmacksrichtungen bis heute eines der wichtigsten Orientierungsmuster des menschlichen Lebens – die Zeit.

Links: Astronomische Uhr am Rathaus von Prag
Rechts: Mechanische Armbanduhr im Nostalgielook

Eckdaten zur Entwicklung der Uhren

3000 v. Chr.	Einfache Sonnenuhren der Babylonier geben die Tageszeit an
1350 v. Chr.	Im Amuntempel in Ägypten arbeitet die erste Wasserauslaufuhr
1300 n. Chr.	In Europa gibt es mechanische Uhren mit Gewichtsantrieb
1510	Peter Henlein baut in Nürnberg den Vorläufer der Taschenuhr
1657	Christiaan Huygens konstruiert die erste Pendeluhr für Kirchen
1840	Alexander Bain lässt sich eine elektrische Uhr patentieren
Um 1915	In Europa binden sich feine Herrschaften kleine Taschenuhren um das Handgelenk, damit wird die Armbanduhr Mode
1921	H. M. Dadourian entwickelt die erste Quarzuhr der Welt
1946	Willard Frank Libby erfindet die extrem genaue Atomuhr
1967	Wolfgang Hilberg erfindet bei Telefunken die Funkuhr

Die verborgene Gefahr

Seit gut einem Jahrhundert sind Viren als gefährliche Erreger bekannt. Großen Erfolgen in der Bekämpfung tödlicher Infektionskrankheiten stehen neue Formen gegenüber, für die es noch keinen wirksamen Schutz gibt.

„Viren sind die einzigen Rivalen um die Herrschaft über unseren Planeten. Wir müssen auf Draht sein, um mit ihnen Schritt zu halten.“

Joshua Lederberg, Mikrobiologe

Eigenschaften und Wirkungen

Der niederländische Botaniker Martinus Beijerinck (1851–1931) erkannte als Erster, dass Viren Krankheiten auslösen. Drei Jahre später konnte der amerikanische Mikrobiologe Walter Reed (1851–1902) nachweisen, dass Gelbfieber durch Viren verursacht wird, die von Moskitos übertragen wurden. 1911 stellte sein Landsmann, der Arzt Francis Rous (1879–1970), fest, dass bestimmte Viren Krebs auslösen können. Mitte der 1940er-Jahre beobachteten die beiden US-Mediziner Salvador Luria (1912–1991) und Alfred Hershey (1908–1997), dass Viren Veränderungen des Erbgutes (Mutationen) aufweisen können. Darüber hinaus entdeckte Hershey, dass das Erbmaterial verschiedener Viren kombiniert werden kann und Viren ihre Erbinformation in die Zellen fremder Organismen einschleusen. 1952 gelang dem Amerikaner Joshua Lederberg (1925–2008) der Nachweis, dass sie Mutationen auslösen können.

Viren in der medizinischen Praxis

Die Vielfalt von Viren und ihre Flexibilität werden in der modernen medizinischen Therapie genutzt, z. B. indem ihr starker Wachstumsmechanismus positiv eingesetzt wird. So werden mit ihnen Tumoren bekämpft, indem sich harmlose Viren in den Wucherzellen als Wirt einnisten, sich dort vermehren und sie von innen zerstören. Ähnlich arbeiten Viren bei Bakterien, die gegen Antibiotika resistent sind. In der Gentherapie werden mithilfe von Retroviren DNA-Abschnitte in die Körperzellen des Patienten geschleust. Allerdings bauen Retroviren dort auch ihr eigenes Erbgut ein und können unerwünscht Erbanlagen des Patienten aktivieren oder Gene zerstören. Medikamente gegen Viren können lediglich deren Vermehrung verhindern, da sie keine Zellen sind und nicht abgetötet werden können. Dies geschieht z. B. beim Einsatz von Medikamenten gegen die meist tödliche Immunschwächekrankheit Aids.

Viren unter dem Rasterelektronenmikroskop

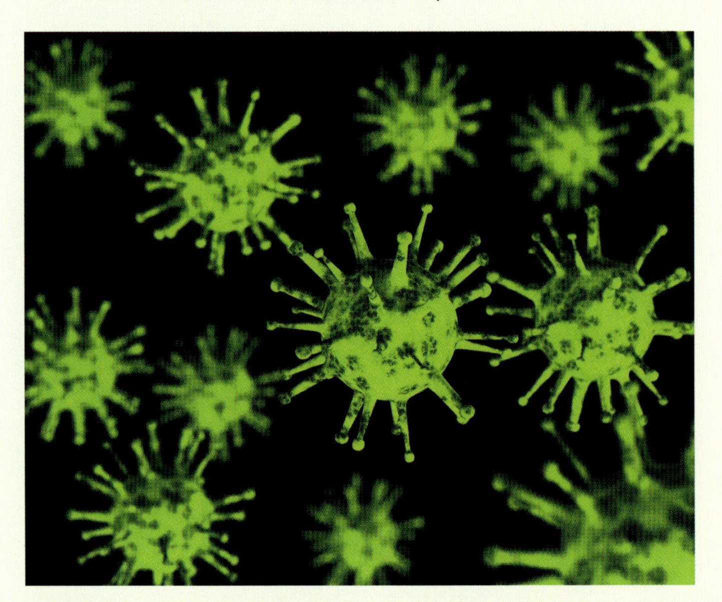

Vom Gurkenmosaikvirus befallene Blätter

Lebenswichtige Stoffe

Die Erkenntnisse über die Bedeutung der Vitamine als lebensnotwendige Wirkstoffe haben zum Abbau von Mangelerkrankungen entscheidend beigetragen.

Erforschung einer neuer Substanzgruppe

Anfang des 20. Jahrhundert erkannten mehrere Wissenschaftler, dass Krankheiten wie Beri-Beri, Skorbut und Rachitis eine Folge von Mangelerscheinungen sind. Der britische Biochemiker Frederick Hopkins (1861–1947) hob 1906 die Bedeutung bis dahin unbekannter Substanzen hervor. Die Nahrung bestehe nicht nur aus lebenswichtigen Kohlenhydraten, Eiweißen und Fetten, sondern aus weiteren Stoffen, die er experimentell noch nicht nachweisen konnte. Sein polnischer Kollege Casimir Funk (1884–1967) bezeichnete sie 1912 als Vitamine. Sie werden – außer Vitamin D durch Sonneneinstrahlung auf die Haut – nicht vom Körper produziert und müssen mit der Nahrung zugeführt werden. Der amerikanische Biochemiker Elmer McCollum (1879–1967) führte 1913 die Vitaminbezeichnung mit Großbuchstaben ein. In der Folgezeit entdeckten verschiedene Forscher die wichtigsten Substanzen, isolierten sie und klärten ihre Struktur. Heute sind 13 Vitamine bekannt, die entweder als wasser- oder fettlöslich eingestuft werden.

Bausteine der Gesundheit

Vitamine sind an vielen wichtigen Reaktionen des menschlichen Stoffwechsels beteiligt. Sie regulieren die Verwertung von Kohlenhydraten, Eiweißen (Proteinen) und Mineralstoffen. Sie stärken das Immunsystem und unterstützen den Aufbau von Zellen, Blutkörperchen, Knochen und Zähnen. Vitamine sind sehr instabil, bei langer Lagerung und Erhitzen verflüchtigen sie sich. Deshalb sind für eine gesunde, vitaminreiche Kost z. B. frisches und rohes Gemüse sowie Salate wichtig. In den wohlhabenden Ländern ist Vitaminmangel in der Regel nur auf menschliches Fehlverhalten zurückzuführen. Konzentrierte Vitaminpräparate sind in den meisten Fällen nicht nötig, manchmal sogar ungesund. In der Dritten Welt führen dagegen Vitaminmangel und Nahrungsmittelknappheit immer noch zu zahlreichen Mangelerkrankungen. So waren 2010 z. B. weltweit mehr als 200 Mio. Menschen von einem Mangel an Vitamin A betroffen, das für die Sehfunktion und das kindliche Wachstum wichtig ist. Eine einfache vitaminreiche Kost könnte in vielen Teilen der Welt Millionen von Todesfällen verhindern.

„Man muss die Kraft des Körpers erhalten, um die des Geistes zu bewahren.“
Luc de Clapiers, Marquis de Vauvenargues, Philosoph

Ein ganzer Korb voller natürlicher Vitamine – für die Gesundheit

Vom Faustkeil zur Bombe

Pistole aus dem 18. Jahrhundert

Werkzeuge wandelten sich schon früh zu Waffen – für die Jagd, zur Selbstverteidigung und für Angriffe auf Feinde. Mit den modernen Waffen hat die Menschheit die Möglichkeit sich selbst [illegible]

Von der Steinzeit bis in die Antike

Als früheste Jagdwaffen benutzten die Menschen der Steinzeit geworfene Steine, von Bergwänden herabgerollte Felsbrocken sowie Knüppel und Keulen. Vor etwa 20 000 Jahren kam der Bumerang aus Mammut-Elfenbein in Gebrauch. Pfeil und Bogen hatten eine wesentlich größere Reichweite als die bis dahin verwendeten Wurfspeere. Damit konnten auch große und schnelle Tiere sowie Vögel erbeutet werden. Pfeil und Bogen wurden auch schon als Kriegswaffen eingesetzt. Im dritten vorchristlichen Jahrtausend wurden im Kaukasus Streitäxte aus Kupfer eingesetzt, die Chinesen benutzten etwa zur gleichen Zeit die ersten Armbrüste. Die minoische Kultur auf Kreta brachte Bronzeschwerter als Hieb- und Stichwaffen hervor. Im Kampf gegen die Karthager setzten die Griechen im vierten nachchristlichen Jahrhundert Katapulte ein.

> ***„Die gefährlichste Waffe sind Menschen kleinen Kalibers."***
> **Wieslaw Brudzinski, Satiriker**

Vom Mittelalter bis zum Wilden Westen

Schon die alten Chinesen kannten Explosivstoffe, benutzten sie aber vor allem zur Sprengung von Gestein und als Feuerwerk. Die Erfindung des Schießpulvers in Europa aus Salpeter, Schwefel und Holzkohle wird dem Mönch Berthold Schwarz zugeschrieben, der im 14. Jahrhundert in Paris lehrte. Er revolutionierte die Waffentechnik. Im Hundertjährigen Krieg (1337–1453) zwischen England und Frankreich wurden in Europa erste kleine Kanonen gezündet. Für die Belagerung entstanden im 15. Jahrhundert die ersten großen Kanonen. Mit der Entwicklung der Feuerwaffen änderte sich die Kriegsführung. Das Rittertum des Mittelalters und der Kampf Mann gegen Mann wurden durch Distanzwaffen ersetzt, die Artillerie gewann auf dem Schlachtfeld an Bedeutung. Im Wilden Westen der USA hielten sich im 19. Jahrhundert noch die kleine Handfeuerwaffe (Colt) und Gewehre z. B. für die Büffeljagd.

Asymmetrische Konflikte der Gegenwart

Die vielen militärischen Konflikte des 20. Jahrhunderts gaben der Waffenentwicklung neue Impulse und sorgten 1945 mit dem Einsatz [illegible] Armeen der Welt neuen Gegnern gegenüber, die sich der offenen Schlacht entziehen. Stand das Zusammenwirken verschiedener Waffen bislang im Vordergrund, gibt es nun vermehrt Guerilla- und Bürgerkriege mit kleinen, flexiblen Einheiten sowie terroristische

Ritterwaffen des Mittelalters: Axt und Hellebarde

Links: Revolver von Samuel Colt
Rechts: Maschinengewehr Kalaschnikow (AK 47)

Gefahren. Der Konflikt wird eher auf begrenztem Raum (z. B. Irak, Afghanistan), im Häuser- und Städtekampf sowie bei der Sicherung von Objekten ausgetragen. Gleichwohl besitzen die Atommächte mit ihren Waffenarsenalen nach wie vor das vielfache Potenzial zur Auslöschung der gesamten Menschheit.

Eckdaten zur Entwicklung der Waffentechnik in der Neuzeit

16. Jh.	In Europa fahren die ersten Kriegsschiffe mit Bordkanonen
18. Jh.	Die Inder setzen gegen die Sikhs erstmals großflächig Raketen ein
1812	Samuel Pauli erfindet die moderne Patrone für Feuerwaffen
1835	Samuel Colt konstruiert den ersten, nach ihm benannten Revolver
1858	Alexander Henry erfindet die Winchester, ein Mehrladergewehr
1861	Richard Gatling baut ein Maschinengewehr mit rotierenden Läufen
1890	Hugo Borchardt und John Browning bauen vollautomatische Pistolen
1914	Igor Sikorsky entwickelt in Russland das erste Bombenflugzeug
1942	Die Messerschmidt „Me 262“ ist der erste militärische Düsenjäger
1945	Die USA werfen über Hiroshima und Nagasaki Atombomben ab

Oben: Kanone auf der Festung in Arrecife auf Lanzarote, Spanien, unten: Sowjetische Atomrakete SS 20

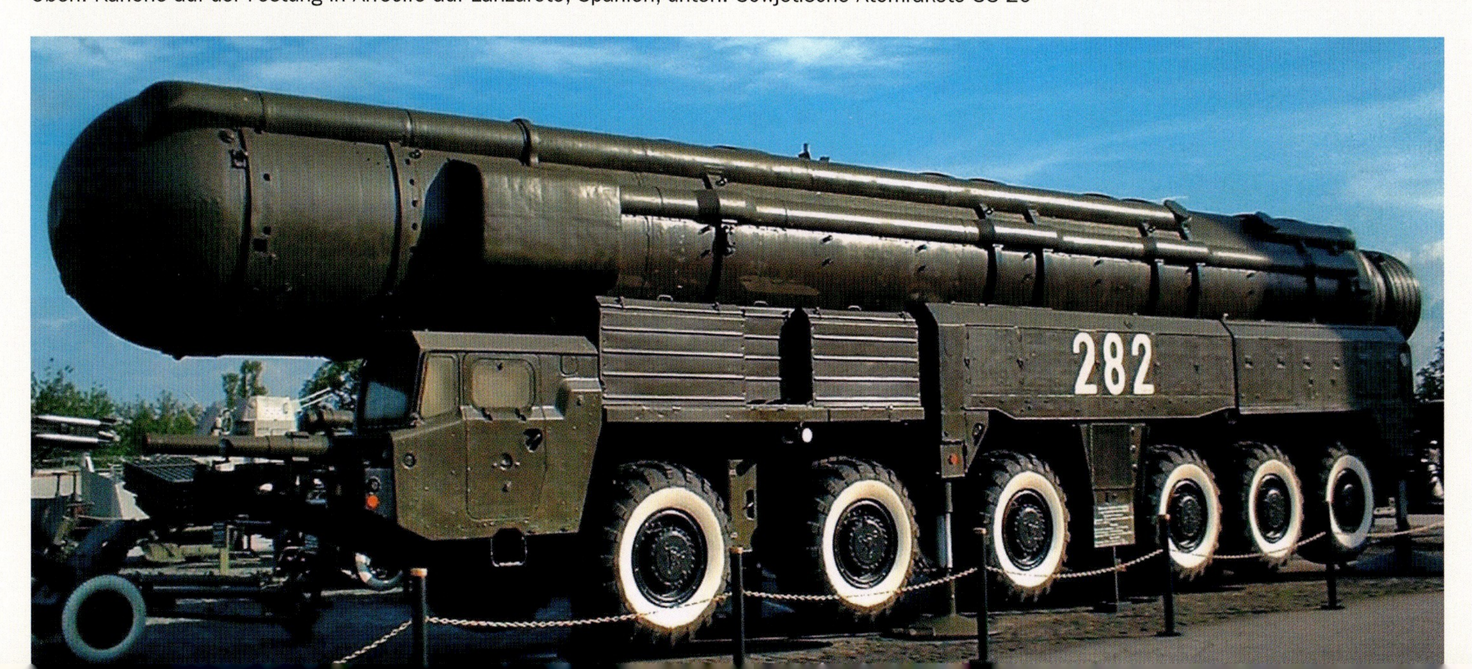

Eine saubere Sache

Mit der Erfindung des Waschautomaten wurde aus einem zeitraubenden, mühsamen Prozess eine einfache, saubere Sache – mit heute computergesteuerten Präzisionsgeräten.

Von der Handwäsche zu ersten Maschinen

Schon die alten Ägypter waren sehr auf Sauberkeit bedacht. Für den Pharao, ihren gottgleichen Herrscher, reinigten Fachkräfte nach festem Ablauf die Wäsche mit einer Lauge aus Rizinus und Salpeter, die Griechen verwendeten aufgekochte Pottasche. Aus menschlichem Urin wurde Ammoniak für die Waschanstalten in der Antike gewonnen. Erste einfache Waschmaschinen, meist für die Industrie, kamen im 18. Jahrhundert in Europa auf. Die oft noch klobigen mechanischen Apparate erleichterten zwar ein wenig die Arbeit, das Waschen blieb aber ein zeitraubender Prozess. In den Privathäusern waren weiterhin Zuber, Bottiche, Wannen und Waschbretter verbreitet. Eine Erleichterung leitete 1901 in Chicago der Amerikaner Alva John Fisher (1862–1947) mit der Erfindung der ersten elektrischen Waschmaschine ein. Sie hatte noch eine horizontale Trommel, über außen angebrachte Handkurbeln konnte die Wäsche ausgewrungen werden. Zunächst blieb die Waschmaschine im Haushalt jedoch noch eine Exotin. Viele Gewebe vertrugen die aufwendige Bearbeitung nicht, für den Betrieb brauchte es mindestens zwei Personen. Die Technik wurde in der Folgezeit mit neuen Elektromotoren, Saug- und Druckvorrichtungen und vertikaler Trommel kontinuierlich verbessert, doch blieb in vielen Haushalten das Wäschewachen bis in die 50er-Jahre Handarbeit – und Frauensache.

„Wenn es kein Wasser zum Waschen gäbe, wie sähe es in der Welt aus?“
Teresa von Ávila, Mystikerin

Vollautomatik – eine echte Erleichterung

Eine Revolution im Haushalt schafften in den 1960er-Jahren die Waschmaschinen mit elektromechanischer Programmautomatik, die stufenweise mit der Hand einstellbar waren. In den 1970er- und 1980er-Jahren kamen Intervallschleudern und Wäschetrockner hinzu. Die heutigen Geräte arbeiten mit Computerprogrammierung.

Von links: Alte Waschtrommel mit Handkurbel, Waschbrett und Bottich zum Wäschekochen

Sie steuern den kompletten Vorgang von der Waschmittel- und Wasserdosierung bis zur Trocknung in einem wählbaren Trocknungsgrad. Seit 1998 sind die Hersteller in der Europäischen Union verpflichtet, jedes Gerät nach umweltrelevanten Kriterien einzustufen. Dabei spielt ein niedriger Stromverbrauch ebenso eine Rolle wie ein schonender Umgang mit Gewebe sowie geringe Belastungen der Umwelt mit Waschrückständen und Chemikalien. Waschmaschinen werden gemäß ihrer Energieeffizienz-, Waschwirkungs- und Schleuderwirkungsklasse eingeteilt. Die Bewertung in jeder Klasse erfolgt zwischen A und G, wobei A die beste und G die schlechteste Klassifizierung darstellt. Nach der aktuellen EU-Verordnung aus dem Jahr 2010 wird ab 2012 in Europa der Verkauf von Geräten der Energieeffizienzklasse B und schlechter untersagt. Dafür werden mehrere A-Stufen eingeführt.

Eckdaten zur Entwicklung der Waschmaschine

1691	Der Engländer John Tyzacke erhält ein Patent auf eine schwere industrielle Waschmaschine mit Trommel und Handkurbel
1782	Henry Sidgier baut eine Trommel in einem Holztrog mit Handkurbel
1797	Nathaniel Briggs konstruiert eine Art Waschbrett mit einer Kurbel
1858	Hamilton Smith baut die erste Waschmaschine mit Vertikaltrommel
1901	Alva John Fisher erfindet die erste elektrische Waschmaschine
1907	„Persil“ von Henkel ist das erste „selbsttätige Waschmittel“ der Welt
1946	In den USA wird die erste vollautomatische Waschmaschine produziert
1958	Die Firma Miele entwickelt den ersten europäischen Wäschetrockner

Links: Immer noch Alltag in der Dritten Welt – Waschen und Trocknen am Fluss auf Madagaskar in Afrika, rechts: Moderner Waschvollautomat

Die natürliche Quelle

Ein fast unerschöpfliches Energiereservoir bilden die natürlichen Wasservorkommen der Erde. Mit der Erfindung von Turbine und Generator im 19. Jahrhundert begann die Gewinnung elektrischer Energie aus Wasserkraft.

Mit Wasser in eine neue Ära der Mechanik

Wahrscheinlich benutzten die Chinesen schon vor 5000 Jahren die Kraft des Wassers. An den großen Flüssen Nil, Euphrat und Tigris sowie Indus wurden im zweiten vorchristlichen Jahrtausend die ersten, durch Wasserkraft angetriebenen Maschinen in Form von Schöpfrädern zur Bewässerung der Felder eingesetzt. Die alten Griechen und Römer nutzten Wasser als Antrieb für Maschinen, z. B. für Getreidemühlen, später auch für Hammerwerke und Blasebälge. Der griechische Mathematiker Archimedes (um 285–212 v. Chr.) erfand eine Schraube zum Wasserheben, die in der Landwirtschaft zum Bewässern zwei Jahrtausende lang eingesetzt wurde. Fast ebenso lange waren die Wasserräder in Betrieb. 1767 konstruierte der englischen Bauingenieur John Smeaton (1724–1792) das erste Wasserrad aus Gusseisen, eine wesentliche Voraussetzung für die industrielle Revolution.

„Das Wasser ist ein freundliches Element für den, der damit bekannt ist und es zu behandeln weiß."

Johann W. von Goethe, Dichter

Die Umwandlung von Wasserkraft in Strom

1827 gelang dem Franzosen Benoît Fourneyron (1802–1867) der Bau der ersten praktisch verwendbaren Wasserturbine zum Antrieb von Maschinen. Wegen ihres erheblich höheren Wirkungsgrades ersetzten Turbinen bald die Wasserräder. Sie konnten größere Wassermengen und höhere Gefälle ausnutzen. Nachdem der Deutsche Werner von Siemens (1816–1892) im Jahr 1866 den elektrodynamischen Generator erfunden hatte, wurde die Umwandlung von Wasserkraft in elektrischen Strom möglich. In Northumberland im Norden Englands ging 1880 das erste Wasserkraftwerk in Betrieb, 1896 entstand an den Niagarafällen in den USA das erste Großkraftwerk der Welt. Mit verbesserten Turbinen und erhöhtem Strombedarf der Industriestaaten intensivierte sich die Nutzung der Wasserkraft. Am Grenzfluss Paraná zwischen den Ländern Paraguay und Brasilien wurde 1983 das Itaipú-Wasserkraftwerk angeschaltet. Das größte Wasserkraftwerk der Welt ist der 2008 fertiggestellte Drei-Schluchten-Damm in China mit einer Generatorleistung von rund 18 000 Megawatt, das entspricht etwa 15 Kernkraftwerken. Weltweit wurden um 2010 bereits rund 16 Prozent der erzeugten elektrischen Energie aus Wasserkraft gewonnen, das war mehr als der in Atomanlagen produzierte Strom (14 Prozent). In zahlreichen Ländern bilden Talsperren wichtige Trinkwasserspeicher: die längste Talsperre der Welt ist mit 224 km die Chapetón in Argentinien.

Wasserfälle auf Island – zur Energieerzeugung vielfach genutzt

Eckdaten zur Nutzung der Wasserkraft in der Neuzeit

1767	John Smeatons gusseisernes Wasserrad wird industriell bedeutsam
1827	Benoît Fourneyron baut die erste praktisch verwendbare Wasserturbine
1880	In England geht das erste Wasserkraftwerk der Welt in Betrieb
1896	An den Niagarafällen wird das erste Großkraftwerk fertiggestellt
1941	Die Grand-Coulee-Talsperre im US-Staat Washington wird eröffnet
1972	An der Donau (Rumänien) steht das größte Wasserkraftwerk Europas
1983	Der Itaipú-Staudamm ist lange Zeit das weltgrößte Wasserkraftwerk
2003	In Thüringen wird das größte Wasserkraftwerk Deutschlands eröffnet
2008	Nach 15 Jahren Bauzeit ist der Drei-Schluchten-Damm in China fertig

Rechts: Möhnetalsperre – Trinkwasserreservoir für das Ruhrgebiet

Die ganze Welt zu Gast

Seit der Premiere 1851 in London präsentieren die Staaten der Welt auf großen Ausstellungen ihre technischen, wissenschaftlichen und kulturellen Leistungen.

Internationale Messen der Superlative

Es begann 1851 im Londoner Hyde Park, als 28 Länder ihre Leistungen präsentierten und 6 Mio. Besucher anlockten. Zu den Glanzpunkten der ersten Weltausstellung zählte der von Joseph Paxton (1803–1865) entworfene und von Charles Fox (1810–1874) gebaute Kristallpalast, eine 563 m lange und 123 m breite Konstruktion aus Eisen und Glas. Auf der Weltausstellung zum 100. Jahrestag der Gründung der USA 1876 in Philadelphia wurde als Attraktion das erste Telefon präsentiert. Spektakuläre Bauten prägten auch die weiteren Weltausstellungen. Nicht minder imponierend als der Londoner Kristallpalast war das Wahrzeichen der Weltausstellung von Paris 1889, der 325 m hohe Eiffelturm. Für die internationale Schau 1958 in der belgischen Hauptstadt Brüssel schuf André Waterkeyn (1917–2005) das 102 m hohe Atomium, die riesige Vergrößerung eines Eisenkristalls. Auf der Expo 1964 in New York sorgte das neu entwickelte Farbfernsehen für Aufsehen. Gastgeberin der ersten Weltausstellung in Asien war 1970 die japanische Stadt Osaka. In Erinnerung an den 500. Jahrestag der Entdeckung Amerikas durch den Seefahrer in spanischen Diensten, Christoph Kolumbus (1451–1506), fand die Weltausstellung 1992 in Sevilla statt.

„Die Welt ist ein Spiegel, aus dem jedem sein eigenes Gesicht entgegenblickt."
William M. Thackeray, Schriftsteller

Die jüngsten Weltausstellungen

Im 21. Jahrhundert waren Hannover (2000), Nagakute und Seto in Japan (2005), Saragossa in Spanien (2008) und Shanghai in China (2010) Veranstalter der Expo. 2012 ist die Welt in Yeosu in Südkorea zu Gast, 2015 wird Mailand die Weltausstellung ausrichten. Zentrale Themen sind 2012 „Der lebende Ozean und die Küste" und 2015 „Den Planeten ernähren, Energie für das Leben".

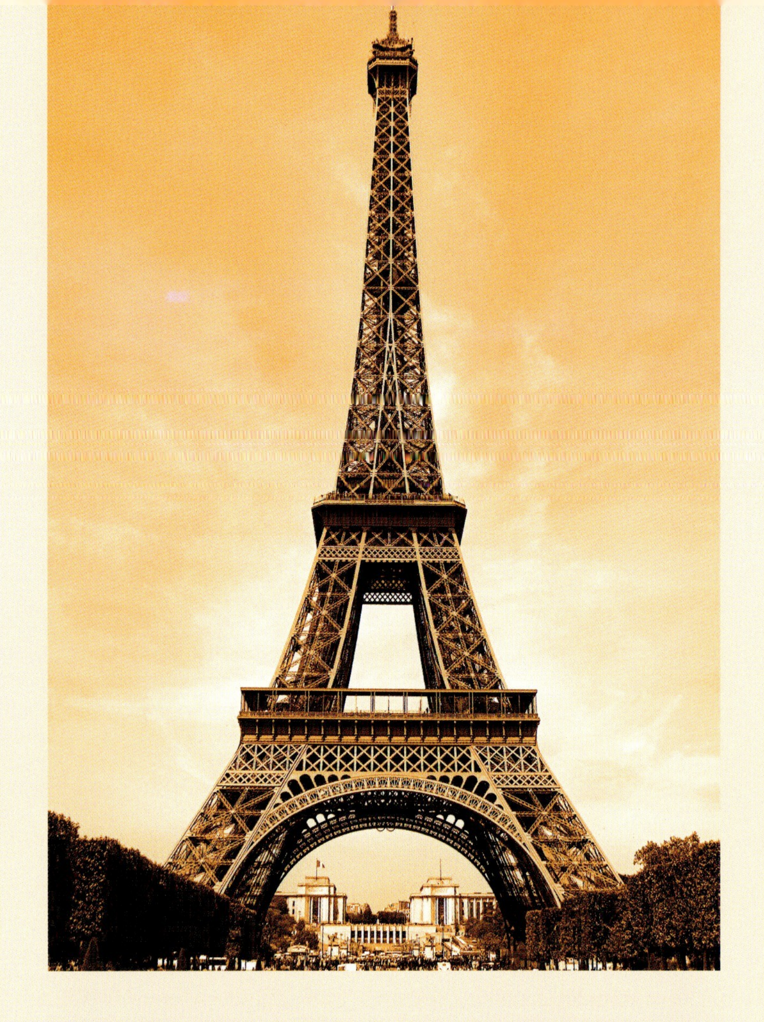

Eiffelturm in Paris (1889) und Atomium in Brüssel (1958)

Lektüre für Millionen

Die Zeitung entstand vor rund 400 Jahren als Blatt für die gebildeten Stände. Im digitalen Zeitalter ist ihre Aktualität und Exklusivität vom schnelleren Medium Internet bedroht.

Nachrichten und Stories aus aller Welt

Nach der Erfindung des Drucks mit beweglichen Lettern durch Johannes Gutenberg (um 1400–1468) Mitte des 15. Jahrhunderts in Mainz kamen neben Büchern auch Presseerzeugnisse als Einblattdrucke heraus. Sie enthielten manchmal Holzschnitte oder Kupferstiche und befassten sich mit einem bestimmten Ereignis. Das erste gedruckte Nachrichtenblatt gab 1609 der Buchhändler Johann Carolus (1575–1634) einmal wöchentlich mit der „Relation“ heraus. Bis wenige Minuten vor Druckbeginn hatte er an den Nachrichten und Geschichten gefeilt. Das erste Tagesblatt erschien 1650 in Leipzig unter dem Titel „Einkommende Zeitungen“ mit sechs Ausgaben zu vier Seiten pro Woche. Die Sprengkraft mancher Zeitungsmeldung begriffen die geistlichen und weltlichen Führer schnell. Immer wieder griffen sie in das Zeitungswesen ein, schlossen Redaktionen oder belegten sie mit strenger Zensur. Bis 1900 entstanden einige der bedeutendsten Tageszeitungen der Welt, darunter die „Neue Zürcher Zeitung“ (1780), die britische „Times“ (1788), die „New York Times“ (1851), die „Frankfurter Zeitung“ (1866) und die „International Herald Tribune“ (1887). Um die Mitte des 19. Jahrhunderts bildete sich im Zuge des Rotationsdrucks die Boulevardpresse heraus, als ihre Väter gelten die Amerikaner Joseph Pulitzer (1847–1911) und William Randolph Hearst (1863–1951).

> *„Das Problem der Zeitungsberichterstattung liegt darin, dass das Normale uninteressant ist.“*
> Saul Bellow, Schriftsteller

Die digitale Bedrohung

Mit der Möglichkeit für jedermann, Nachrichten und Hintergründe am Bildschirm kostenlos zu lesen und fast unbegrenzt recherchieren zu können, ist der Zeitung durch das Internet ernsthafte Konkurrenz erwachsen. Ein großer Teil des Anzeigengeschäftes, einer wichtigen Finanzierungsbasis der Zeitungen, wurde ins Internet verlagert. In den USA, wo das Internet als Erstes und am weitesten verbreitet war, sanken die Umsätze der Zeitungsverlage von 2006 bis 2010 um rund ein Viertel, jeder zehnte Mitarbeiter der Presse verlor seinen Job. Mit (kostenlosen) Online-Ausgaben, Service- und Unterhaltungsangeboten versuchen viele Blätter ihre Leserschaft zu halten.

Rechts: Französische Zeitungen an einem Kiosk, unten: Erstausgabe der „Relation“ in Leipzig (links) 1609 und Flugschrift von 1571

Avisa I.
Relation oder Zeitung.
Was sich begeben vnd zugetragen hat / in Deutsch: vnd Welschland/Spannien/Niederlandt/ Engellandt/ Franckreich/Vngern / Osterreich / Schweden / Polen/ vnnd in allen Provintzen/ in Ost: vnnd West Indien etc.
So alhie den 15. Januarij angelangt.
Gedruckt im Jahr/1609.

Warhafftige Zeitung.
Von den Gottlosen Hexen/ auch Ketzerischen vnnd Teufels Weibern/ die zu des heilige Römischen Reichsstatt Schletstatt im Elsaß/auff den zwey vnd zwentzigsten Herbstmonats/des verlauffenen siebentzigsten Jars/von wegen irer schentlicher Teufelsverpflichtung/verbrent worden/Sampt einem kurtzen Extract vnd außzug etlicher Schrifften von Hexerey/zusamen gebracht.
Durch Renhardum Lutz Erythropolitanum.
M. D. LXXI.

Der Baustein des Lebens

Aufbau und Funktion der kleinsten Einheit der Lebewesen mit eigenem Stoffwechsel wurden im 19. Jahrhundert umfassend erforscht und beschrieben.

Erste Zellen unter dem Mikroskop

Mit der Entwicklung des Mikroskops im frühen 17. Jahrhundert erhielten die Forscher Einblicke in eine bis dahin verborgene Welt. In seinem Buch „Micrographia“ (1665) bezeichnete der englische Universalgelehrte Robert Hooke (1635–1703) anhand eines Schnitts durch die Korkeichenrinde die unter dem Mikroskop beobachteten kleinen Löcher als „Zellen“, nach dem lateinischen Begriff cellula („kleine Kammer“). Lebende, mit Flüssigkeit gefüllte Zellen wurden erst später entdeckt. Dennoch gilt Hooke als Vater der Zellforschung. Rund 170 Jahre später nannte sein Landsmann, der Botaniker Robert Brown (1773–1858), den schon von anderen Wissenschaftlern beobachteten Zellkern „Nukleus“ (lateinisch für „kleine Nuss“). Etwa um diese Zeit identifizierten Biologen auch die Unterschiede zwischen Pflanzen mit festen und Tieren mit halbdurchlässigen Zellwänden. 1858 veröffentlichte der deutsche Pathologe Rudolf Virchow (1821–1902) seine in jahrelanger Forschung zusammengetragenen Ergebnisse über erkranktes Zellgewebe; danach verändert sich eine gesunde Zelle langsam in eine kranke. Virchow war wie andere vor ihm überzeugt, dass alle Zellen ihrerseits wieder aus Zellen entstehen.

„Das Leben kommt auf alle Fälle aus einer Zelle, doch manchmal endet's auch bei Strolchen in einer solchen.“

Heinz Erhardt, Humorist

Eckdaten zur Erforschung der Zelle

1665	Robert Hooke prägt nach Mikroskop-Untersuchungen den Begriff Zelle
1674	Antoni van Leeuwenhoek entdeckt Einzeller und rote Blutkörperchen
1831	Robert Brown findet heraus, dass Pflanzenzellen einen Kern besitzen
1839	Nach Theodor Schwann bestehen alle Pflanzen und Tiere aus Zellen
1845	Karl von Siebold stellt Protozoen als einzellige Lebewesen dar und weist nach, dass Zellen unabhängig voneinander leben können.
1858	Rudolf Virchow betont, dass jede Zelle aus einer anderen entsteht
1877	Wilhelm Pfeffer beweist, dass die Zellmembranen halbdurchlässig sind
1882	Walther Flemming und Eduard Strasburger beschreiben die Zellteilung
1935	Albert Szent-Györgyi von Nagyrapolt untersucht die Zellatmung
1950	Albert Claude erkennt den Zellbauplan (endoplasmatisches Retikulum)

Epithelzellen aus der menschlichen Mundschleimhaut

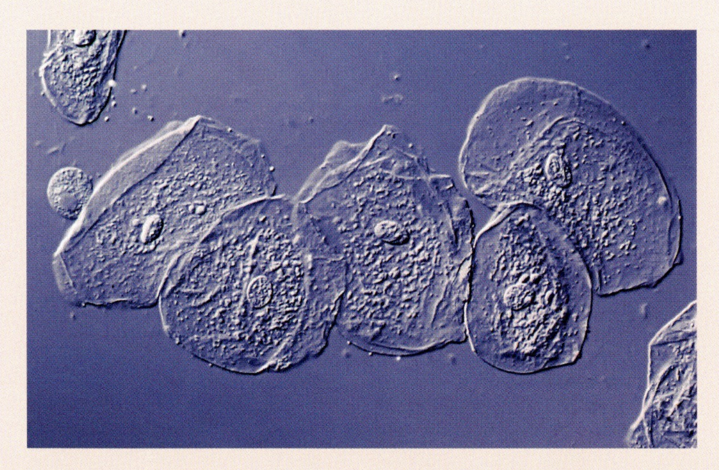

Einzeller Pantoffeltierchen aus dem Süßwasser

Zwei aus einer Zelle: Eineiige Zwillinge

Erkenntnisse über die Teilung der Zellen

Etwas mehr als zwei Jahrzehnte nach Virchow beobachteten der deutsche Anatom Walther Flemming (1843–1905) und der Botaniker Eduard Strasburger (1844–1912) Einzelheiten der Wachstumszellteilung (Mitose), nachdem sie Zellkerne mit Chromatin eingefärbt hatten. Im Jahr 1883 stellte der belgische Zytologe Edouard van Beneden (1846–1910) fest, dass Geschlechtszellen durch eine andere Art der Zellteilung (Meiose) ohne Verdopplung der Chromosomen entstehen. Jede Ei- und Spermazelle besitzt jeweils nur den halben Chromosomensatz, nach der Befruchtung des Eis vereinigen sich der väterliche und der mütterliche Halbsatz zu einer Zelle und kombinieren ihre beiden Erbmerkmale. Damit waren die Grundlagen der Fortpflanzung auf der Zellebene beschrieben.

Teilung einer Zelle (Meiose) unter dem Mikroskop

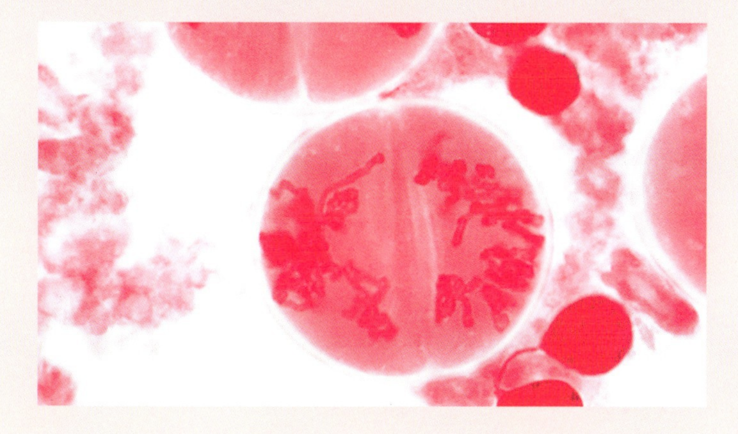

Personenregister

Sachregister

Bildnachweis

akg-images, Berlin: Titel o. und u.m., 18 u., 62 r., 69 o., 76, 94 u., 120/121, 136 o.
PantherMedia, München: Titel u.l. und u.r., Klappe vorne, 8, 9, 10, 11, 12, 13, 14 o.l.,14 u., 15, 16 u., 17, 19, 20, 21, 22, 23, 24, 25, 26, 27, 28 u., 29 u., 30, 31, 32, 33 o.r., 33 u., 34, 35, 36, 37, 38, 39, 40, 41, 42 u., 43 m., 44 o., 44 u.l., 46 u., 47, 48, 49, 50, 51, 52, 53, 55 m.r., 55 u., 56/57 u., 57, 58, 59 m., 59 u., 60, 61, 62 l., 63, 64, 65, 67, 68 u., 69 u., 72, 73, 74 u., 75 u.m., 77 u.l., 80, 81, 82 u.l., 83, 84, 85 u., 87, 88, 89, 90, 91, 93 o., 95, 96 o.r., 97, 98 o., 98 u.l., 99, 100, 101, 102 u., 103, 104 u., 106, 107, 108 u., 109 u.l., 111, 112, 114, 115, 116, 117, 119, 121 o.r., 121 u.r., 123 o., 124 o., 125, 126 u.l., 127, 128, 129, 130, 131, 132, 133 o. und m., 134, 136 u., 137, 138 u.l., 140, 141, 142, 143, 144, 145, 146 u.l., 147, 148, 149 o.l., 149 m., 150, 151, 152, 153, 154, 155 r., 156, 157, Rücken, Rückseite, Klappe hinten o.
Fotolia, Berlin: 28 o., 29 o., 42 m. und o.r.,43 u., 45, 46 o., 54, 55 o., 68 o., 70/71, 79 o.r., 86, 93 u., 102 o., 105, 122, 123 u., 135
Wikipedia/Wikimedia Commons: 14 o.m. und o.r., 16 o., 18 o., 33 o.l., Gun Powder Ma 44 u.r.; 56 l., 59 o., 66, Landesarchiv Wien 74 o.; 75 u.l. und u.r., Wondigoma 77 o.; 77 u.r., 78, 79 u.l., 82 o.r., 85 o., 92, 94 o., 96 o.l., 98 u., 104 o., 108 o., 109 u.r., Hejkal 110; 113, 118, 120 u.l., 124 u., 126 r., Nickmard_Kohey 133 u.; 138 u.r., Ricardo Ferreira de Oliveira 139 o.l.; Flominator 139 o.r.; 146 u.r., 149 o.r., 149 u., 155 l., Klappe hinten u.
Da einige Vorlagen nicht eindeutig zugeordnet werden konnten, bitten wir ggf. um Nachricht. Berechtigte Honoraransprüche werden abgegolten.